KRÖNERS TASCHENAUSGABE BAND 5

Seneca

Vom glücklichen Leben

Eine Auswahl aus seinen Schriften

Herausgegeben und neu übersetzt
von Franz-Peter Burkard

*15., neu übersetzte
und vollständig überarbeitete Auflage*

ALFRED KRÖNER VERLAG STUTTGART

Seneca
Vom glücklichen Leben
Eine Auswahl aus seinen Schriften
Herausgegeben und neu übersetzt von Franz-Peter Burkard
15., neu übersetzte und vollständig überarbeitete Auflage
Stuttgart: Kröner 2018
(Kröners Taschenausgabe; Band 5)
ISBN: 978-3-520-00515-1

Gesamtherstellung: Friedrich Pustet Regensburg

Inhalt

Einleitung

Senecas Leben und Werk

Es dürfte kaum einen Philosophen geben, dessen politische Macht und Reichtum an die Senecas heranreichen. Auf dem Höhepunkt seiner Karriere, in den ersten Jahren von Neros Herrschaft, musste Seneca dementsprechend einige Mühe und rhetorische Scharfzüngigkeit aufbringen, um vor seinen Neidern und Kritikern zu rechtfertigen, wie denn seine Stellung mit dem Bild eines Philosophen, und eines Stoikers zumal, in Einklang zu bringen sei. Dabei spricht auch nach stoischer Lehre wenig dagegen: politische Tätigkeit? – warum nicht, wenn Zeit für Muße bleibt, und wer wüsste besser als der Weise, wie der Staat zu lenken ist? Reichtum? – warum nicht, wenn einem sein Besitz gleichgültig ist und man Gutes damit erreichen kann? Das Schicksal? Es führt dich zum Aufstieg und ebenso in den Untergang – verachte es, und zwar in beiderlei Gestalt, im Glück wie im Unglück! Seneca war, wollten wir es modern ausdrücken, eine liminale Existenz, ein Grenzgänger zwischen Politik und Muße, öffentlichem Auftreten und der Sehnsucht nach Einsamkeit, Wissenschaftler und Dichter, Opportunist und Kritiker, und seine Schriften zeigen deutlich genug, dass er es auch selbst so empfunden hat.

Lucius Annaeus Seneca wurde um die Zeitenwende im spanischen Cordoba geboren, der Hauptstadt der aufstrebenden römischen Provinz Baetica. Die Familie war wohlhabend und in den Ritterstand erhoben worden. Sein gleichnamiger Vater hatte sich als Schriftsteller einen Namen gemacht, besonders mit Werken zur Rhetorik. Seneca erhielt die seinem Stand gebührende Bildung in Literatur, Rhetorik, Geschichte, Philosophie, war aber von Jugend an beeinträchtigt durch eine schwere Krankheit, vermutlich Bronchialasthma, die ihn so belastete, dass er unter Depressionen litt. Besserung brachte schließlich ein Aufenthalt in Ägypten, wo die Schwester seiner Mutter Helvia lebte, deren Mann Galerius dort Statthalter war. Seine Tante unterstützte ihn auch bei seiner weiteren Karriere, als er im Jahr 31 von Ägypten nach Rom zurückkehrte, und Seneca konnte als Quästor die erste Stufe der römischen Ämterlaufbahn betreten.

Nach dem Tod von Tiberius im Jahr 37 wurde Caligula zum Kaiser erhoben. Die vier Jahre seiner Regierungszeit bedeuteten für Seneca ein Leben »auf des Messers Schneide«. Zum einen war Caligula, der sich selbst für den größten Redner hielt, der Ruf Senecas als brillanter Rhetor ein Dorn im Auge und es wird berichtet, dass er ihn hinrichten lassen wollte, aber durch die Fürsprache einer Dame am Hof davon abgebracht wurde. Doch davon abgesehen war die grausame Willkürherrschaft Caligulas für jeden eine potentielle Bedrohung und Seneca hatte überdies vielfältige Verbindungen zu wichtigen Persönlichkeiten, die Caligula, wie im Übrigen das ganze römische Volk, verhasst waren.

Nach der Ermordung Caligulas schienen sich die Verhältnisse zu bessern, da sein Nachfolger Claudius sich bemühte, Recht und Ordnung wiederherzustellen. Allerdings unterlag er dem Einfluss von Freigelassenen in der Verwaltung und besonders seiner ehrgeizigen Frau Messalina. Deren Intrigen fiel Julia Livilla, eine Schwester Caligulas, zum Opfer, die offensichtlich dabei war, zu viel Einfluss am Hof zu gewinnen. Ein übliches Verfahren, sich missliebiger Personen zu entledigen, war der Vorwurf des Ehebruchs, ein Vergehen, das der Kaiser selbst aburteilen konnte, ohne Möglichkeit eines Einspruchs durch die Betroffenen. Der auserkorene Liebhaber war Seneca, ob zu recht oder unrecht, ist nicht klar. Das Urteil für ihn lautete jedenfalls Verbannung nach Korsika, ein zur damaligen Zeit wenig komfortables Exil. Auch wenn ein

Leben fern von Rom, dem Macht- und Kulturzentrum, für jeden ehrgeizigen und gebildeten Römer grundsätzlich unerträglich war, erschien Korsika doch als verschärfte Strafe. In der *Trostschrift* an seine Mutter Helvia beklagt Seneca die Unwirtlichkeit der kahlen und schroffen Felseninsel und das gesundheitsschädliche raue Klima. Zudem gab es nicht nur keinen Komfort, sondern auch kaum eine Infrastruktur, und Römer lebten nur in wenigen Städten an der Küste.

Seneca will seiner Mutter aber deutlich machen, dass sie keinen Grund hat, ihn zu beklagen, denn gemäß der stoischen Lehre kann man an jedem Ort glücklich leben, weil es dafür allein auf die sittliche Haltung ankommt, die *virtus*, nicht auf die äußeren Umstände. Trost gegenüber den Schicksalsschlägen bietet geistige Beschäftigung, die Seneca seiner Mutter anrät, die nicht nur den Tod ihres Bruders, dann ihres Gatten und in kurzem Abstand auch dreier Enkel zu ertragen hatte, sondern zuletzt auch noch die Verbannung ihres Sohnes erleben musste.

Auch Seneca selbst bot die Zeit auf Korsika die Gelegenheit, sich seinen Studien und Schriften zu widmen. Neben der *Trostschrift an Helvia* gehört dazu auch eine solche an *Polybios*, einen einflussreichen Hofbeamten, der seinen Bruder verloren hatte, von dem sich Seneca aber auch Fürsprache beim Kaiser erhoffte. Wahrscheinlich auf Korsika entstand die wichtige Schrift zur stoischen Affektenlehre *De ira* (›Über die Wut‹). Seneca analysiert hierin die Gründe für die Entstehung von Wut, weist ihre Schädlichkeit und Vermeidbarkeit nach und entwickelt ein umfangreiches ›Therapieprogramm‹ zur Prävention und zur Behandlung, wenn sie doch ausgebrochen ist.

Nach achtjähriger Verbannung kam für Seneca der Umschwung, nachdem Claudius (mehr oder weniger unwillig) das Treiben von Messalina nicht mehr hinnehmen konnte und diesem durch ihre Hinrichtung ein Ende setzte. Seine neue Frau Agrippina (eine Schwester Caligulas) setzte sich für die Rückkehr Senecas ein, erreichte seine Ernennung zum Prätor und machte den mittlerweile nicht nur als Redner, sondern auch als Schriftsteller berühmten Philosophen zum Erzieher ihres Sohnes Domitius (Nero).

Als Claudius im Jahr 54 starb – angeblich soll ihn Agrippina mit einem Pilzgericht vergiftet haben –, wurde der erst 17jährige Nero sein Nachfolger und Seneca zum Lehrer und ›Freund‹ (ein offizieller Titel) des neuen Kaisers. Der verstorbene Claudius wurde (wie in der Kaiserzeit üblich) zum *Divus* erklärt, also vergöttlicht und unter die Staatsgötter aufgenommen. Seneca bedankte sich für die Verbannung auf seine Weise und verfasste das Gegenstück zur Apotheose des Kaisers, die *Apocolocyntosis*, die ›Verkürbissung‹ (Verspottung) *des Claudius*. Claudius tritt hier als seniler Trottel auf und Seneca nimmt wahrlich kein Blatt vor den Mund. So heißt es über die letzten Worte des Claudius: »Der letzte Laut, den man unter Menschen von ihm vernommen hat, […] war folgender: ›Weh' mir, ich glaube, ich habe mich beschissen.‹ Ob er es getan hat, weiß ich nicht; sicher ist, dass er alle Welt beschissen hat.« (4,3)

Unter Nero stieg Seneca zu einem der mächtigsten und reichsten Männer Roms auf. Dessen Regierung begann mit viel Vorschusslorbeeren und die ersten Jahre seiner Herrschaft schienen dies zu bestätigen. Er überließ im später so genannten ›glücklichen Jahrfünft‹ die Staatsgeschäfte weitgehend Seneca und Burrus, dem Präfekten der Prätorianergarde. Ihnen gelang es auch, die exaltiertesten Einfälle des Kaisers abzufedern und in halbwegs tragbare Bahnen zu lenken, wie etwa seine Neigung zu fragwürdigen künstlerischen Auftritten oder Wagenrennen.

In der *Apocolocyntosis* hatte Seneca die Thronbesteigung Neros als Beginn eines goldenen Zeitalters gepriesen, und um den jungen Kaiser in die richtigen Bahnen zu lenken, legte er ihm noch einen ›Fürstenspiegel‹ vor. Die Schrift *De clementia* exponiert ›Milde‹ als Haupttugend des Herrschers, der gerecht und maßvoll zu handeln hatte, Mitgefühl zeigen konnte, wo es angebracht ist, aber auch die notwendigen

Belange des ganzen Imperiums berücksichtigen muss. Milde walten zu lassen, zeugt von innerer Stärke, ist langfristig gesehen aber für den Herrscher auch die klügere Strategie, denn je mehr Bürger unter einer Gewaltherrschaft leiden, um so mehr Gegner schafft sich der Machthaber, vor denen er in beständiger Angst leben muss.

Die Schrift zeigt, dass Seneca sich der abwegigen Bahn, auf der sich Neros schwacher Charakter befand, wohl bewusst war. Milde, wie jede Tugend, setzt die Beherrschung der eigenen Affekte voraus, und dies bedeutet beständige Arbeit an sich selbst, vor allem das Bemühen um Erkenntnis, denn Affekte beruhen in stoischer Tradition auf einem falschen Urteil. Wenn wir den – möglicherweise überzeichnenden – Darstellungen römischer Historiker folgen wollen, deutet nichts darauf hin, dass Nero geneigt war, sich einer mühevollen Arbeit an sich selbst zu unterziehen, es sei denn an seinen nicht vorhandenen künstlerischen Fähigkeiten. So gesehen war die kühne Behauptung Senecas in dieser Schrift, Nero brauche *clementia* gar nicht erst zu lernen, weil sie ihm angeboren sei, entweder bereits Resignation oder der schwache Versuch, ihn mit positiver Bestärkung im Zaum zu halten.

Die übertriebene Lobhudelei, mit der Seneca den jungen Kaiser bedenkt, zeigt schon in der Theorie den Spagat, den Seneca auch in der Praxis leisten musste. Denn es war offensichtlich, dass Nero einen labilen, problematischen Charakter hatte, wenig Interesse am ernsthaften Regieren zeigte und noch weniger Interesse daran, sich philosophische Weisheiten anzueignen. Seneca und Burrus mussten zudem mit den Interventionen Agrippinas diplomatisch umgehen, die sich als eigentliche Regentin verstand. Nero selbst fühlte sich, wohl mit Recht, angesichts des zunehmenden Konflikts mit seiner Mutter in seiner Herrschaft bedroht und entledigte sich zunächst seines Stiefbruders Britannicus, eines legitimen Thronanwärters, und später seiner Mutter. Man muss davon ausgehen, dass Seneca in diese Verbrechen mitverstrickt war, zumindest musste er sie im Nachhinein vertuschen.

Was Seneca zur Duldung brachte, Staatsräson, die Hoffnung, Schlimmeres zu verhüten, Angst um das eigene Leben oder eine Mischung aus allem, bleibt Spekulation.

Nicht besser wird das zwiespältige Bild, das Seneca hier abgibt, dadurch, dass er von der Herrschaft Neros auch finanziell ungeheuer profitiert hat, denn die reichen Geschenke, die er von diesem erhielt, speisten sich auch aus der Einziehung des Vermögens Verbannter oder der Ausbeutung von Provinzen. Dies mag man als fragwürdig ansehen, auf der anderen Seite wäre es auch nicht möglich gewesen, Gunstbezeigungen des Kaisers zurückzuweisen. Überdies war ein hinreichend großes Vermögen Voraussetzung dafür, überhaupt hohe Staatsämter innehaben zu können, denn diese waren unentgeltlich, für ihre Ausübung waren aber erhebliche finanzielle Mittel vonnöten. Das gesamte Netz sozialer und politischer Beziehungen in Rom beruhte zudem auf einem System von Schenkungen, Krediten, Stiftungen, Mäzenatentum und Klienten, die ihrem Patron zu Dank verpflichtet waren. Das Funktionieren der römischen Gesellschaft war also auf materieller Ungleichheit bei gleichzeitiger umfangreicher Umverteilung aufgebaut. Reichtum, wenn er sinnvoll verwendet wird, so Seneca, ist ein Mittel, um Gutes zu tun. Sein rechter Gebrauch in diesem komplexen Netzwerk der römischen Gesellschaft ist auch Gegenstand von Senecas umfangreicher Schrift *De beneficiis* (›Von den Wohltaten‹).

Während Senecas Zeit als Erzieher Neros und der Führung der Regierungsgeschäfte entstanden neben bereits genannten Werken noch einige der später als *Dialogi* bezeichneten Einzelabhandlungen, so die drei in dieser Ausgabe enthaltenen Dialoge. Seneca beschränkte sich aber nicht darauf, das Verhalten des Menschen angesichts des über ihm stehenden Schicksals und der in ihm waltenden Affekte theoretisch zu reflektieren, sondern brachte es auch in Form der Tragödie auf die Bühne. Seine Stücke, die klassische Themen wie *Ödipus*, *Phaedra* oder *Medea* behandeln, sind die einzigen vollständig erhaltenen römischen Tragödien.

Als Burrus 62 starb, war Senecas Stellung am Hof unhaltbar geworden, zumal Nero mittlerweile genug davon hatte, sich von anderen Vorschriften machen zu lassen. Klug bot Seneca seinen Rückzug vom Hof sowie die Rückgabe aller Geschenke an. Nero lehnte höflich ab, betonte in aller Form, was er von Seneca gelernt habe und dass er auf ihn noch nicht verzichten könne. Das mag ein Akt politischer Klugheit gewesen sein, denn Seneca war noch einflussreich und viele seiner Protegés besetzten wichtige Positionen.

Seneca zog sich dennoch aus dem öffentlichen Leben zurück und begann mit seinen Spätschriften. Zwischen 62 und 65 entstanden die *Naturales Quaestiones*, naturwissenschaftliche Beobachtungen hauptsächlich über meteorologische Erscheinungen, und sein umfangreichstes Werk, die *Briefe an Lucilius*. Sie enthalten eine Gesamtschau seiner philosophischen Gedanken, zumeist bezogen auf konkrete Situationen und Lebensumstände.

Der Rückzug könnte außer politischen Überlegungen auch seiner Krankheit geschuldet gewesen sein, die ihn sein Leben lang begleitete und ihm nun zunehmend öffentliche Auftritte erschwerte, abgesehen davon, dass Seneca geahnt haben mag, dass ihm nicht mehr viele Jahre bleiben würden, die er dem Studium und Schreiben würde widmen können. Seneca selbst berichtet, wie er der Krankheit produktive Zeit abrang: »Den gestrigen Tag teilte ich mit meiner Krankheit: Den Vormittag nahm sie für sich in Anspruch, den Nachmittag überließ sie mich mir.« (Brief 65,1)

Nero hatte schon lange nach einem Grund gesucht, der es ihm erlauben würde, sich seines ehemaligen Lehrers und nominell immer noch Beraters zu entledigen, und die Gelegenheit bot sich im Zuge der sogenannten Pisonischen Verschwörung. Gaius Calpurnius Piso war wohlhabend und gehörte zum angesehenen römischen Adel. Um ihn herum sammelte sich eine breite Gruppe von Bürgern, die unterschiedliche Gründe hatten, Neros Herrschaft ein Ende bereiten zu wollen. Es ist anzunehmen, dass Seneca von den

Plänen wusste, inwieweit er aktiv beteiligt war, ist nicht sicher.

Nachdem die Verschwörung aufgedeckt worden war, erhielt auch Seneca den Befehl, sich selbst das Leben zu nehmen. Er nahm die erwartete Nachricht mit Gelassenheit auf und weil ihm sein Testament verweigert wurde, erklärte er den anwesenden Freunden, da man ihn daran hindere, sich ihnen gegenüber erkenntlich zu zeigen, hinterlasse er ihnen das Einzige, aber auch das Wertvollste, was er noch besitze: das Bild seines Lebens.

Da Senecas Körper von seiner Krankheit offensichtlich bereits sehr geschwächt war, hatte weder das Aufschneiden der Pulsadern (da das Blut nicht ausfloss) noch die zusätzliche Einnahme von Gift, das der Körper nicht mehr aufnahm, die gewünschte Wirkung und Seneca erstickte schließlich im Dampfbad. Während des langen Sterbens soll er seinen Schreibern noch eine Rede diktiert haben. Das uns von Tacitus überlieferte Geschehen der letzten Stunden erinnert sehr an den Tod des Sokrates, was eine literarische Überhöhung vermuten lässt. Wir können aber sicher annehmen, dass Seneca von sich sagen konnte: »Dass wir genug gelebt haben, das machen nicht die Jahre und Tage aus, sondern die innere Haltung. Ich habe gelebt, teuerster Lucilius, lange genug; den Tod erwarte ich nach einem erfüllten Leben. Leb wohl!« (*Brief* 61,4)

Die Stoa in Rom

Die Stoa, eine der vier großen philosophischen Schulen des Hellenismus, neben der platonischen Akademie, dem aristotelischen Peripatos und dem Epikureismus, wurde um 300 v. Chr. von Zenon aus Kition in Athen gegründet. Der Name leitet sich ab vom Unterrichtsort, der *stoa poikile*, einer bemalten Säulenhalle an der Agora in Athen. Nach der Grundlegung der Lehre durch Zenon und einer Phase schulinterner

Streitigkeiten hat Chrysipp von Soloi (281/277 – 208/204 v. Chr.) der stoischen Philosophie eine systematisch geschlossene Gestalt gegeben. Deren Hauptgebiete sind Physik (Naturphilosophie), Logik (Sprachphilosophie, Beweisführung, Erkenntnistheorie) und Ethik, wobei Letztere den wesentlichen Teil der Lehre darstellt, auf den die anderen ausgerichtet sind.

Die wirkende, den Stoff formende Kraft im Kosmos ist die göttliche Vernunft (*logos*), die alles durchdringt und deren Keime sich auch im Menschen finden. Der stoische Grundsatz, »gemäß der Natur« zu leben, heißt daher, der alles durchwaltenden Vernunft und deren Gesetzen zu folgen. So wie die Vernunft die Welt im Ganzen leitet, soll sie auch im Menschen herrschen. Vernunftgemäß leben heißt, sich von anderweitigen Handlungsmotiven frei zu machen, also sich nicht von seinen Leidenschaften (Affekten) bestimmen zu lassen.

Das Sittlichgute (*honestum*) bestimmt sich als die Handlung, die die rechte Vernunft (*recta ratio*) als notwendig erkennt, d.h. eine solche Vernunft, die im Denken geschult ist und frei von Affekten sowie der Beeinflussung durch äußerliche Dinge. Die aus der *recta ratio* sich ergebende Haltung ist Tugend (*virtus*, sittliche Vollkommenheit) und der sich einstellende Zustand Glückseligkeit (*eudaimonia*). Das Ideal ist der Weise (*sapiens*), der die Apathie erlangt hat, das »Freisein von Leiden erzeugenden Empfindungen«. Er zeichnet sich zudem durch Autarkie aus, da er sich nicht von Dingen abhängig macht, über die er nicht vollständig verfügen kann, und vollständig verfügbar ist nur die sittliche Vollkommenheit.

Da jedoch jedes Handeln sich in einer konkreten Lebenswelt vollzieht, zumal die Stoiker durchaus eine Teilnahme am öffentlichen und politischen Leben empfehlen, musste hinsichtlich der Praxis das, worauf sich eine Handlung bezieht, genauer differenziert werden. Zu diesem Zweck unterschieden die Stoiker Güter, das ist all dasjenige, was an der Tugend als höchstem Gut (*summum bonum*) teilhat und den

Menschen besser macht (wie Einsicht, Selbstbeherrschung, Mut), von Übeln, die den Menschen schlechter machen (wie Unwissen, Unbeherrschtheit, Feigheit, also dem jeweiligen Gegenteil eines Gutes).

Daneben gibt es aber auch Dinge, die weder zur einen noch zur anderen Kategorie gehören, also ethisch gesehen an sich »gleichgültig« sind, wie Reichtum und Armut, Gesundheit und Krankheit oder Leben und Tod, auch wenn zugegeben wird, dass jeweils die eine Variante der anderen vorzuziehen ist. Gleichgültig ist somit im Grunde alles, was nicht die sittliche Qualität des Menschen betrifft, sondern äußere Verhältnisse und die Gaben des Schicksals in jeglicher Form.

Im 2. Jahrhundert v. Chr. trat die Stoa mit Panaitios von Rhodos (um 185 – um 110 v. Chr.) in ihre sogenannte mittlere Phase, die durch die beginnende Einbettung in die römische Kultur und Gesellschaft geprägt ist. Ohne deshalb die altstoischen Grundlehren aufzugeben, waren Panaitios und sein Schüler Poseidonios (um 135 – 50 v. Chr.) bestrebt, diese mit den lebenspraktischen Erfordernissen in Einklang zu bringen und so den ethischen Rigorismus der Anfangszeit abzumildern, was wiederum die Voraussetzung für den breiteren Erfolg der Stoa in Rom war.

Der vollkommene Weise bleibt zwar das Ideal, aber angesichts der faktischen Grenzen menschlicher Vervollkommnungsfähigkeit ist der eigentliche Adressat der stoischen Ethik nun der »Fortschreitende«. Sie bindet daher die individuellen und situativen Bedingungen des Handelns stärker in ihre Überlegungen ein. So bleibt zwar der Grundsatz »gemäß der Natur zu leben« bestehen, unter Natur wird aber nicht mehr nur die Natur des Menschen an sich verstanden, sondern auch seine individuelle Natur, was zur Folge hat, dass Lebensziele und der Weg zu Erlangung der *eudaimonia* individuell variieren können.

Panaitios' Gegenstand sind dementsprechend nicht mehr die vollkommenen Handlungen (und Pflichten) des Weisen, die auf seiner vollendeten Einsicht in das Sittliche beruhen, sondern die dem Fortschreitenden »zukommenden« oder angemessenen Handlungen. Affekte erscheinen nun entsprechend einer psychologischen Differenzierung nicht mehr als rein falsche Urteile, die ausrottbar wären, sondern als eigene Triebregungen, die beherrscht werden müssen, so dass sie keine Macht über den Menschen erlangen.

Mit der Kaiserzeit beginnt die römische Spätphase der Stoa, die von Seneca über Epiktet bis Kaiser Marc Aurel reicht. Zu Senecas philosophischen Lehrern gehörten die Stoiker Attalos und Sotion, Letzterer stand auch pythagoreischen Überzeugungen nahe. Unter diesem Einfluss praktizierte Seneca sogar zeitweise eine streng vegetarische und asketische Lebensweise.

Auch wenn Seneca sich der stoischen Tradition zugehörig betrachtet, setzt er doch eigenständige Akzente und nimmt Modifikationen vor. Das musste sich schon aus seiner Vorgehensweise ergeben, nicht von philosophischen Prinzipien (oder einem geschlossenen System) auszugehen, sondern von konkreten Handlungsproblemen, Lebenssituationen und psychologischen Beobachtungen. Dieser Ansatz führt von selbst dazu, dass Inhalte und Schlüsse der konkret durchdachten Sache folgen und weniger einer Schultradition. So zieht Seneca andere philosophische Positionen für seine Überlegungen mit heran, um die der Sache angemessenste Lösung zu finden, und macht klar: »Alles, was irgendjemand gut gesagt hat, ist mein.« (*Brief* 16,7)

Häufiger Gewährsmann ist Epikur, der klassische Gegenpart der Stoa, und Seneca wird nicht müde zu betonen, wieviel im Grunde ›Stoisches‹ in dessen ethischen Lehren liege: »Ich nun bin der Meinung (und ich sage dies zum Unwillen unserer Anhänger), dass Epikur Reines und Richtiges vorschreibt, ja, wenn man es näher betrachtet, sogar Strenges; denn jene Lust wird auf etwas Geringes und Dürftiges zurückgenommen, und dasselbe Gesetz, das wir für die Tugend aufstellen, nennt er für die Lust. Er verlangt, dass sie der Natur gehorche […].« (*Vom glücklichen Leben*, 13,1)

Senecas Philosophie und Leben waren auf die Praxis ausgerichtet und daraus ergibt sich nicht nur der Schwerpunkt seiner Schriften auf ethischen Fragen, sondern auch deren Form. Man hat Senecas Werk der literarischen Gattung der Diatribe zugerechnet, die Ermahnung, Ratschlag, Vortrag und Traktat verbindet, unter Einbezug von Beispielen, Anekdoten, Einwürfen fiktiver Dialogpartner. Rein syllogistische ›Spielereien‹ konnte Seneca mit scharfsinnigem Spott versehen, wie folgendes Beispiel zeigt: »›Maus ist eine Silbe; die Maus nagt am Käse, also nagt die Silbe am Käse.‹ Nimm jetzt mal an, dass ich diesen Trugschluss nicht auflösen kann. Welche Gefahr droht mir aufgrund dieser Unwissenheit? Welches Ungemach? Ohne Zweifel ist zu befürchten, dass ich irgendwann in der Mausefalle Silben fange oder dass einmal, wenn ich nicht gut achtgebe, ein Buch den Käse frisst. Vielleicht ist folgender Schluss noch scharfsinniger: ›Maus ist eine Silbe; die Silbe nagt aber nicht am Käse, also nagt die Maus nicht am Käse.‹ Was für ein kindischer Blödsinn!« (*Brief* 48,6) Die Beschäftigung mit Fragen der Metaphysik und Naturphilosophie hat jedoch, wenn sie nicht in Spitzfindigkeiten ausartet, ihren eigenen Wert, weil sie die Seele »erhebt und erleichtert« (*Brief* 65,16) und den Menschen zur Erkenntnis des kosmischen Ganzen führt, dessen Teil er ist.

Ein wichtiges Thema bei Seneca ist die stoische Affektenlehre, nicht nur in der Schrift *De ira*, die ausdrücklich dieser gewidmet ist. Eine grundsätzliche Diskussion entwickelte sich darüber, ob der Affekt eine eigene Seelenqualität ist oder lediglich ein falsches Urteil, also sozusagen eine ›korrumpierte‹ Vernunft. Auf der einen Seite ist für Seneca klar, dass Affekte wie Wut schädlich sind und die vollkommene Vernunft in der Lage sein muss, ihr Auftreten ganz zu vermeiden. Auf der anderen Seite spricht die Ausführlichkeit, mit der sich Seneca der ›Therapie‹ von Affekten widmet, eher dafür, dass es für ihn offensichtlich war, dass es hier um eine eigene Größe geht, mit deren Wirksamkeit man zwar lernen kann umzugehen, deren Existenz aber kaum ausrottbar ist.

Auch hinsichtlich des Ideals des Weisen scheint Seneca eher eine ›graduelle‹ Position einzunehmen, da ihm klar ist, dass weder er selbst noch die meisten Menschen dieses Ideal erreichen werden und damit die vollkommene Sicherheit des Urteils und Unabhängigkeit des Lebens: »Ich bin kein Weiser, und [...] ich werde es auch nie sein. Fordere also von mir nicht, dass ich den Besten gleich sei, sondern nur besser als die Schlechten.« (*Vom glücklichen Leben*, 17,3)

Seneca spricht lieber von Stufen der Selbstformung, die Menschen erreichen können. Diejenigen, die noch mit den menschlichen Unzulänglichkeiten kämpfen, können von diesen »fest angebunden, [...] gefesselt, auch auf die Folter gespannt« sein. »Wer aber weiter fortgeschritten ist und sich höher erhoben hat, zieht nur eine lockere Kette hinter sich her, zwar noch nicht frei, aber doch schon so gut wie frei.« (*Vom glücklichen Leben*, 16,3)

Auch dort, wo er vom Weisen selbst spricht, ist das Ideal auffällig gemäßigt, ist er bemüht, nicht das Bild einer kalten, allem Menschlichen entrückten Person entstehen zu lassen. Seine Beschreibung ähnelt eher dem altrömischen Ideal eines *vir bonus*, eines Menschen, der mit dem Schicksal ringt, ihm widersteht, auch wenn es ihn anficht, und der sich für die Gemeinschaft aufopfert. Daher erhalten bei Seneca die an sich gleichgültigen Güter doch einen besonderen Stellenwert, da sie dazu dienen, sich an ihnen auf die Probe zu stellen, zu bewähren und zu formen. Sogar die Übel sind so gesehen etwas, das der Mensch dem Gott voraus hat, denn diesen betreffen sie nicht, der Mensch aber kann sich erheben, indem er sie aus eigener Kraft überwindet.

Die Apathie des Weisen bedeutet nun auch nicht, dass er keine Empfindungen kennt, was eine anthropologisch unsinnige Aussage wäre und sozialethisch kaum wünschenswert, sondern dass er sich nicht von ihnen beherrschen lässt. Das Gemüt des Weisen kann erschüttert werden und sein Gesicht kann sich verfärben (*Brief* 57,3f.), und daher sind manche altstoischen Rigorismen eher fragwürdig: »Ich weiß, dass sich Männer finden, die sagen, der Weise wird nie betrübt sein. Diese sind aber selbst, so scheint mir, nie auf die Probe gestellt worden. Sonst hätte das Geschick ihnen ihre hochmütige Weisheit schon ausgetrieben und sie zum Geständnis der Wahrheit auch gegen ihren Willen getrieben.« (*Trostschrift an Polybius*, 18,5)

Ohne den Rückgriff auf Empfindungen wäre es vermutlich auch schwer zu erklären, warum Menschen überhaupt nach Glück streben sollten und dass das innere Glück des Weisen umschrieben werden kann als »höchste, ununterbrochene Freude (*laetitia*)« (*Brief* 72,4).

Zu den Schriften dieser Ausgabe

De vita beata (›Vom glücklichen Leben‹) ist vermutlich in der zweiten Hälfte der 50er Jahre entstanden, also auf dem Höhepunkt von Senecas Macht, und an seinen älteren Bruder Gallio gerichtet. Im ersten Teil der Schrift geht es um die Bestimmung des Ziels im Leben, das ganz in der Tradition der antiken Philosophie als Glückseligkeit (*eudaimonia*, *beatitudo*) gefasst wird, und um den Weg dahin. Seneca betont, dass er die Frage auf dem Boden der stoischen Lehre behandeln wird, sich aber erlaubt, andere Philosophen heranzuziehen (wie etwa Epikur) sowie eine eigene Meinung zu vertreten.

Glücklich wird der Mensch, wenn er ein Leben in Übereinstimmung mit der Natur führt, d.h. wenn er eine innere Harmonie erreicht hat, die in der Tugend zum Ausdruck kommt, und mit der Einheit und Harmonie des Kosmos übereinstimmt. So wie die Welt durch die göttliche Vernunft geordnet ist, soll der Mensch sein Leben von der Vernunft leiten lassen, daraus allein entspringt das Glück, das nach Seneca begleitet ist von Seelenruhe, anhaltender Heiterkeit und tiefer Freude.

Da die Tugend sich aber im Handeln verwirklichen muss, stellt sich die Frage, wie mit den an sich gleichgültigen Dingen (*adiaphora, indifferentia*) umzugehen ist. Auf der einen Seite ist es notwendig, von ihnen völlig unabhängig zu sein, weil sonst das Erreichen der Tugend (und damit des Glücks) nicht mehr in unserer Macht stünde und von äußeren Umständen abhängig wäre. Auf der anderen Seite gibt es indifferente Dinge, die wir von der menschlichen Natur her bevorzugen, und sofern sie die moralische Autarkie nicht beeinträchtigen, spricht auch nichts dagegen, sie vorzuziehen.

Der zweite Teil der Schrift widmet sich nun ausführlich einem dieser wertneutralen, aber bevorzugten Dinge, dem Reichtum. Den Hintergrund bilden offensichtlich Anfeindungen, denen Seneca aufgrund seines übergroßen Vermögens ausgesetzt war. Deutlich wird das etwa in der bei Tacitus überlieferten Verteidigungsrede des Suillius bei seinem Prozess, in der er Senecas Reichtum ins Visier nimmt: »Durch welche Weisheit, durch welche philosophischen Lehren hat er es fertiggebracht, in vier Jahren Freundschaft mit dem Princeps 300 Millionen Sesterzen zusammenzuraffen?« (*Annalen*, 13,42). Die generelle Philosophenschelte zitiert Seneca selbst: »Du sprichst anders, als du lebst!« (*Vom glücklichen Leben*, 18,1) Dieser allzu wohlfeile Vorwurf wiegt allerdings insofern schwerer, als Seneca ja nicht der Verfasser bloß abstrakter Abhandlungen war, sondern tatsächlich andere ermahnte, Ratschläge erteilte und selbst ordentlich Kritik an seine Mitbürger austeilte. Die kritische Frage, wie es da mit der Übereinstimmung von Leben und Werk stand, lag also nahe.

Seneca bemüht sich daher ausführlich, den Lesern die stoische Position klar zu machen, dass Reichtum nur dann ein Übel sei, wenn er zur Schlechtigkeit verführe, für den Vernünftigen aber im Gegenteil ein Mittel sein könne, Gutes zu tun. Es kommt also allein darauf an, wie man ihn gebraucht: »Beim Weisen ist der Reichtum Sklave, beim Toren ist er Herrscher.« (*Vom glücklichen Leben*, 26,1) Ob dies Seneca selbst zur Rechtfertigung gereicht, bleibt dahingestellt, denn er betont ja ausdrücklich, dass er selbst kein Weiser sei und es auch nie sein werde.

De tranquilitate animi (›Über die Seelenruhe‹) ist Serenus gewidmet, einem jüngeren Freund Senecas, der unter Nero in das einflussreiche Amt eines Garde-Präfekten gelangte. Serenus (hier vermutlich noch zu Beginn seiner Laufbahn) beklagt seine innere Unsicherheit und das Schwanken seiner Seele. Ist er öffentlich aktiv, sehnt er sich nach Ruhe, hat er Ruhe, drängt es ihn zur Aktivität. Ist er vom Prunk und Reichtum anderer angewidert, zieht er ein einfaches Leben vor, lebt er asketisch, beneidet er die anderen um ihr luxuriöses Leben. Serenus möchte von Seneca, als seinem Arzt, wissen, um welche Art von Krankheit es sich handelt und wie sie zu behandeln ist. Eindeutig wird hier die Rolle der Philosophie als Therapie, als Seelenleitung, angesprochen.

Senecas Diagnose ist eindeutig: Serenus' schwankender Zustand liegt nicht am Ungenügen der Lebensumstände, sondern an seiner Unzufriedenheit mit sich selbst, er muss mit sich ins Reine kommen. Solange das nicht der Fall ist, nützt eine Änderung der Begleitumstände auch nichts. Es ist ähnlich wie bei Leuten, die meinen, es wird ihnen besser gehen, wenn sie verreisen: Sie kommen genauso zurück, wie sie losgefahren sind, weil sie den Grund des Übels mitnehmen: sich selbst.

Was Serenus aber sucht, die innere Seelenruhe, ist etwas Großes und nicht einfach zu erreichen. Zunächst muss man die äußeren Dinge und Wirren des Schicksals im stoischen Sinne als *indifferentia* begreifen, als etwas, das für das Glück belanglos ist, und dann daran arbeiten, dass die Seele widerstandsfähig wird gegenüber allem, was von außen auf sie eindringt. Die Griechen nannten das *euthymia*, Sicherheit des Urteils, Entscheidungsfähigkeit, innere Harmonie und Ruhe. Dies heißt aber nicht, dass der Weise völlig unempfänglich wird (denn er ist nicht aus Stein); Unrecht, Schmerz, Schicksalsschläge können ihn treffen, aber ihm nicht schaden: »Unverwundbar ist nicht, was keine Schläge trifft, sondern was davon nicht verletzt wird.« (*Von der Standhaftigkeit des Weisen*, 3,3) Der Weise wird den Verlust aller äußeren Dinge mit Gleichmut hinnehmen, denn er weiß, dass sie ihn nichts angehen: »All mein Gut habe ich bei mir«, antwortete der Philosoph Stilpon, als er nach der Zerstörung seiner Heimatstadt alles verloren hatte (*Brief* 9,18).

Da es sich bei Serenus aber um einen erst Voranschreitenden handelt, gibt Seneca Ratschläge, wie dieser (als noch Unvollkommener) sein Leben einrichten soll. Zunächst ist eine Selbstprüfung notwendig, denn viel Unruhe und Leid entstehen daraus, dass man nicht weiß, wofür man geeignet ist. Manche Naturen bedürfen des öffentlichen Lebens, manche der Muße. Notwendig ist auch eine gewisse Flexibilität, denn es können Umstände eintreten, die eine politische oder geschäftliche Betätigung verwehren oder zu risikoreich werden lassen. Dann sollte man die *vita activa* mit der *vita contemplativa* vertauschen, denn auch zu Hause kann man im Kreis der Freunde wirksam sein und durch Rat, Lehre und Schriften dazu beitragen, die Jugend zu Besserem zu erziehen. Generell aber, sofern es möglich ist, sollte man Geschäft und Muße abwechseln lassen.

De brevitate vitae (›Von der Kürze des Lebens‹) ist an Paulinus gerichtet, der, wie aus dem Dialog selbst zu schließen ist, Präfekt der Getreideversorgung war und sich selbst in hohem Alter sträubte, das anstrengende und verantwortungsvolle Amt abzugeben. Die eigentlichen Adressaten der Schrift sind aber alle *occupati*, die Vielbeschäftigten, denen ihre Lebenszeit in rastloser Tätigkeit verrinnt, bis sie sterben, ohne gelebt zu haben.

Die Menschen beschweren sich, beginnt Seneca, dass sie zu wenig Zeit haben und zu kurz leben. Aber wir haben nicht zu wenig Zeit, wir vergeuden sie bloß. Seneca wird nicht müde, uns die zahllosen Nichtigkeiten vor Augen zu halten, mit denen wir uns ablenken, um alles andere zu tun, nur nicht mit uns selbst zusammen zu sein. Dabei gibt es im Wesentlichen zwei Kategorien von ›Okkupierten‹: die Müßiggänger, die ihr Leben und ihr Geld verschleudern für aufwendige Gastgelage, bei Gladiatorenkämpfen, beim Friseur, beim Hin- und Herreisen. Da solche Genüsse hohl sind und die Wiederholung langweilt, muss man den Aufwand ständig steigern und sich Neues ausdenken. Der psychologische Umschlag kann aber nicht ausbleiben und es kommt der Moment, wo – wie es Camus sagen würde – einen das Absurde anspringt, dann verzweifeln die Vielbeschäftigten und beklagen sich, aber es ist zu spät, das Leben ist verbraucht. Nicht viel besser geht es den Arbeitswütigen, sie reiben sich in Geschäften auf, müssen sich in wichtigen Ämtern beweisen, umgeben sich mit Klientel, das sie im Grunde verachten und das sie verachtet. Die einen wie die anderen fliehen vor sich selbst, weswegen sie zeitlich gesehen ›eindimensional‹ sind, sie leben in ihren Plänen, im Aufschieben und damit in der Zukunft.

Das Gegenbild ist die *vita contemplativa*, die Zeit, in der man sich mit philosophischen, literarischen, auch naturwissenschaftlichen Gegenständen beschäftigt. Nur so gewinnt der Mensch für sich auch die anderen Zeitdimensionen. Die Vertiefung in solche Gegenstände konzentriert den Geist auf das Gegenwärtige und verlängert zugleich das Leben in die Vergangenheit hinein durch die Begegnung mit den großen Denkern vorheriger Zeiten. Dabei soll man die Muße nicht bis zum Alter aufschieben, denn »wie spät ist es, dann mit dem Leben zu beginnen, wenn man es beenden muss« (*Von der Kürze des Lebens*, 3,5). Vielmehr soll Muße das ganze Leben begleiten, denn die Sinnerfüllung, die ihr entspringt, bildet auch die Grundlage dafür, seine Geschäfte und Ämter selbstbestimmt und mit sich in Einklang führen zu können.

Die 124 *Briefe an Lucilius* entstanden in den Jahren 62–65, der Zeit von Senecas Rückzug aus der Politik, und stellen eine Gesamtschau seiner Philosophie dar. Adressat ist Lucilius, ein jüngerer Freund Senecas, der offensichtlich hochgebildet war und selbst Werke verfasste. Obwohl in den Briefen auf Fragen und Antworten von Lucilius sowie auf aktuelle Ereignisse Bezug genommen wird, handelt es sich dabei nicht um einen Briefwechsel im eigentlichen Sinne. Es sind für die Öffentlichkeit gedachte Texte, die eine eigene literarische Form darstellen, die es ermöglicht, mit einem Gegenüber (fiktiv) in ein Gespräch zu treten, dieses später wieder aufzugreifen und fortzuführen, auf Kritik einzugehen, eigene Erlebnisse zum Anlass einer Reflexion zu nehmen, zu raten, zu ermuntern und zu trösten.

Die *Briefe* wollen den auf dem Weg zur philosophischen Einsicht und sittlichen Vervollkommnung Fortschreitenden anleiten. Sie setzen daher in der Lebenswirklichkeit an, bei den falschen Haltungen der Menschen, den sozialen Widersprüchen in der Gesellschaft, den Irrwegen falscher Lebensziele. Dann wird die Möglichkeit einer sinnerfüllten Lebensgestaltung als Gegenbild entworfen, auf dem Hintergrund der stoischen Ethik, aber nicht nur dieser, vielmehr wird die ganze Bandbreite der philosophischen Tradition aufgespannt, wo es für die Behandlung der aufgeworfenen Themen hilfreich erscheint.

Das Motto enthält gleich der erste Satz: »Befreie dich für dich selbst« (*Brief* 1,1). Die Briefe verfolgen den Weg der Selbstformung, die schließlich zur Autarkie führen soll, zur Unabhängigkeit vom Schicksal und allen äußeren Einflüssen. Diese ›Arbeit an sich selbst‹ ist eine mühevolle Aufgabe, die zum einen umfassende Erkenntnis voraussetzt, weshalb das Studium der Philosophie unerlässlich ist, zum anderen einem Kampf gleicht, da dem Ansturm der inneren und äußeren Widersacher standgehalten werden muss, der Affekte zum einen und der unbelehrbaren Zeitgenossen zum anderen, denen ein solches Unterfangen unverständlich und unnütz erscheint. Um die innere Freiheit zu erwerben, bedarf es fortwährender Übung, weshalb die *Briefe* Meditationen gleichen, die anhand konkreter Lebenssituationen die Grundsätze der stoischen Ethik immer wieder einprägen, für den Leser zuweilen in allzu wiederholender Form.

Etwa ab der zweiten Hälfte werden die *Briefe* umfangreicher, wenden sich auch abstrakteren philosophischen Fragestellungen zu und der Stil wird lehrbuchartiger. Allgemeine Themen der Ontologie, Erkenntnistheorie, Theologie oder der Einteilung der Philosophie überhaupt werden behandelt, ebenso spezifische Fragestellungen, wie z.B. welcher Art das Bewusstsein der Tiere von sich selbst ist oder ob die Erscheinungsformen von Tugend Lebewesen sind. Aber auch solche Erörterungen sollen nicht ins Spitzfindige führen und daher versäumt Seneca es nicht, anschließend zu den konkreten Fragen der Lebensführung zurückzukehren: »Daher will ich hier schließen, [...] sonst wird daraus, wenn ich Teile der Teile machen wollte, ein wissenschaftliches Buch« (*Brief* 89,17) – und das sollen die *Briefe* nicht sein.

Seneca heute

Senecas Nachruhm und Wirkung hingen stets von den Zeitumständen ab und so konnte er mal als mittelmäßig und mal als vorbildhaft gelten. Das Christentum fand bei ihm viele Übereinstimmungen hinsichtlich der Morallehre und der Methode der Seelenleitung, spätere Essayisten wie Francis Bacon oder Montaigne nahmen ihn sich zum Vorbild. Den Kritikern in Rom erschien er meist als Modeautor, der sich zu sehr dem Zeitgeschmack angepasst hatte, ein Urteil, das ja seinen Erfolg bestätigt. Im Hinblick auf den vorbildhaften Stil Ciceros warnte Quintilian in seiner *Rhetorik* davor, Seneca nachahmen zu wollen, und der auf dessen Bekanntheit als Redner neidische Kaiser Caligula urteilte, Senecas Stil sei »Sand ohne Kalk«, d.h. er rinne dahin, ohne zusammenhaltende Komposition.

Wenn Seneca heute ein auch außerhalb der Fachwissenschaft aktueller und viel gelesener Autor ist, dann hat das allerdings weniger mit Stilfragen zu tun – auch wenn die Lebendigkeit seiner Darstellung und die Kunst, knappe und griffige Formulierungen zu finden, mit zur Attraktivität beitragen mögen –, sondern vor allem damit, dass vieles, von dem Seneca spricht, dem modernen Menschen erstaunlich vertraut ist:

> Wie lange noch und es wird keinen See geben, den nicht die Giebel eurer Villen überragen? Keinen Fluss, dessen Ufer nicht eure Bauten säumen? Überall dort, wo Warmwasserquellen hervorsprudeln, werden neue Herbergen des Luxus emporschießen. Überall, wo sich die Küste zu einer Bucht krümmt, werdet ihr sofort Fundamente legen, und nicht zufrieden mit dem Boden, wenn ihr ihn nicht künstlich geschaffen habt, werdet ihr das Meer zurückdrängen. (*Brief* 89,21)

Nicht eine Formulierung müsste man ändern, um dies als eine treffende Kritik an der Maßlosigkeit zu lesen, mit der die gegenwärtige Zeit die Landschaft verbraucht und der Mensch sich bedenkenlos die Erde aneignet. Ebenso erkennen wir die *occupati*, die Vielbeschäftigten, als Zeitgenossen wieder, die ihre Tage mit hektischer Aktivität füllen und bei denen der Begriff ›Freizeit‹ ein Betrug ist, weil es eben keine freie Zeit für Muße und Studium ist, sondern durchgeplanter ›Zeitvertreib‹, also Zeitvernichtung:

> Rufe dir ins Gedächtnis zurück, wann du fest in deinen Entschlüssen warst, wie wenige Tage so verlaufen sind, wie du es dir vorgenommen hattest, wann du für dich selbst da warst, wann dein Gesichtsausdruck entspannt war, wann dein Gemüt sorgenlos war, was du in einer so langen Lebenszeit zustande gebracht hast, wie viele dein Leben geplündert haben, ohne dass du merktest, was dir verloren ging, wie viel dir vergeblicher Kummer, törichte Freude, gierige Leidenschaft, nette Unterhaltung weggenommen haben, wie wenig dir von dem Deinen geblieben ist […]. (*Von der Kürze des Lebens*, 3,2)

Oder, um Mahnungen herauszugreifen, die Seneca dem Informations- und Medienzeitalter hinterlassen hat, wenn er von der Oberflächlichkeit der Zerstreuung ins Viele spricht, denn wer vieles zugleich machen will, macht nichts richtig; oder von der maßlosen Gier nach Selbstdarstellung und Anerkennung durch die anderen, die nichts weniger ist als die Unfähigkeit, mit sich selbst zusammen sein zu können, und anders als vorgespielt nur das fehlende Vertrauen in den Wert dessen, was man tut, entlarvt. Denn für das Wesentliche kommt es nicht darauf an, wieviele dich bejubeln: »Mir genügen wenige, mir genügt einer, mir genügt keiner.« (*Brief* 7,11)

Das Interesse, auf das Senecas Werk heute stößt, verdankt sich auch der Wiederentdeckung eines Aspektes der Philosophie, der in der Antike immer präsent war, dass sie nämlich eine Anleitung zum guten Leben sein soll. Unter Bezug auf die Antike hat etwa Michel Foucault die Grundzüge einer Philosophie der Lebenskunst entworfen, die dem Menschen die Möglichkeit und Notwendigkeit einer Selbstformung aufzeigt, die ihn »für sich selbst befreit«. Diese, nicht schon gegebene, sondern zu erringende Freiheit ist es, die den Menschen selbstmächtig macht, d.h. widerständig gegen die Vereinnahmung durch von außen aufgezwungene Funktionalität oder aufgedrängte Rollen- und Weltbilder. Dafür bedarf es nicht nur der Zeit, die man sich selbst widmet, sondern auch der Existenz von Gegendiskursen, die nicht dem Mainstream folgen, sondern den Bewusstseinshorizont erweitern.

Einen solch anderen Diskurs finden wir bei Seneca. Wenn wir ein antikes Werk schätzen, weil es heute ›immer noch‹ aktuell ist, dann übersehen wir dabei zumeist die vielleicht tiefere Frage, warum der moderne Mensch immer noch antik ist. Warum sind griechische Tragödien zeitlos? Warum haben die klassischen Philosophen die Fragen gestellt und die Wege vorgezeichnet, die heute noch gestellt werden und die wir heute noch begehen? Es gibt Dinge, über die die Zeit hinweggeht, und solche, die im Menschsein unverrückbar verankert sind. Für diese einen bleibenden Ausdruck gefunden zu haben, ist Zeichen eines bedeutenden Werkes.

Literaturhinweise

Ausgaben und Übersetzungen

Reynolds, L. D.: *L. Annaei Senecae Ad Lucilium epistulae morales*, 2 Bde., Oxford 1965.

Reynolds, L. D.: *L. Annaei Senecae Dialogorum libri duodecim*, Oxford 1977.

Apelt, O.: *Lucius Annaeus Seneca. Philosophische Schriften I–IV*, Leipzig 1923/24 (Nachdruck Hamburg 1993).

Berthold, H.: *Seneca. Von der Seelenruhe. Philosophische Schriften und Briefe*, Frankfurt a.M. 1984.

Fink, G.: *L. Annaeus Seneca. Die kleinen Dialoge*, 2 Bde., Lat./Dt., München 1992.

Fink, G.: *L. Annaeus Seneca. Briefe an Lucilius. Bd. 1*, Lat./Dt., Düsseldorf 2007.

Giebel, M.: *L. Annaeus Seneca. Von der Kürze des Lebens*, Lat./Dt., Stuttgart 2008.

Giebel, M.: *Lucius Annaeus Seneca. Briefe an Lucilius*, Stuttgart 2014.

Gunermann, H.: *L. Annaeus Seneca. Über die Ausgeglichenheit der Seele*, Stuttgart 1984.

Mutschler, F.-H.: *L. Annaeus Seneca. Vom glücklichen Leben*, Stuttgart 1990.

Nickel, R.: *L. Annaeus Seneca. Briefe an Lucilius. Bd. 2*, Lat./Dt., Düsseldorf 2009.

Rosenbach, M.: *Lucius Annaeus Seneca. Philosophische Schriften*, 5 Bde., Lat./Dt., Darmstadt 1969–89.

Schmidt, H.: *Seneca. Vom glückseligen Leben*, Stuttgart [14]1978 (auf der Grundlage der Übersetzung von A. Forbiger).

Zu Senecas Leben und Werk

Fuhrmann, M.: *Seneca und Kaiser Nero*, Berlin 1997.

Giebel, M.: *Seneca*, Reinbek 1997.

Griffin, M.: *Seneca. A Philosopher in Politics*, Oxford 1976.

Grimal, P.: *Seneca. Macht und Ohnmacht des Geistes*, Darmstadt 1978.

Inwood, B.: *Reading Seneca. Stoic Philosophy at Rome*, Oxford 2005.

Maurach, G. (Hg.): *Seneca als Philosoph*, Darmstadt 1975.

Maurach, G.: *Seneca. Leben und Werk*, Darmstadt 1991.

Pohlenz, M.: *Die Stoa. Geschichte einer geistigen Bewegung*, Göttingen 1948/49.

Rozelaar, M.: *Seneca. Eine Gesamtdarstellung*, Amsterdam 1976.

Sørensen, V.: *Seneca. Ein Humanist an Neros Hof*, München 1984.

Veyne, P.: *Weisheit und Altruismus. Eine Einführung in die Philosophie Senecas*, Frankfurt a.M. 1993.
Wildberger, J.: *Seneca und die Stoa. Der Platz des Menschen in der Welt*, Berlin/New York 2006.

Vom glücklichen Leben

1. (1) Glücklich zu leben, mein Bruder Gallio, wünschen sich alle; aber zu durchschauen, was ein glückliches Leben ausmacht, dafür sind sie blind. Freilich ist es nicht leicht, ein glückliches Leben zu erreichen, denn wer einmal den Weg verfehlt hat, entfernt sich um so weiter davon, je hastiger er dahineilt; sobald ihn dieser in die entgegengesetzte Richtung führt, wird gerade die Eile die Ursache dafür sein, dass der Abstand immer größer wird. Daher muss man sich zuerst vor Augen führen, was es ist, das wir anstreben; dann müssen wir umherschauen, wie wir es am schnellsten erreichen können, wobei wir auf dem Weg selbst erkennen werden, wenn es nur der richtige ist, wieviel täglich zu schaffen ist und wieviel wir dem nähergekommen sind, zu dem uns ein natürliches Begehren hintreibt.

(2) Solange wir aber da und dort herumschweifen, keinem Führer folgend, sondern von Lärmen und verworrenem Geschrei in verschiedene Richtungen gerufen, wird unser Leben nur ein steter Irrweg sein, kurz wie es ist, auch wenn wir uns Tag und Nacht um die richtige Geisteshaltung bemühen. Daher treffe man über das Ziel und den Weg keine Entscheidung ohne einen kundigen Führer, der bereits erforscht hat, wohin wir uns begeben. Es ist hier nicht so wie bei anderen Reisen, wo uns der vorhandene Weg und Anwohner, die man fragt, nicht in die Irre gehen lassen; hier aber täuschen gerade die ausgetretensten und bekanntesten Wege am meisten. (3) Auf nichts müssen wir daher mehr achten, als dass wir nicht wie das Vieh der voranziehenden Herde folgen und da wandern, wo man eben geht, statt auf dem Weg, den man gehen soll. Nichts bringt uns in größere Übel, als wenn wir

uns nach dem Gerede der Leute richten und für das Beste halten, was mit großem Beifall aufgenommen wird, wenn wir nicht nach Vernunftgründen leben, sondern uns an viele Vorbilder halten, um ihnen ähnlich zu sein. (4) Daher rührt jene Anhäufung von Leuten, wo einer über den andern fällt. Was bei einem großen Massensturz geschieht, wo das Volk sich gegenseitig drängt – niemand fällt, ohne zugleich einen anderen mitzureißen, und die Ersten ziehen die Nachfolgenden ins Verderben –, das kann man überall im Leben beobachten: Niemand irrt nur für sich allein, sondern er ist auch Ursache und Urheber fremden Irrtums. Es schadet, sich den Vorausgehenden anzuschließen, und indem jeder Einzelne lieber glauben als urteilen will, gewinnt man über das Leben nie ein eigenes Urteil, man glaubt nur immer, und der von Hand zu Hand weitergegebene Irrtum treibt uns um und stürzt uns ins Verderben. Durch fremde Beispiele gehen wir zugrunde. Wir werden gerettet, sobald wir uns von der Masse absondern. (5) Jetzt aber stellt sich die Menge als Verteidiger ihres eigenen Übels gegen die Vernunft. Und so geht es denn wie in den Wahlversammlungen, wo sich dieselben Leute darüber verwundern, dass einer Prätor geworden ist, die ihn doch mitgewählt haben, sobald sich die unbeständige Gunst gewendet hat. Ein und dasselbe wird gebilligt und getadelt – das ist der Ausgang eines jeden Urteils, bei dem nach der Mehrzahl entschieden wird.

2. (1) Wenn es sich um ein glückliches Leben handelt, darfst du mir nicht wie bei Senatsabstimmungen antworten: »Auf dieser Seite scheint die Mehrheit zu sein.« Eben deshalb ist sie die schlechtere. Es steht mit den menschlichen Verhältnissen nicht so gut, dass das Bessere der Mehrzahl gefiele: Die Menge ist Beweis für das Schlechteste. (2) Lass uns daher fragen, was am besten zu tun sei, nicht, was das Üblichste ist, und was uns in den Besitz eines ewigen Glücks setzt, nicht, was dem großen Haufen, dem schlechtesten Dolmetscher der Wahrheit, genehm ist. Zu diesem Haufen aber rechne ich

Leute mit Prunkgewändern wie bekrönte Häupter; denn ich sehe nicht auf die Farbe der Kleider, mit denen die Körper behängt sind. Ich traue nicht den Augen, wenn es um einen Menschen geht; ich habe ein besseres und sichereres Licht, um das Wahre vom Falschen zu unterscheiden: Den Wert der Seele muss die Seele finden. Wenn diese einmal Zeit gewinnt, sich zu erholen und sich in sich selbst zurückzuziehen, o wie wird sie dann sich selbst die Wahrheit abringend gestehen und sagen: (3) »Alles, was ich bisher getan habe, hätte ich lieber nicht getan; wenn ich an alles zurückdenke, was ich gesprochen habe, so beneide ich die Sprachlosen; alles, was ich gewünscht habe, kommt mir wie eine Verwünschung meiner Feinde vor; alles was ich gefürchtet, o ihr guten Götter, wieviel leichter war es zu ertragen als das, was ich gewünscht habe? Mit vielen habe ich in Feindschaft gelebt und bin aus dem Hass wieder zur Freundschaft zurückgekehrt – wenn es unter Schlechten überhaupt Freundschaft gibt. Mir selbst aber bin ich noch kein Freund. Ich habe mir alle Mühe gegeben, mich aus der Menge hervorzuheben und durch irgendein Talent bemerkbar zu machen; was anderes habe ich davon, als dass ich mich zu einer Zielscheibe gemacht und dem Übelwollen gezeigt habe, wo es mich treffen kann? (4) Siehe jene Leute, die meine Beredsamkeit preisen, meinem Reichtum nachgehen, um meine Gunst buhlen, meine Macht in den Himmel heben? Sie alle sind entweder meine Feinde oder, was auf das gleiche hinausläuft, können es sein. Ebenso groß wie die Menge der Bewunderer ist die der Neider. Warum suche ich nicht lieber ein erprobtes Gut, das ich empfinde, nicht nur vorzeige. Das, was beschaut wird, wovor man stehen bleibt, was einer dem anderen staunend vorzeigt: Das glänzt nur äußerlich, innen ist's jämmerlich.«

3. (1) Lass uns etwas suchen, das nicht bloß dem äußern Schein nach gut ist, sondern beständig und gleichbleibend und noch schöner ist auf seiner verborgenen Seite. Das lass uns entdecken. Es liegt nicht fern, es lässt sich finden, nur

muss man wissen, wohin man die Hand ausstrecken soll. Jetzt gehen wir wie im Finstern am Naheliegenden vorüber und stoßen an das an, was wir ersehnen.

(2) Doch um dich nicht auf Umwege zu schleppen, werde ich die Ansichten anderer übergehen; denn sie aufzuzählen, wäre ebenso weitläufig, wie sie zu widerlegen. Hier hast du die unsrige. Wenn ich sage »die unsrige«, so binde ich mich nicht an einen von den führenden Stoikern; auch ich habe das Recht auf eine eigene Meinung. Daher werde ich dem einen beipflichten, einen andern auffordern, seinen Vorschlag in einzelnen Teilen zur Abstimmung vorzulegen; vielleicht werde ich auch, nach allen andern aufgerufen, nichts von dem, was meine Vorredner erklärt haben, verwerfen und bloß sagen: »Dies beantrage ich außerdem noch«. (3) Einstweilen halte ich mich, worin alle Stoiker eins sind, an die Natur; von ihr nicht abzuweichen und sich nach ihrem Gesetz und Beispiel zu bilden, ist Weisheit. Glückselig also ist ein Leben, das mit seiner Natur in Einklang steht. Dies aber kann uns nicht anders zuteilwerden, als wenn zuerst der Geist gesund und in beständigem Besitz seiner Gesundheit ist; sodann, wenn er stark und entschlossen ist, zudem in edelster Weise leidensfähig, den Zeitumständen gewachsen, wenn er für den Körper und seine Bedürfnisse sorgt, jedoch ohne Ängstlichkeit; ferner achtsam ist auf die übrigen Dinge, die zum Leben gehören, ohne auf irgendeines großen Wert zu legen; bereit, die Gaben des Glücks zu benutzen, nicht aber ihnen zu dienen.

(4) Du siehst, auch ohne dass ich es hinzufüge, dass dem auch eine beständige Gemütsruhe und Freiheit folgen, wenn alles verbannt ist, was uns entweder reizt oder schreckt. Denn an die Stelle der sinnlichen Genüsse und alles dessen, was kleinlich und hinfällig ist und durch seine Verwerflichkeit schadet, tritt eine hohe, unerschütterliche und gleichbleibende Freude, Friede und Harmonie der Seele und Größe mit Sanftmut gepaart; denn alle Rohheit ist nur ein Zeichen von Schwäche.

4. (1) Es lässt sich auch noch anders bestimmen, was in unserem Verständnis ein Gut ist; der Gedanke bleibt derselbe, wird aber in andere Worte gefasst. Ein und dasselbe Heer kann bald weiter ausgebreitet, bald enger zusammengezogen werden und entweder mit gebogenen Flügeln die Mitte umschließen oder in gerader Linie aufgestellt werden; wie es aber auch geordnet ist, seine Kraft und sein Wille, für dieselbe Partei zu stehen, bleiben sich gleich. So kann auch die Begriffsbestimmung des höchsten Gutes bald ausgedehnt und weitläufig, bald zusammenfassend und gestrafft gegeben werden. (2) Es ist ganz dasselbe, ob ich sage: »Das höchste Gut ist eine das Zufällige geringschätzende, sich ihrer Tugend erfreuende Seele« oder: »eine unüberwindliche Kraft der Seele, welterfahren, ruhig im Handeln, mit großer Menschlichkeit und Sorge für die Nahestehenden«. Man mag den Begriff auch so bestimmen, dass man denjenigen Menschen glücklich nennt, dem nichts ein Gut oder ein Übel ist als allein eine gute oder schlechte Seele; der das Sittlichgute verehrt, dem seine Tugend alles ist, den Zufälliges weder erhebt noch niederschlägt; der kein größeres Gut kennt, als das er sich selbst geben kann, dem die Verachtung der Sinneslust wahre Lust ist.

(3) Will man noch weitergehen, so kann man dem Begriff noch die eine und die andere Form geben, ohne dass der Sinn verletzt oder beeinträchtigt wird. Denn was hindert uns, zu sagen, ein glückliches Leben besteht in einer freien und aufrechten Seele, unerschrocken und standhaft, über Furcht und Begierde erhaben, für die es nur ein Gut gibt, die Sittlichkeit, und nur ein Übel, die Schlechtigkeit? Das Übrige ist ein wertloser Haufen von Dingen, der dem glücklichen Leben weder irgend etwas wegnehmen noch hinzufügen und ohne Mehrung oder Minderung des höchsten Gutes kommen und gehen kann.

(4) Was so gegründet ist, dem muss notwendig – ob man will oder nicht – eine fortwährende Heiterkeit und eine tiefe, aus dem Inneren kommende Freude entspringen, die sich

an dem Ihren erfreut und nichts Größeres wünscht, als was ihr zugehört. Sollte dies nicht die dürftigen und nichtigen und nicht andauernden Triebe des armseligen Körpers reichlich aufwiegen? An dem Tag, an dem man der Lust unterliegt, wird man auch dem Schmerz unterliegen. Du siehst, in welch schlimmer und unheilvoller Knechtschaft einer stehen würde, den Lüste und Schmerzen, die unzuverlässigsten und zügellosesten Gebieter, abwechselnd in Besitz hätten. Also muss man aufbrechen in die Freiheit. (5) Diese aber erreicht man durch nichts anderes als durch Gleichgültigkeit gegen das Schicksal. Dann wird einem jenes unschätzbare Gut erwachsen, jene Ruhe und Erhabenheit des Geistes, sicher gegründet, und, wenn die Ängste vertrieben sind, aus der Erkenntnis der Wahrheit eine große und unerschütterliche Freude sowie eine Freundlichkeit und Heiterkeit der Seele, woran man sich erfreut, nicht wie an Gaben, sondern wie an aus dem eigenen Gut Entsprungenem.

5. (1) Da ich nun einmal angefangen habe, freigebig zu erörtern: Glücklich kann auch der genannt werden, der dank seiner Vernunft nichts wünscht und nichts fürchtet. Auch die Steine sind ohne Furcht und Traurigkeit und ebenso die Tiere; niemand wird sie deshalb glücklich nennen, da sie kein Bewusstsein von Glück haben. (2) Auf dieselbe Stufe stelle die Menschen, deren Stumpfsinn und Mangel an Selbstbewusstsein sie unter das Vieh und die leblosen Dinge versetzt haben. Es ist kein Unterschied zwischen diesen und jenen, weil diese gar keine Vernunft haben, jene aber eine verkehrte, die zu ihrem eigenen Schaden und widersinnig wirkt. Glücklich kann nämlich niemand genannt werden, der aus der Wahrheit verbannt ist.

(3) Glücklich ist also ein Leben, das auf einem richtigen und sicheren Urteil ruht und unwandelbar ist. Dann nämlich ist der Geist rein und frei von allen Übeln, wenn er sich nicht nur Verletzungen, sondern auch Sticheleien entzogen hat, stets da stehen wird, wo er sich hingestellt hat, und seinen

Platz behauptet, auch wenn das Schicksal zürnt und feindlich ist. (4) Denn was die Sinneslust angeht, sie mag sich von allen Seiten her um uns ergießen, auf allen Wegen heranströmen und der Seele mit ihren Reizungen schmeicheln, sie mag ein Mittel nach dem andern anwenden, um uns im Ganzen oder Teile von uns zu erregen: Welcher Sterbliche, an dem nur noch eine Spur seines Menschenseins geblieben ist, wollte Tag und Nacht gekitzelt werden, seine Seele im Stich lassen und nur dem Körper frönen?

6. (1) »Aber auch die Seele«, sagt man, »wird doch ihre Sinnesfreuden haben.« Ja, mag sie solche haben und sich zum Schiedsrichter über Schwelgerei und Genüsse machen, mag sie sich anfüllen mit allem, was die Sinne zu ergötzen pflegt; danach mag sie auf das Vergangene zurückschauen und der verflossenen Genüsse eingedenk über die früheren frohlocken und nach den kommenden schon gieren, ihre Hoffnungen aneinanderreihen, und während der Körper schon jetzt auf der Mast liegt, die Gedanken schon in die Zukunft schweifen lassen: Sie wird mir um so elender erscheinen, weil Schlechtes statt Gutem zu wählen Wahnsinn ist. Weder ist jemand ohne gesunden Verstand glücklich, noch ist der bei gesundem Verstand, der Zukünftiges als das Beste begehrt. (2) Glücklich ist also, wer richtig urteilt; glücklich ist, wer mit dem Gegebenen, wie es auch immer sei, zufrieden ist und sich mit seinen Verhältnissen angefreundet hat; glücklich ist der, dem die Vernunft seine ganzen Lebensumstände anempfiehlt.

7. (1) Es sehen auch diejenigen, die bei jenen Dingen vom höchsten Gut gesprochen haben, welch schändlichen Platz sie ihm zugewiesen haben. Daher verneinen sie, dass die Lust von der Tugend getrennt werden kann, und sagen, es könne weder jemand sittlich gut leben, ohne zugleich angenehm, noch angenehm, ohne zugleich sittlich gut. Ich begreife nicht, wie man so ganz verschiedene Dinge in eins zusam-

menwerfen kann. Warum soll denn, ich bitte euch, die Lust von der Tugend nicht getrennt werden können? Versteht sich, weil die Tugend der Grund alles Guten ist, entspringt ihrer Wurzel auch das, was ihr liebt und begehrt? Allein, wenn jene Dinge untrennbar wären, so würden wir nicht manches sehen, was angenehm, aber nicht sittlich gut, manches dagegen, was höchst sittlich, aber hart und nur unter Schmerzen zu erringen ist.

(2) Nimm noch hinzu, dass Sinneslust sich auch zu dem schändlichsten Leben gesellt, die Tugend aber ein schlechtes Leben gar nicht zulässt, und dass manche nicht ohne Lust, sondern gerade der Sinneslust wegen unglücklich sind, was nicht der Fall sein würde, wenn sich mit der Tugend die Lust verschmolzen hätte, welche der Tugend oft fehlt, ihr aber nie Bedürfnis ist. (3) Warum stellt ihr Unähnliches, ja ganz Entgegengesetztes zusammen? Die Tugend ist etwas Hohes, Erhabenes und Königliches, Unbesiegbares, Unermüdliches; die Sinneslust etwas Niedriges, Sklavisches, Ohnmächtiges, Hinfälliges, dessen Aufenthalt und Heimat Bordelle und Kneipen sind. Die Tugend wirst du im Tempel finden, auf dem Forum, in der Kurie, vor den Mauern stehend, mit Staub bedeckt, mit gerötetem Gesicht, mit schwieligen Händen; das sinnliche Vergnügen hält sich häufig versteckt und sucht die Finsternis, um Badehäuser und Schwitzstuben und Orte herum, die den Ädil fürchten, weichlich, kraftlos, von Wein und Salböl triefend, bleich oder geschminkt und durch Schönheitsmittel verdorben.

(4) Das höchste Gut ist unsterblich, es kann nicht untergehen, es kennt weder Überdruss noch Reue, denn der rechte Sinn wandelt sich nie, noch ist er sich selbst zuwider oder verändert etwas am besten Leben. Das sinnliche Vergnügen aber erlischt gerade dann, wenn es die höchste Freude empfindet; es hat keinen weiten Spielraum, daher füllt es ihn bald aus, verursacht Überdruss und ermattet nach dem ersten Anlauf. Auch ist eine Sache nie zuverlässig, deren Natur in Bewegung ist; und so kann auch das nichts Wesentliches sein, was ebenso

schnell kommt wie vorübergeht und schon durch seinen Gebrauch vergeht. Es ist schon da angelangt, wo es aufhört, und während es beginnt, blickt es schon auf das Ende.

8. (1) Wie steht es damit, dass den Guten ebenso wie den Schlechten Lustgefühle innewohnen und die Lasterhaften sich an ihrer Schändlichkeit nicht weniger erfreuen als die Anständigen an der Vortrefflichkeit? Daher schrieben die Alten vor, man solle dem besten Leben folgen, nicht dem angenehmsten, damit die Lust nicht der Führer, sondern der Begleiter des rechten und guten Willens sei. Denn die Natur muss man zur Führerin nehmen; auf sie richtet die Vernunft ihr Augenmerk, bei ihr holt sie sich Rat.

(2) Dasselbe also ist es, glücklich und gemäß der Natur zu leben. Was dies heißt, will ich jetzt erklären: Wenn wir die körperlichen Anlagen und das mit unserer Natur Verbundene sorgfältig, aber nicht ängstlich bewahren als etwas, das uns nur auf Zeit gegeben und vergänglich ist; wenn wir uns nicht in Abhängigkeit davon begeben und nicht von etwas uns Fremdem in Besitz genommen werden; wenn wir dem, was dem Körper angenehm ist und von außen kommt, den Stellenwert zuschreiben wie Hilfstruppen und Leichtbewaffneten beim Heer – sie sollen dienen, nicht befehlen –, dann erst werden sie dem Geist von Nutzen sein. (3) Ein Mann sei von Äußerlichkeiten unverführt und unbezwungen, nur Bewunderer seiner selbst, »vertrauend auf sich und auf alles gefasst« (Vergil), der Gestalter seines Lebens. Sein Selbstvertrauen sei nicht ohne Einsicht, seine Einsicht nicht ohne Festigkeit; er soll bei dem bleiben, wofür er sich einmal entschieden hat, und es soll keine Änderung an seinen Entscheidungen geben. Man wird, auch wenn ich es nicht ausdrücklich hinzufügen muss, einsehen, dass ein solcher Mann ausgeglichen und geordnet ist und in allem, was er tut, freundlich und großmütig.

(4) Von den Sinneswahrnehmungen angeregt soll die Vernunft Fragen stellen und von dort ihren Ausgangspunkt nehmend – denn sie hat nichts anderes, von wo aus sie ansetzen

und einen Anlauf zur Wahrheit unternehmen kann – zu sich selbst zurückkehren. Auch der Kosmos, der alles umfasst, und die das Universum leitende Gottheit streben aus sich heraus, kehren aber von überallher nach innen, zu sich selbst zurück. Dasselbe soll unser Geist tun: Wenn er mit Hilfe seiner Sinne sich auf die Außenwelt gerichtet hat, sei er sowohl ihrer als seiner selbst mächtig. (5) Auf diese Weise werden eine Kraft und eine Macht geschaffen, die mit sich selbst in Einklang sind, und es wird jene sichere Vernunft entstehen, die sich nicht widerspricht, die sich nicht verfängt in Meinungen, Vorstellungen und Einbildungen. Hat sich diese geordnet und stimmt sie mit ihren Teilbereichen überein und ist, wenn ich so sagen darf, zur Harmonie gekommen, dann hat sie das höchste Gut erreicht. (6) Denn nichts Verkehrtes, nichts Unsicheres ist mehr übrig, nichts, woran sie sich stoßen oder worüber sie fallen könnte. Alles wird auf ihre Weisung hin geschehen und nichts wird sich unerwartet ereignen. Was immer geschieht, wird gut ausgehen, leicht und vorbereitet und ohne Zögern des Handelnden; denn Trägheit und Unschlüssigkeit verraten Kampf und Uneinigkeit mit sich selbst. Daher darf man geradeheraus behaupten, das höchste Gut ist die Harmonie der Seele. Denn da müssen Tugenden sein, wo Übereinstimmung und Einigkeit sind; Laster sind uneins mit sich selbst.

9. (1) »Aber auch du«, wendet jemand ein, »befleißigst dich der Tugend doch wohl nur deshalb, weil du dir von ihr irgendeine Lust erhoffst.« Zunächst einmal, wenn die Tugend Lust verschaffen sollte, strebt man doch nicht dessentwegen nach ihr: denn sie verschafft nicht diese, sondern diese auch, und sie bemüht sich nicht darum, sondern ihre Bemühung erreicht, obgleich sie etwas ganz anderes erstrebt, auch dieses mit. (2) So wie auf einem Feld, das man für die Saat gepflügt hat, zwischen dieser auch manche Blumen mit aufsprießen, so hat man doch nicht dieses Pflänzchens wegen, wie sehr es das Auge erfreuen mag, so viel Mühe aufgewendet – der Aus-

sähende hatte eine andere Absicht, das kam nur hinzu –; so ist auch der Genuss weder Lohn noch Ursache der Tugend, sondern eine Zugabe; und er findet nicht Zustimmung, weil er erfreut, sondern wenn er Zustimmung findet, erfreut er auch.

(3) Das höchste Gut liegt im Urteilsvermögen selbst und der Verfassung eines vollkommenen Geistes, und wenn dieser sein Wesen erfüllt und sich in seine Grenzen eingeschlossen hat, so ist das höchste Gut erreicht, und er will weiter nichts mehr. Denn nichts gibt es außerhalb des Ganzen, so wenig wie jenseits der Vollendung.

(4) Daher bist du schon im Irrtum, wenn du fragst, was es sei, das mich nach der Tugend streben lässt, denn du fragst nach etwas, das über dem Höchsten stände. Du fragst, welchen Gewinn ich aus der Tugend ziehen will? Sie selbst. Denn sie hat nichts Besseres, sie ist selbst ihr Lohn. Ist das etwa nicht genug? Wenn ich dir sage: Das höchste Gut ist unbeugsame Seelenstärke, Voraussicht, Erhabenheit, Gesundheit, Freiheit, Harmonie und Schicklichkeit, verlangst du dann noch etwas Größeres, worauf sich diese beziehen? Was sprichst du mir von der Lust? Ich suche das Gute für den Menschen, nicht für den Bauch, der ist beim Vieh und bei den Wildtieren geräumiger.

10. (1) »Du übergehst«, wird man mir sagen, »was ich meine. Ich bestreite nämlich, dass jemand angenehm leben könne, wenn er nicht zugleich anständig lebt, was bei den sprachlosen Tieren nicht der Fall sein kann, noch bei denen, die ihr Gut nach der Nahrung bemessen. Klar und offen bezeuge ich, dass das Leben, welches ich ein angenehmes nenne, nur verbunden mit der Tugend erreicht werden kann.« (2) Allein wer weiß nicht, dass von euren Lüsten gerade die größten Toren am meisten erfüllt sind, die Liederlichkeit überfließt von Angenehmem und dass die Seele selbst viele und schlechte Arten der Lust ermöglicht? Besonders Übermut, Selbstüberschätzung und Aufgeblasenheit, die sich über andere erhebt, blinde und unbedachte Eigenliebe, überfließenden Luxus,

Jubel über kleinste und kindische Anlässe, Geschwätzigkeit und Hochmut, der sich an der Kränkung anderer erfreut, Faulheit und Zerfahrenheit einer trägen, vor sich hindämmernden Seele. (3) Dies alles beseitigt die Tugend, zupft dich am Ohr und prüft erst die Sinnesfreuden, bevor sie sie heranlässt; und selbst die, die gebilligt wurden, schätzt sie gering. In jedem Fall lässt sie sie nur mit Vorsicht zu und freut sich nicht an ihrem Genuss, sondern an ihrer Mäßigung. Wenn aber die Mäßigung die Lust vermindert, so ist sie dir ja ein Frevel am höchsten Gut. Du umarmst die Lust, ich beschränke sie; du genießt sie, ich gebrauche sie; du hältst sie für das höchste Gut, ich nicht einmal für ein Gut; du tust alles der Lust wegen, ich nichts.

11. (1) Wenn ich sage, dass ich nichts der Lust wegen tue, so spreche ich von dem Weisen, dem du doch allein die Lust zuerkennst. Den aber nenne ich nicht einen Weisen, über dem noch irgend etwas steht, vollends gar die Lust. Wenn er von dieser eingenommen ist, wie wird er der Anstrengung widerstehen und der Gefahr, der Armut und so vielen Schrecknissen, die des Menschen Leben umschwirren? Wie wird er den Anblick des Todes, wie Schmerzen ertragen, wie das Getöse der Welt und Scharen heftigster Feinde, wenn er sich von einem so weichlichen Gegner hat besiegen lassen? Alles, was die Lust ihm raten wird, wird er tun. Siehst du nicht, wieviel sie ihm anraten wird? (2) »Nichts«, heißt es, »wird sie schimpflich raten können, weil sie mit der Tugend verbunden ist.« Siehst du wieder nicht, was für ein höchstes Gut das ist, das einen Wächter braucht, um überhaupt ein Gut zu sein? Wie aber wird die Tugend eine Lust beherrschen können, der sie folgt, da zu folgen Sache des Gehorchenden ist, zu beherrschen Sache des Befehlenden? Du stellst hinten an, was gebietet. Ein vortreffliches Amt aber hat bei euch die Tugend, dass sie die Lüste vorkosten darf!

(3) Doch wir werden sehen, ob die Tugend bei denen, die sie so schmählich behandeln, überhaupt noch eine Tugend

ist, die doch ihren Namen nicht mehr führen kann, wenn sie ihre Stelle aufgegeben hat. Unterdessen werde ich dir, denn darum geht es, viele zeigen, die von ihren Lüsten beherrscht sind, die das Glück mit seinen Gaben überschüttet hat und von denen du doch eingestehen musst, dass sie schlechte Menschen sind. (4) Betrachte Nomentanus und Apicius, welche der Länder und des Meeres Güter, wie sie es nennen, zusammensuchen und Tiere aus aller Welt auf ihrem Tisch begutachten. Siehe, wie sie von ihrem Rosenlager aus nach ihrer Küche blicken, wie sie ihre Ohren am Klang der Stimmen, ihre Augen an Schauspielen, ihren Gaumen an Leckerbissen weiden. Mit weichen und sanften Wärmewickeln wird ihr ganzer Körper angeregt, und damit unterdessen auch die Nase nicht zu kurz kommt, wird der Ort selbst, wo sie der Schwelgerei huldigen, mit mancherlei Wohlgerüchen erfüllt. Von diesen wirst du doch gewiss sagen, dass sie im Wohlgenuss leben, und doch wird es ihnen nicht gut gehen, weil sie sich nicht am Guten erfreuen.

12. (1) »Schlecht«, erwidert man, »wird es ihnen gehen, weil vieles dazwischenkommt, was die Seele verstört, und widersprüchliche Meinungen ihren Geist beunruhigen.« Das gebe ich zu, nichtsdestoweniger aber werden jene törichten, schwankenden und dem Anrücken der Reue ausgesetzten Menschen große Lustempfindungen haben, so dass man gestehen muss, dass sie dann ebensoweit von allem Ungemach entfernt sind wie von einer guten Geistesverfassung, und, das erfasst ja die meisten, in heiterem Wahn befangen, lachend Tollheiten treiben. (2) Die Lustregungen der Weisen dagegen sind gemäßigt und bescheiden, beinahe lau, gedämpft und äußerlich kaum bemerkbar, da sie weder herbeigerufen kommen, noch, wenn sie sich von selbst eingestellt haben, in Ansehen stehen und von denen, bei denen sie sich eingestellt haben, ohne jede Freude empfangen werden. Denn sie mischen diese dem Leben bei und fügen sie dazwischen wie Spiel und Scherz unter Ernstes.

(3) Man höre also auf, nicht Zusammenpassendes zu verbinden und Tugend mit Lust zu verknüpfen; durch diesen Fehler schmeichelt man gerade den Schlechtesten. Jener Genusssüchtige, immer rülpsend und betrunken, glaubt, weil er weiß, dass er lustvoll lebt, auch tugendhaft zu leben, denn er hört ja, die Lust lasse sich von der Tugend nicht trennen. Dann bezeichnet er seine Laster als Weisheit und bekennt sich laut zu Dingen, die er lieber verbergen sollte. (4) Daher hat nicht Epikur sie zu einem üppigen Leben verführt, sondern, den Lastern ergeben, bergen sie ihre Genusssucht im Schoß der Philosophie und laufen dahin zusammen, wo sie die Lust preisen hören. Und sie schätzen auch nicht jene Lust Epikurs – so nämlich, beim Herkules, empfinde ich das –, so nüchtern und trocken wie sie ist, sondern auf den bloßen Namen hin eilen sie herbei, weil sie für ihre Begierden irgendeinen Schutzpatron und Deckmantel suchen. (5) So verlieren sie auch noch das einzige Gute, das sie bei ihrer Schlechtigkeit hatten: die Scheu, zu sündigen. Denn nun loben sie das, worüber sie erröten sollten, und rühmen sich des Lasters, und so ist es nicht einmal der Jugend möglich, sich wieder aufzuraffen, da der schändliche Müßiggang einen ehrbaren Titel bekommen hat. Das ist der Grund, warum das Lob der Lust verderblich ist, weil die sittlichen Vorschriften im Innern verborgen sind, das Verführerische aber offen zu Tage tritt.

13. (1) Ich nun bin der Meinung (und ich sage dies zum Unwillen unserer Anhänger), dass Epikur Reines und Richtiges vorschreibt, ja, wenn man es näher betrachtet, sogar Strenges; denn jene Lust wird auf etwas Geringes und Dürftiges zurückgenommen, und dasselbe Gesetz, das wir für die Tugend aufstellen, nennt er für die Lust. Er verlangt, dass sie der Natur gehorche; zu wenig ist aber der Genusssucht, was der Natur genug ist.

(2) Wie also sieht's aus? Ein jeder, der trägen Müßiggang und abwechselnde Genüsse des Gaumens und der Wollust Glück nennt, sucht für eine schlechte Sache einen guten

Gewährsmann, und sobald er, von einem schmeichelnden Namen angezogen, bei ihm ankommt, geht er der Lust nach, nicht der, von der er hört, sondern der, die er schon mitbrachte. Und hat er einmal angefangen, zu glauben, seine Laster stimmten mit den Lehren überein, so frönt er ihnen nicht mehr ängstlich und insgeheim, sondern schwelgt von da an mit erhobenem Haupt. Daher sage ich nicht wie die meisten der unsrigen, Epikurs Schule sei eine Lehrerin der Laster, sondern das sage ich: Sie hat einen schlechten Ruf, sie ist übel angesehen. (3) Und das zu unrecht. Wer kann das wissen, wenn er kein Eingeweihter ist? Ihr Äußeres selbst gibt Veranlassung zum Gerede und zu schlimmen Erwartungen. Das ist so wie ein tapferer Mann, der in einem Frauenkleid steckt. Die Ehrbarkeit bleibt dir, die Männlichkeit ist unangetastet, dein Körper gibt sich keiner schändlichen Berührung preis, aber in der Hand ist das Tamburin. Wähle man daher einen ehrbaren Namen und eine Aufschrift, die selbst schon die Seele entflammt: Die jetzt da steht, haben die Laster erfunden. (4) Jeder, der auf die Seite der Tugend getreten ist, gibt eine Probe seiner edlen Natur; wer aber dem sinnlichen Vergnügen nachgeht, der erscheint als ein entnervter, gebrochener, entarteter Mann, der gewiss der Schande verfallen wird, wenn ihn nicht jemand lehrt, die Lüste zu unterscheiden, damit er weiß, welche davon innerhalb der Schranken des natürlichen Verlangens verbleiben und welche kopfüber voranstürmen und keine Grenzen kennen, sondern um so unersättlicher werden, je mehr sie erfüllt werden.

(5) Wohlan denn, die Tugend gehe voran, dann wird jeder Schritt ein sicherer sein. Übertriebene Sinneslust schadet; bei der Tugend aber ist nicht zu befürchten, dass sie zu weit gehe, weil das Maß in ihr selbst liegt. Kein Gut ist, was unter seiner eigenen Größe leidet. Was kann ferner vernunftbegabten Wesen Besseres geboten werden als Vernunft? Und wenn diese Verbindung gefällt, wenn es gefällt, mit Begleitung den Weg zu einem glücklichen Leben zu gehen, so gehe die Tu-

gend voran, die Lust aber begleite dich und umschwebe den Körper wie ein Schatten. Die Tugend, das Erhabenste von allem, der Lust als Magd zu übergeben, vermag nur, wer keines hohen Gedankens fähig ist.

14. (1) Die Tugend gehe voran, sie trage die Feldzeichen: Wir werden nichtsdestoweniger Lust empfinden, aber wir werden ihre Herren und Mäßiger sein; manches wird sie von uns erbitten, nichts erzwingen. Diejenigen aber, die der Lust die erste Stelle eingeräumt haben, entbehren beides; denn die Tugend verlieren sie, und im Übrigen haben nicht sie selbst die Lust, sondern die Lust hat sie: Entweder werden sie durch den Mangel daran gequält oder durch den Überfluss erstickt. Elend, wenn sie von ihr verlassen werden, noch elender, wenn sie überschüttet werden, so wie die im Syrtenmeer Gefangenen bald auf dem Trockenen sitzen, bald auf reißenden Wogen hin und her treiben. (2) So geht es aber bei allzu großer Unbeherrschtheit und blinder Liebe für etwas: Wer Schlechtes statt Gutem erstrebt, für den ist die Erfüllung seiner Wünsche gefährlich. Wie wir auf wilde Tiere mit Anstrengung und Gefahr Jagd machen und selbst, wenn sie gefangen sind, ihr Besitz eine beunruhigende Sache ist – denn oft zerfleischen sie ihre Herren –, so geraten die, die große Sinnesfreuden genossen, in große Übel, und was sie erjagt hatten, hat sie gefangengenommen. Je zahlreicher und größer sie sind, desto geringer ist der, den die große Menge glücklich nennt, und dient um so mehr Herren als Sklave. (3) Ich möchte jetzt noch bei dem Bild bleiben: Gleich wie der, der die Lagerstätten des Wildes aufspürt und großen Wert darauf legt, »das Wild in der Schlinge zu fangen und rings mit Hunden den weiten Bergwald zu umstellen« (Vergil), um seiner Spur zu folgen, das Wichtigere im Stich lässt und vielen Verpflichtungen sich entzieht, so setzt der, welcher der Lust nachjagt, alles andere ihr nach, vernachlässigt vor allem seine Freiheit, gibt sie für seinen Bauch hin und kauft nicht sich Lüste, sondern verkauft sich an sie.

15. (1) »Was jedoch hindert daran«, sagt man, »Tugend und Lust zu verschmelzen und so das höchste Gut zu schaffen, dass ein und dasselbe zugleich sittlich gut und lustvoll sei?« – Weil Teil des Sittlichguten nichts anderes als Sittlichgutes sein kann und das höchste Gut die ihm eigentümliche Reinheit nicht besitzen wird, wenn es an sich etwas sieht, das dem Besseren unähnlich ist. (2) Nicht einmal die Freude, welche aus der Tugend entspringt, bildet, obgleich sie etwas Gutes ist, einen Teil des an und für sich Guten, ebensowenig wie Fröhlichkeit und Ruhe, auch wenn sie aus den schönsten Ursachen hervorgehen. Es sind dies zwar Güter, aber solche, die eine Folge, nicht aber Bestandteil des höchsten Guts sind.

(3) Wer aber aus Tugend und Lust eine Gemeinschaft macht, und nicht einmal im gleichen Rang, der schwächt durch die Gebrechlichkeit des einen Gutes, was immer an Lebenskraft im andern ist, ab, und jene Freiheit, die nur dann unbesiegbar ist, wenn sie nichts Wertvolleres kennt als sich selbst, zwingt er ins Joch. Denn – was eben die äußerste Knechtschaft ist – sie wird abhängig vom Glück. Es folgt ein Leben voller Angst, Argwohn und Zittern, den Zufall fürchtend und bang vor den wechselnden Zeitumständen. (4) Da gibst du der Tugend keine gewichtige, unerschütterliche Grundlage, sondern heißt sie auf einem schwankenden Platz zu stehen. Was aber ist so schwankend wie die Erwartung des Zufälligen und die Veränderlichkeit des Körpers und der auf ihn einwirkenden Dinge? Wie kann einer dem Gott gehorchen und alles, was ihm auch begegnen mag, guten Mutes aufnehmen sowie nicht über sein Geschick klagen, indem er es zum Besten auslegt, wenn er durch die leisesten Berührungen von Lust und Schmerz erschüttert wird? Aber nicht einmal ein guter Beschützer und Verteidiger seines Vaterlandes noch auch ein Mitstreiter seiner Freunde kann er sein, wenn er sich seinen Lüsten hingibt.

(5) Daher muss das höchste Gut sich bis dahin erheben, von wo es durch keine Gewalt herabgezogen werden kann, wo weder Schmerz noch Hoffnung, noch Furcht Zutritt haben,

noch irgend etwas, das das Recht des höchsten Gutes beeinträchtigen könnte. Dahin aber kann sich einzig und allein die Tugend erheben. Nur durch Schritthalten mit ihr kann jene Höhe erklommen werden. Sie wird tapfer standhalten und, was auch kommen mag, nicht bloß erduldend, sondern auch willig ertragen und wissen, dass jede Schwierigkeit der Zeitläufte dem Gesetz der Natur folgt. Und sie wird wie ein guter Soldat Wunden ertragen, die Narben zählen und, von Pfeilen durchbohrt, noch sterbend den Feldherrn lieben, für den sie fällt. Sie wird jenes alte Gebot im Herzen tragen: Folge dem Gott. (6) Wer aber klagt und weint und stöhnt, wird mit Gewalt gezwungen, das Befohlene zu tun, und trotzdem wider Willen zum Gehorsam gebracht. Ist es aber nicht Torheit, sich lieber schleppen zu lassen als zu folgen? Ebenso, beim Herkules, ist es Dummheit und Verkennung seiner eigenen Lage, Schmerz zu empfinden darüber, dass einem etwas fehlt oder einen ein hartes Geschick trifft, ebenso sich zu wundern und unwillig zu ertragen, was einem an Gutem wie Schlechtem widerfährt, ich meine Krankheiten, Todesfälle, Gebrechlichkeit und was sonst unvermutet im menschlichen Leben dazwischenkommt. (7) Was immer aufgrund des Zustandes der Welt zu erdulden ist, nehme man guten Mutes auf sich. Diesen Fahneneid haben wir geleistet: das Los der Sterblichen zu ertragen und uns nicht verwirren zu lassen durch etwas, das zu vermeiden nicht in unserer Macht steht. Wir sind unter einer Königsherrschaft geboren: Dem Gott zu gehorchen, ist Freiheit.

16. (1) Also in der Tugend liegt die wahre Glückseligkeit. Welchen Rat wird sie dir erteilen? Dass du nichts für ein Gut oder für ein Übel halten sollst, was dir weder durch Tugend noch durch Schlechtigkeit zuteilwerden kann. Sodann, dass du unerschütterlich bleibst sowohl gegen das Böse als auch auf der Seite des Guten, auf dass du der Gottheit ähnlich wirst, soweit dies möglich ist. (2) Was aber verspricht sie dir für diese Unternehmung? Außerordentliches und Göttlichem Ähn-

liches. Du wirst zu nichts gezwungen werden, nichts wirst du entbehren, frei wirst du sein, sicher und unversehrt; nichts wirst du vergeblich versuchen, an nichts gehindert werden; alles wird sich nach deinem Wunsch fügen; nichts Widriges wird sich ereignen, nichts gegen deine Erwartung und deinen Willen.

(3) »Wie also? Die Tugend genügt, um glücklich zu leben?« Warum sollte sie, die Vollendete und Göttliche, nicht genügen, ja mehr als genug sein? Denn was kann dem fehlen, der über jedes Verlangen hinaus ist? Was braucht der von außen, der alles Seine in sich versammelt hat? Dennoch ist bei dem, der nach der Tugend strebt, mag er auch schon weit fortgeschritten sein, manche Nachsicht des Schicksals nötig, da er noch mit menschlichen Verhältnissen ringt, bis er einmal diesen Knoten gelöst hat und jede Fessel der Sterblichkeit. Worin also besteht der Unterschied? Darin, dass andere fest angebunden, wieder andere gefesselt, auch auf die Folter gespannt sind. Wer weiter fortgeschritten ist und sich höher erhoben hat, zieht nur eine lockere Kette hinter sich her, zwar noch nicht frei, aber doch schon so gut wie frei.

17. (1) Wenn nun einer von denen, welche die Philosophie anbellen, wie üblich sagen sollte: »Warum also sprichst du tapferer als du lebst? Warum redest du einem Höhergestellten nach dem Mund, achtest das Geld für ein notwendiges Mittel, wirst durch einen Verlust beunruhigt, vergießt Tränen bei der Nachricht vom Tode deiner Gattin oder eines Freundes, achtest auf deinen Ruf und lässt dich durch boshafte Reden anfechten? (2) Warum ist dein Land besser bestellt, als es eine naturgemäße Nutzung verlangt? Warum speist du nicht nach deiner eigenen Vorschrift? Warum hast du so glänzenden Hausrat? Warum wird bei dir Wein getrunken, der älter ist als du selbst? Wozu wird ein Vogelhaus aufgestellt? Wozu werden Bäume gepflanzt, die nichts als Schatten geben? Warum trägt deine Frau das Vermögen eines wohlhabenden Hauses an ihren Ohren? Warum ist deine Dienerschaft so kostbar

gekleidet? Warum ist es eine Kunst, bei dir zu bedienen, und warum wird das Silber nicht zufällig und wie es gerade beliebt verteilt, sondern fachgerecht aufgelegt, und warum gibt es bei dir einen Meister im Filetieren von Speisen?« Füge, wenn du willst, noch hinzu: »Warum hast du Besitzungen jenseits des Meeres? Warum mehr, als du kennst? Zu deiner Schande bist du entweder so nachlässig, dass du deine wenigen Sklaven nicht kennst, oder so verschwenderisch, dass du mehr hast, als du im Gedächtnis behalten kannst.«

(3) Ich werde dir später bei deinen Schelten noch helfen und mir selbst mehr vorwerfen als du glaubst, für jetzt antworte ich dir dies: »Ich bin kein Weiser, und – um deiner üblen Meinung noch mehr Nahrung zu geben – ich werde es auch nie sein. Fordere also von mir nicht, dass ich den Besten gleich sei, sondern nur besser als die Schlechten. Das ist mir genug: täglich etwas von meinen Fehlern abzulegen und meine Irrtümer zu tadeln. (4) Ich bin noch nicht zur Gesundheit gelangt und werde auch nicht dazu gelangen; ich bereite mir mehr Linderungs- als Heilmittel für meine Fußgicht, zufrieden damit, wenn sie mich nur seltener befällt und weniger zwackt. Freilich, mit euren Füßen verglichen, bin ich Gebrechlicher noch ein Läufer.« Das sage ich nicht in meinem Namen, denn ich stecke noch tief in allen Lastern, sondern im Namen dessen, der schon etwas erreicht hat.

18. (1) »Du sprichst anders«, sagst du, »als du lebst«. Dies, ihr böswilligen und gerade den Besten am feindlichsten gesinnten Köpfe, hat man dem Platon, dem Epikur, dem Zenon vorgeworfen; denn diese alle sprachen ja nicht davon, wie sie selbst lebten, sondern wie sie leben sollten. Von der Tugend rede ich, nicht von mir, und wenn ich die Laster schmähe, so schmähe ich zuerst meine eigenen: Sobald ich es kann, werde ich so leben, wie es sich gehört. (2) Auch diese mit viel Gift getränkte Böswilligkeit wird mich nicht vom Besten abschrecken. Selbst jenes Gift, womit ihr andere bespritzt, euch

selbst aber tötet, wird mich nicht daran hindern fortzufahren, ein Leben zu preisen, nicht wie ich es führe, sondern wie ich weiß, dass es geführt werden muss, noch daran, die Tugend zu verehren und ihr in ungeheurem Abstand schleppend zu folgen. (3) Soll ich denn etwa erwarten, dass für die Böswilligkeit irgendetwas unantastbar sei, der weder ein Rutilius noch ein Cato heilig war? Sollte sich jemand darum kümmern, ob er denjenigen zu reich erscheint, denen selbst der Kyniker Demetrios nicht arm genug ist? Der äußerst strenge und gegen alle natürlichen Bedürfnisse kämpfende Mann, der dadurch noch ärmer war als alle übrigen Kyniker, weil er sich nicht nur versagte etwas zu besitzen, sondern sogar etwas zu wünschen, dem sprechen sie ab, dass er arm genug war. Siehst du wohl, nicht das Wissen der Tugend, sondern die Armut hat er gelehrt.

19. (1) Man sagt, Diodorus, ein epikureischer Philosoph, der sich innerhalb weniger Tage entschloss, seinem Leben mit eigener Hand ein Ende zu bereiten, habe nicht nach Epikurs Vorschrift gehandelt, als er sich die Kehle durchschnitt. Die einen wollen seine Tat für Wahnsinn angesehen wissen, die andern für Unbesonnenheit. Er indessen hat glückselig und voll guten Gewissens, als er vom Leben schied, sich selbst ein Zeugnis ausgestellt, hat die Ruhe eines im Hafen vor Anker gegangenen Lebens gepriesen und gesagt, was ihr ungern hört, als müsstet ihr es auch so machen: »Ich habe gelebt und die Bahn, die mir das Schicksal gab, vollendet« (Vergil).

(2) Über des einen Leben, des anderen Tod disputiert ihr, und den Namen von Männern, die aufgrund eines herausragenden Verdienstes groß sind, kläfft ihr an wie kleine Hunde, wenn ihnen unbekannte Menschen begegnen. Denn es kommt euch gelegen, wenn niemand als gut erscheint, als sei fremde Tugend ein Vorwurf an alle eure Vergehen. Neidisch bringt ihr Glänzendes mit eurem Schmutz zusammen und seht nicht ein, zu welchem Schaden für euch selbst ihr das wagt. Denn wenn die, welche der Tugend folgen, habgierig,

lüstern und ehrgeizig sind, was seid dann ihr, denen sogar der Name der Tugend verhasst ist?

(3) Ihr behauptet, es leiste keiner, was er sagt, und es lebe keiner nach dem Vorbild seiner Rede. Was Wunder, da sie über Heldenhaftes, Ungeheures, über alle Stürme des Menschenlebens Erhabenes reden? Da sie sich doch von den Kreuzen loszumachen versuchen, in welche ein jeder von euch selbst seine Nägel einschlägt, hängen sie, zur Hinrichtung geschleppt, jeder nur an einem Pfahl. Diejenigen aber, die sich gegen sich selbst vergehen, sind an ebenso vielen Kreuzen aufgespannt, als Leidenschaften an ihnen zerren. Dennoch sind diese Lästerer noch witzig bei der Schmähung anderer. Ich möchte glauben, sie würden das bleiben lassen, wenn nicht manche noch vom Galgen herab die Zuschauer anspuckten.

20. (1) »Die Philosophen halten nicht, was sie sagen.« Viel leisten sie schon dadurch, dass sie es vortragen, dass sie die Sittlichkeit geistig erfassen. Denn freilich, wenn sie völlig dem entsprechend handelten, was sie sagen, wer wäre dann glücklicher als sie? Bis dahin hast du keinen Grund, treffliche Worte und Herzen voller guter Gedanken zu verachten. Die Beschäftigung mit heilsamen Studien ist lobenswert, auch wenn der Erfolg noch ausbleibt. (2) Was Wunder, wenn die den Gipfel nicht erreichen, die einen steilen Weg in Angriff genommen haben? Aber, wenn du ein Mann bist, dann bewundere die, die Großes versuchen, auch wenn sie fallen. Es ist ein edles Unternehmen, im Vertrauen nicht auf seine persönlichen Kräfte, sondern die seiner Natur, etwas zu wagen, Hohes zu versuchen und im Geiste noch Größeres sich vorzunehmen, als selbst von den mit überragender Seelenstärke Ausgerüsteten erreicht werden kann.

(3) Wer sich das vornimmt: »Ich werde den Tod mit demselben Gesichtsausdruck ansehen, mit dem ich von ihm höre. Ich will mich Mühen, wie groß sie auch sein mögen, unterziehen, und die Seele soll des Körpers Stütze sein. Ich werde

Reichtum, ob ich ihn habe oder er mir fehlt, gleichermaßen verachten, werde weder trauriger sein, wenn er sich woanders anhäuft, noch übermütiger, wenn er um mich herum glänzt. Ich werde Glücksfälle nicht beachten, mögen sie nun kommen oder gehen. Ich will alle Länder als mir zugehörig betrachten und die meinigen als gehörten sie allen. Ich werde so leben, als ob ich wüsste, dass ich für andere geboren sei, und der Natur dafür Dank sagen: denn auf welche Weise hätte sie meine Angelegenheiten besser bestellen können? Mich Einzelnen hat sie allen geschenkt, mir Einzelnem alle. (4) Alles, was ich besitze, werde ich weder geizig hüten, noch verschwenderisch verteilen. Nichts werde ich mehr zu besitzen glauben als sinnvoll Verschenktes. Wohltaten werde ich weder nach der Zahl noch nach Gewicht noch nach etwas anderem als der Wertschätzung des Empfängers bemessen; nie soll mir das viel sein, was ein Würdiger empfängt. Nichts werde ich um des bloßen Rufes willen tun, alles um des Gewissens willen. Ich werde annehmen, dass alles vor den Augen des Volkes geschieht, was ich bewusst tue. (5) Die Stillung des natürlichen Bedürfnisses wird für mich das Ziel des Essens und Trinkens sein, nicht den Bauch zu füllen und zu entleeren. Gefällig gegen Freunde, mild und nachgiebig gegen Feinde, will ich Bitten erfüllen, noch ehe ich gebeten werde, und anständigen Bitten werde ich entgegenkommen. Ich werde mir bewusst sein, dass mein Vaterland die Welt ist und seine Vorsteher die Götter, die über mir und um mich her stehen als Richter über meine Taten und Worte. Und sobald entweder die Natur mein Leben zurückfordern oder die Vernunft es hingeben wird, werde ich mit dem Zeugnis abtreten, dass ich ein gutes Gewissen und edles Bestreben geliebt habe und dass niemandes Freiheit durch mich beschränkt worden ist, am wenigsten meine eigene.« Wer so zu handeln sich vornimmt, dazu entschlossen ist und den Versuch dazu macht, nimmt seinen Weg zu den Göttern, und wahrlich, wenn er auch nicht ankommt, so »scheitert er doch bei einem großen Unterfangen« (Ovid). (6) Ihr freilich, die ihr die Tugend und ihre Verehrer hasst, tut nichts Neues. Denn kranke Augen scheuen die Sonne und Nachttiere wenden sich vom hellen Tag ab, sie sind verdutzt beim ersten Morgenlicht, suchen allenthalben ihre Schlupfwinkel auf und verkriechen sich lichtscheu in irgendwelchen Ritzen. Seufzt nur und übt eure unselige Zunge im Schmähen der Guten. Reißt das Maul auf, beißt zu: Ihr werdet viel eher eure Zähne abbrechen, als sie eindrücken.

21. (1) »Warum nennt sich jener einen Jünger der Philosophie und führt doch ein Leben in Reichtum? Warum verachtet er Reichtümer und besitzt sie? Warum verachtet er das Leben und lebt doch? Warum die Gesundheit und pflegt sie doch aufs Sorgfältigste und wünscht sich die allerbeste? Auch die Verbannung hält er für ein leeres Wort und sagt: ›Was ist es denn für ein Unglück, die Gegend zu wechseln?‹ Und gleichwohl wird er, wo möglich, in der Heimat alt. Zwischen längerer und kürzerer Zeit, meint er, sei kein Unterschied: Und doch verlängert er, wenn ihn nichts hindert, seine Lebenszeit und erfreut sich noch in hohem Alter friedlich guter Gesundheit?« (2) Ja, er erklärt, man müsse jene Dinge verachten, nicht damit man sie überhaupt nicht besitze, sondern damit man sie nicht voller Sorge besitze; er scheucht sie nicht von sich, aber wenn sie ihn verlassen, gibt er ihnen unbekümmert das Geleit. Reichtum etwa, wo soll ihn das Schicksal sicherer hinterlegen als dort, von wo es ihn ohne Klage des Zurückgebenden wiederbekommen wird? (3) Als Marcus Cato den Curius und Coruncanius und jenes Zeitalter pries, wo der Besitz von einigen Silberblättchen eine Anklage des Zensors einbrachte, besaß er selbst vier Millionen Sesterzen, ohne Zweifel weniger als Crassus, aber mehr als Cato Censorius. Mit größerem Abstand, wenn man sie vergleichen würde, übertraf er seinen Urgroßvater an Vermögen als er von Crassus übertroffen wurde, und wenn ihm noch größerer Reichtum zugefallen wäre, hätte er ihn nicht verschmäht. (4) Denn der Weise hält sich nicht für unwürdig

irgendwelcher Gaben des Schicksals: Er liebt den Reichtum nicht, aber er zieht ihn vor; er nimmt ihn nicht in seine Seele, wohl aber in sein Haus auf, und er verschmäht nicht, ihn zu besitzen, sondern hält ihn zusammen und möchte, dass seiner Tugend größere Mittel zur Verfügung stehen.

22. (1) Kann aber ein Zweifel sein, dass ein weiser Mann im Reichtum größere Mittel besitzt, um sich geistig zu entfalten, als in der Armut, da es bei dieser nur eine Art der Tugend gibt, die, sich nicht beugen und niederdrücken zu lassen, im Reichtum aber die Mäßigung, die Freigebigkeit, die Sorgfalt, die gute Einteilung und die Großherzigkeit ein weites Betätigungsfeld haben. (2) Der Weise wird sich nicht verachten, auch wenn er von kleinster Statur ist, aber er wird doch wünschen, hochgewachsen zu sein. Auch mit schwächlichem Körperbau und nach Verlust eines Auges wird er sich wohlbefinden, dennoch wird er lieber Körperstärke besitzen; dies jedoch so, dass er weiß, es gibt in ihm noch etwas Stärkeres. Kränklichkeit wird er ertragen, aber Gesundheit wünschen.

(3) Manches nämlich, auch wenn es aufs Ganze bezogen geringfügig ist und ohne Schaden des wichtigsten Gutes weggenommen werden kann, trägt doch etwas zur beständigen und aus der Tugend entspringenden Freude bei. Reichtum berührt und erheitert ihn so wie den Seefahrer günstiger Fahrtwind, wie ein schöner Tag und ein sonniger Ort bei Frost mitten im Winter. (4) Wer von den Weisen ferner – ich spreche von den unsrigen, denen die Tugend für das einzige Gut gilt – leugnet, dass auch das, was wir gleichgültige Dinge nennen, einen gewissen Wert in sich hat und die einen wichtiger sind als andere? Einige davon werden etwas, andere sehr geschätzt. Damit du also nicht irrst: Reichtum gehört zu den Dingen, die vorzuziehen sind.

(5) »Warum also«, sagst du, »verlachst du mich, wenn er bei dir denselben Rang einnimmt wie bei mir?« Willst du wissen, weshalb er nicht denselben Rang einnimmt? Wenn der Reichtum mir entschwindet, wird er nichts mitnehmen

außer sich selbst; du aber wirst erstarrt sein und dir vorkommen, als seist du ohne dich selbst zurückgeblieben, wenn er von dir gewichen ist. Bei mir nimmt der Reichtum einen gewissen Rang ein, bei dir aber den höchsten. Schlussendlich: Ich besitze den Reichtum, dich besitzt dein Reichtum.

23. (1) Höre also auf, den Philosophen das Geld zu verbieten: Niemand hat die Weisheit zur Armut verdammt. Ein Philosoph mag reiche Schätze besitzen, aber keinem entrissen und nicht mit fremdem Blut befleckt, ohne Unrecht gegen irgendjemanden und ohne schmutzige Geschäfte erworben; deren Verausgabung wird ebenso ehrenhaft sein wie die Vereinnahmung und niemand wird über sie stöhnen außer ein Übelwollender. Häufe sie so hoch an, wie du willst: Sie sind ehrenhaft, und wenn auch vieles dabei ist, was ein jeder sein nennen möchte, so findet sich doch nichts darunter, was jemand sein Eigentum nennen könnte. (2) Er wird allerdings die Freigebigkeit des Schicksals nicht von sich weisen und eines ehrlich erworbenen Vermögens sich weder rühmen noch schämen. Und doch wird er auch einen Grund haben, sich desselben zu rühmen, wenn er sein Haus öffnet, der Bürgerschaft Zutritt zu seinem Besitz gewährt und sagen kann: »Was einer als das Seine erkennt, das mag er mitnehmen.« Was für ein großer und auf beste Weise reicher Mann, wenn er nach diesem Aufruf noch ebenso viel besitzt! So sage ich: Wenn gefahrlos und ohne Bedenken dem Volk die Durchsuchung gestattet werden kann, wenn niemand etwas bei ihm finden wird, woran er Hand legen könnte, dann wird er wacker und vor aller Welt reich sein dürfen. (3) Der Weise wird keinen Denar über seine Schwelle kommen lassen, der auf unrechte Weise hereinkäme. Er wird aber ebenso auch große Schätze als ein Geschenk des Glücks und Frucht seiner Tugend nicht zurückweisen noch ausschließen. Denn was für einen Grund gibt es, weshalb er ihnen einen guten Platz missgönnen sollte? Mögen sie kommen, mögen sie als Gäste einkehren. Er wird weder mit ihnen prunken, noch sie

verstecken – das eine zeugt von einer albernen, das andere von einer ängstlichen und kleinlichen Seele, als hielte sie ein großes Gut im Schoß –, noch wird er sie, wie ich bereits gesagt habe, zum Haus hinauswerfen. (4) Denn was wird er dabei sagen? Etwa: »Ihr seid unnütz«, oder: »Ich verstehe es nicht, den Reichtum zu gebrauchen?« So wie er, auch wenn er einen Weg zu Fuß machen kann, doch lieber einen Wagen besteigen wird, so wird er arm sein können, aber lieber reich sein wollen. Er wird daher Reichtum besitzen, aber als etwas Unerhebliches und Flüchtiges, und nicht zulassen, dass er einem andern oder ihm selbst beschwerlich wird.

(5) Verschenken wird er – was spitzt ihr die Ohren, was öffnet ihr die Taschen? –, schenken wird er entweder an Gute oder an solche, die er gut machen kann. Er wird Schenkungen machen, indem er mit größter Überlegung die Würdigsten auswählt, weil er sich erinnert, dass man sowohl über die Ausgaben als auch die Einnahmen Rechenschaft ablegen muss. Er wird schenken aus rechten und löblichen Beweggründen, denn ein schlechtes Geschenk gehört zu den schändlichen Verlusten. Er wird eine offene Tasche haben, aber keine durchlöcherte, aus der vieles herausgeht, aber nichts herausfällt.

24. (1) Man irrt, wenn man glaubt, dass Schenken eine leichte Angelegenheit sei. Diese Sache hat sehr viele Schwierigkeiten, wenn man mit Überlegung geben und nicht nach Zufall und Laune verschleudern will. Um diesen mache ich mich verdient, jenem gebe ich zurück; diesem springe ich bei, des anderen erbarme ich mich; jenen unterstütze ich, weil er es verdient, dass ihn die Armut nicht herunterzieht und besetzt hält. Manchen werde ich nichts geben, auch wenn es ihnen fehlt, weil es ihnen, auch wenn ich gegeben hätte, bald wieder fehlen würde; manchen werde ich es anbieten, manchen sogar aufdrängen. Ich kann hierin nicht nachlässig sein; niemals führe ich genauer Buch, als wenn ich schenke. (2) »Wie?«, sagst du, »du schenkst, um es wieder zu bekom-

men?« Nein, um es nicht zu verlieren. Mein Geschenk sei da niedergelegt, von wo es nicht zurückgefordert werden soll, aber zurückgegeben werden kann. Eine Wohltat sei so angelegt wie ein tief vergrabener Schatz, den man nicht ausgräbt, wenn es nicht notwendig ist. (3) Was? Allein das Haus eines reichen Mannes selbst, wieviel Möglichkeit hat es, Gutes zu tun! Denn wer verlangt die Freigebigkeit bloß für römische Bürger? Den Menschen zu nützen, befiehlt mir die Natur, ob sie nun Sklaven sind oder Freie, Freigeborene oder Freigelassene, von gesetzlicher oder unter Freunden zugestandener Freiheit, was macht das aus? Wo immer ein Mensch ist, da hat eine Wohltat ihre Stelle. Daher kann Geld auch innerhalb der eigenen Schwelle verteilt werden und Freigebigkeit geübt werden, die ihren Namen nicht davon hat, weil man sie Freien schuldet, sondern weil sie aus einer freien Seele entspringt. Bei einem Weisen wird sie nie Ehrlosen und Unwürdigen an den Hals geworfen, noch jemals so verausgabt herumirren, dass sie nicht, sobald sie einen Würdigen findet, gleichsam aus dem Vollen schöpfen könnte.

(4) Es besteht also kein Anlass, dass ihr falsch versteht, was von den nach Weisheit Strebenden ehrenvoll, tapfer und beherzt gesagt wird. Und dies beachtet vor allem: Eines ist, wer nach Weisheit strebt, ein anderes, wer sie schon erreicht hat. Jener wird dir sagen: »Ich spreche sehr schön, aber ich bin noch in viel Schlechtem befangen. Keinen Anlass gibt es, dass du mich nach meiner Regel bemisst: Größtmöglich arbeite ich an mir und forme mich und erhebe mich nach einem hohen Vorbild. Wenn ich erst so weit fortgeschritten bin, wie ich mir vorgenommen habe, dann verlange, dass meine Handlungen meinen Reden entsprechen.«

Wer aber das höchste der menschlichen Güter bereits erreicht hat, wird anders mit dir verhandeln und sagen: »Zuerst hast du gar kein Recht, dir ein Urteil über Bessere zu erlauben; mir ist es bereits geglückt – was ein Beweis des Richtigen ist –, den Schlechten zu missfallen. (5) Doch, um dir Rechenschaft zu geben, was ich keinem Sterblichen verweigere, so höre, wozu ich mich bekenne und wie ich die Dinge einschätze. Ich leugne, dass Reichtum ein Gut sei; denn wäre er es, so würde er die Menschen gut machen. Weil nun aber, was sich auch bei Schlechten findet, kein Gut genannt werden kann, so versage ich ihm diesen Namen. Im Übrigen gestehe ich, dass man ihn besitzen sollte, dass er nützlich ist und große Annehmlichkeiten des Lebens mit sich führt.

25. (1) Hört jetzt den Grund, warum ich ihn nicht unter die Güter rechne und was ich anderes an ihm herausstelle als ihr, weil wir nun einmal beide darin übereinstimmen, dass man ihn besitzen sollte. Stelle mich in das reichste Haus, stelle mich dahin, wo Gold und Silber bei jeder Gelegenheit in Gebrauch sind: Ich werde mir auf jene Dinge nichts einbilden, die, wenn sie auch bei mir, doch außerhalb meiner sind. Versetze mich auf die Sublicius-Brücke und stoße mich unter die Bettler: Ich werde mich dennoch deswegen nicht verachten, weil ich unter der Schar derer sitze, die ihre Hand nach einem Almosen ausstrecken. Denn was liegt daran, ob dem der Bissen Brot fehlt, dem nicht die Freiheit fehlt, sterben zu können? Wie steht's also? Jenes glänzende Haus ist mir lieber als die Brücke. (2) Stelle mich zwischen glänzenden Hausrat und erlesenen Prunk: Ich werde mich um nichts glücklicher schätzen, weil ich eine weiche Unterlage habe und meinen Gästen Purpur ausbreiten kann. Tausche meine Decken! Ich werde um nichts unglücklicher sein, wenn mein müder Nacken auf einem Heubündel ruht, wenn ich auf einem Polster, wie man's im Zirkus hat, liege, wo durch die Nähte der alten Leinwand die Füllung quillt. Was weiter? Ich will lieber in der Toga mit Purpursaum zeigen, welche Gesinnung ich habe, als mit nackten Schultern. (3) Möge mir auch jeder Tag nach Wunsch verfließen, mögen sich neue Freudenfeste an die früheren reihen: Ich werde deshalb nicht selbstgefällig werden. Verwandle diese Gunst der Zeit ins Gegenteil, möge von da und dort mein Gemüt von Verlusten, Trauerfällen, mancherlei Angriffen erschüttert werden, mag

keine Stunde ohne Klage sein: Ich werde mich unter dem größten Elend doch nicht elend nennen, deshalb keinen Tag verwünschen; denn es ist von meiner Seite dafür gesorgt, dass es für mich keinen schwarzen Tag gebe. Was weiter also? Ich will lieber Freuden mäßigen als Schmerzen unterdrücken.«

(4) Dies wird der berühmte Sokrates zu dir sagen: »Mache mich zum Besieger aller Völker; jener prachtvolle Wagen des Liber fahre mich im Triumph vom Aufgang der Sonne bis nach Theben; Könige mögen mich um Rechtsprechung bitten: Dann gerade werde ich am meisten bedenken, dass ich ein Mensch bin, wenn man mich überall als einen Gott begrüßt. Mit diesem so erhabenen Gipfel verbinde geradewegs einen jähen Wechsel: Man setze mich auf eine fremde Trage, um den Triumphzug eines hochmütigen und wilden Siegers zu schmücken: Ich werde nicht demütiger hinter einem fremden Wagen hergeführt werden als ich auf meinem stand. Was soll ich sagen? Dennoch will ich lieber siegen als gefangen zu sein. (5) Das ganze Reich des Schicksals werde ich verachten, und doch werde ich, wenn mir die Wahl gelassen wird, das Bessere daraus wählen. Alles, was auf mich zukommen mag, wird gut sein; und doch hätte ich lieber, dass mir Leichteres und Angenehmeres begegnet und was den, den es betrifft, weniger quält.

Denn du darfst nicht glauben, dass irgendeine Tugend ohne Anstrengung sei, aber einige Tugenden bedürfen der Sporen, andere der Zügel. (6) Wie ein Körper bergab zurückgehalten, bergauf angetrieben werden muss, so stehen einige Tugenden auf abschüssiger Bahn, andere erklimmen eine Steilwand. Ist es nun wohl zweifelhaft, dass Geduld, Seelenstärke, Beharrlichkeit, und welch andere Tugend sonst noch sich den Widerwärtigkeiten entgegenzustellen hat und das Schicksal bezwingt, emporstreben, sich gegenstemmen und ankämpfen? (7) Wie? Ist es nicht ebenso offenbar, dass sich Freigebigkeit, Mäßigung und Sanftmut auf einer abschüssigen Bahn bewegen? Bei diesen halten wir die Seele zurück, damit sie nicht vorwärtsstürzt, bei jenen ermuntern wir sie und spornen sie eifrig an. Also werden wir bei der Armut jene anwenden, die entschlossen zu kämpfen verstehen, beim Reichtum dagegen jene vorsichtigeren, die ihren Schritt bedächtig setzen und ihr Gewicht im Griff haben. (8) Da nun einmal diese Teilung besteht, so will ich lieber von denjenigen Tugenden Gebrauch machen, die sich ruhiger üben lassen, als von denen, welche Blut und Schweiß kosten, wenn man sich darin versucht. So lebe ich also«, sagt der Weise, »nicht anders, als ich rede, aber ihr versteht es anders. Nur der Klang der Worte dringt zu euren Ohren: Was sie aber bedeuten, danach fragt ihr nicht.«

26. (1) »Was für ein Unterschied ist also zwischen mir, dem Toren, und dir, dem Weisen, wenn wir beide besitzen wollen?« Ein gar großer. Beim Weisen ist der Reichtum Sklave, beim Toren ist er Herrscher. Der Weise gestattet dem Reichtum nichts, euch gestatten die Reichtümer alles. Ihr, als ob euch jemand dessen ewigen Besitz versprochen hätte, gewöhnt und hängt euch daran; der Weise denkt gerade dann am meisten über die Armut nach, wenn er mitten im Reichtum sitzt. (2) Nie traut ein Feldherr so dem Frieden, dass er sich nicht auf den Krieg gefasst macht, der, wenn er auch noch nicht geführt wird, doch immer erklärt ist. Euch macht ein schönes Haus übermütig, als ob es nicht abbrennen oder einstürzen könnte; euch versetzt Reichtum in maßloses Staunen, als ob er über alle Gefahr hinaus wäre und bei euch größer sei, als dass das Schicksal Macht genug hätte, ihn zu verzehren. (3) Sorglos spielt ihr mit eurem Reichtum und seht die ihm drohenden Gefahren nicht voraus, so wie Barbaren, wenn sie eingeschlossen und ohne Kenntnis der Kriegsmaschinen sind, der Arbeit der Belagerer meist lässig zuschauen und nicht begreifen, worauf jene, die in der Ferne aufgestellt werden, abzielen. Gerade so geht es euch: Ihr hängt schlaff inmitten eurer Dinge herum und bedenkt nicht, wie viele Schicksalsschläge von allen Seiten her bereits drohen, schon bereit, die Kostbarkeiten zu entreißen. Wer dem

Weisen seinen Reichtum nimmt, wird ihm doch das Seinige alles lassen; denn er lebt froh über das Gegenwärtige, unbekümmert um das Zukünftige.

(4) »Zu nichts«, sagt Sokrates oder irgendein anderer, der in derselben Weise Recht und Macht über die menschlichen Dinge hat, »bin ich mehr entschlossen, als meine Lebensführung nicht nach euren Meinungen zu richten. Bringt von allen Seiten die üblichen Worte daher: Ich werde nicht meinen, dass ihr schmäht, sondern dass ihr wimmert wie unglückliche kleine Kinder.« (5) So wird derjenige sprechen, dem Weisheit zuteilgeworden ist, dem seine von Lastern freie Seele befiehlt, andere zu schelten, nicht weil er sie hasst, sondern als Heilmittel. Und das wird er dem noch hinzufügen: »Eure Einschätzung kümmert mich nicht um meinetwegen, sondern um euretwegen, weil unter Geschrei die Tugend zu hassen und anzugreifen eine Absage an jede gute Hoffnung ist. Ihr tut mir kein Unrecht an, ebenso wenig wie diejenigen den Göttern, die ihre Altäre umstürzen. Doch böser Vorsatz und böse Absicht werden auch da offenbar, wo sie nicht schaden konnten. (6) Eure Faseleien ertrage ich so wie der allgütige und allmächtige Jupiter die Albernheiten der Dichter, von denen der eine ihm Flügel angedichtet hat, ein anderer Hörner, der eine ihn als Ehebrecher und Nachtschwärmer auftreten ließ, ein anderer als grausam gegen die Götter, wieder ein anderer als ungerecht gegen die Menschen, der eine als Verführer von Freigeborenen und sogar Verwandten, ein anderer als Vatermörder und Eroberer eines fremden und seinem Vater gehörenden Reichs. Dadurch ist nichts anderes bewirkt worden, als dass den Menschen die Scheu zu sündigen genommen wurde, wenn sie an solche Götter glaubten.

(7) Obgleich mich derlei nicht verletzt, so ermahne ich euch doch um euretwillen: Achtet die Tugend, glaubt denen, die ihr lange gefolgt sind und laut verkünden, dass sie nach etwas Großem streben, das von Tag zu Tag größer erscheint, und ehrt die Tugend selbst wie die Götter und ihre Lehrer wie Priester; und so oft dieser heilige Name erwähnt wird,

schweigt (*favete linguis*). Dieser Ausdruck versteht sich nicht, wie die meisten glauben, von ›Gunst‹ (*favor*) her, sondern gebietet Schweigen, damit die heilige Handlung dem Brauch gemäß vollzogen werden kann, ohne dass sie ein falsches Wort unterbricht. Und es ist viel nötiger, dass euch befohlen wird, aufmerksam und still zuzuhören, sooft etwas von jenem Orakel verkündet wird. (8) Wenn einer, das Sistrum schüttelnd, nach Vorschrift Lügen vorträgt, wenn jemand, ein Künstler im Aufschneiden der Arme, mit erhobener Hand Arme und Schultern von Blut triefen lässt,[1] wenn eine, auf den Knien rutschend, heult und ein Greis, in Leinen gekleidet und einen Lorbeerzweig nebst einer Leuchte mitten am Tag einhertragend, ruft, es sei irgendeiner der Götter erzürnt, so lauft ihr zusammen und horcht und versichert, der Mann sei ein Gottbegeisterter, gegenseitig das Erstaunen verstärkend.«

27. (1) Siehe, Sokrates ruft laut aus jenem Kerker, den er durch seinen Eintritt reinigte und zu höheren Ehren brachte als jede Senatsversammlung: »Was ist das für ein Wahnsinn, was ist das für eine Göttern und Menschen feindselige Wesensart, Tugenden zu verunglimpfen und am Heiligen durch böswillige Reden zu freveln? Wenn ihr es könnt, so preist die Guten, wo nicht, so geht vorüber. Wenn es euch aber gefällt, diesem schändlichen Übermut freien Lauf zu lassen, so geht aufeinander los. Denn wenn ihr gegen den Himmel rast, sage ich nicht, dass ihr einen Frevel begeht, sondern eure Mühe verschwendet. (2) Ich lieferte einst dem Aristophanes Stoff für seine Witze; die ganze Schar der Lustspieldichter hat ihren giftigen Spott über mich ausgegossen. Doch meine Tugend ist gerade durch das ins Licht gerückt worden, wodurch sie angegriffen wurde; denn es gereicht ihr zum Vorteil, hervorgezogen und geprüft zu werden, und niemand erkennt besser, wie groß sie ist, als wer ihre Kraft durch Angriffe auf sie zu

1 Eine rituelle Praxis von Priestern der Göttin Bellona und der Kybele in Phrygien.

fühlen bekam. Die Härte des Kiesels ist niemandem besser bekannt als dem, der darauf schlägt. (3) Ich biete mich nicht anders dar als irgendein verlassener Felsen in einem Meer voller Untiefen, den die Wogen, von woher immer sie heranrollen, nicht aufhören zu peitschen, und doch bewegen sie ihn weder von der Stelle, noch zerstören sie ihn in so vielen Menschenaltern durch ihren beständigen Ansturm. Stürmt heran, macht einen Angriff: Ich werde euch durch Standhalten besiegen. Gegen das, was fest und unüberwindlich ist, übt alles, was dagegen anrennt, seine Kraft zum eigenem Schaden aus. Daher sucht euch einen weichen und nachgebenden Stoff, in den sich eure Geschosse bohren können.

(4) Ihr aber habt noch Zeit, die Fehler anderer aufzuspüren und Urteile über irgendjemanden zu fällen: ›Warum wohnt dieser Philosoph so geräumig? Warum speist er so köstlich?‹ Pusteln bei anderen bemerkt ihr und seid selbst mit einer Menge von Geschwüren bedeckt? Das ist gerade so, wie wenn einer Muttermale oder Warzen an einem ausnehmend schönen Körper verspottet, den selbst scheußliche Krätze zerfrisst. (5) Macht Platon zum Vorwurf, dass er Geld verlangt, Aristoteles, dass er es genommen, Demokrit, dass er sich nicht darum gekümmert, Epikur, dass er es ausgegeben hat, und mir selbst werft den Alkibiades und den Phaidros vor,[2] die ihr überglücklich wäret, wenn es euch nur erst gelungen wäre, unsere Fehler nachzuahmen. (6) Warum betrachtet ihr nicht lieber eure eigenen Übel, die euch von allen Seiten plagen, einige von außen wütend, andere in den Eingeweiden selbst brennend? Mit den menschlichen Verhältnissen steht es nicht so, auch wenn ihr euren Zustand zu wenig kennt, dass ihr Zeit genug hättet, eure Zunge sich in Schmähungen Besserer ergehen zu lassen.

2 Freunde des Sokrates. Hier wird offensichtlich auf eine ihm unterstellte erotische Beziehung zu ihnen angespielt.

28. (1) Das seht ihr nicht ein und nehmt eine eurem Zustand unangemessene Miene an, so wie sehr viele ruhig im Zirkus oder im Theater sitzen, die zu Hause schon ein Trauerfall erwartet und die von dem Unheil noch nichts erfahren haben. Ich dagegen, aus der Höhe umherschauend, sehe, welche Ungewitter euch entweder drohen, wenig später ihre Wolken bersten zu lassen, oder schon nahe herangekommen sind, um euch und eure Habe hinwegzuraffen. Was noch? Treibt nicht auch jetzt – auch wenn ihr es kaum bemerkt – ein Wirbelwind eure Seelen im Kreise herum und reißt sie mit, während sie dasselbe zugleich fliehen und suchen und bald in die Höhe gehoben, bald in die Tiefe geschmettert werden? … [der Rest des Textes fehlt]

Über die Seelenruhe

Serenus an Seneca

1. (1) Da ich mich selbst aufmerksam erforschte, Seneca, zeigten sich mir manche Fehler offen daliegend, die ich mit Händen greifen konnte, manche undeutlich und im verborgenen Winkel, manche nicht beständig, sondern von Zeit zu Zeit wiederkehrend, die ich ganz besonders lästig nennen möchte, wie umherschweifende und nur bei Gelegenheit angreifende Feinde, deretwegen keines von beiden möglich ist, weder wie im Krieg immer bereit zu sein noch wie im Frieden sicher zu sein. (2) Diesen Zustand jedoch entdecke ich am häufigsten an mir (warum nämlich sollte ich dir wie meinem Arzt nicht die Wahrheit gestehen?): Ich bin weder guten Gewissens frei von dem, was ich fürchtete und hasste, noch auch wieder ihm unterworfen. Ich befinde mich in einem Zustand, der zwar nicht gerade der schlimmste, aber doch höchst kläglich und verdrießlich ist; ich bin weder krank noch gesund. (3) Du brauchst mir nicht zu sagen, dass der Anfang aller Tugend zart sei, erst mit der Zeit kämen Beständigkeit und Stärke hinzu. Ich weiß recht gut, dass auch das, was auf unser Ansehen hinarbeitet, wie Amtswürden und Ruhm als Redner und alles, was dem Urteil anderer unterworfen ist, erst mit der Zeit erstarkt. Sowohl was echte Kraft entwickelt als auch was gleichsam mit Schminke versehen werden muss, um zu gefallen, benötigt manches Jahr, bis allmählich die lange Dauer ihm Farbe verleiht. Allein ich fürchte, dass die Gewohnheit, die den Dingen Beständigkeit verleiht, diesen Fehler mir noch tiefer einprägt. Ein langer Umgang mit dem Bösen sowohl als mit dem Guten flößt uns Liebe dazu ein.

(4) Wie diese Schwäche der Seele beschaffen ist, im Zweifel zwischen beiden schwankend und sich weder entschlossen

zum Richtigen noch zum Schlechten wendend, kann ich dir so nicht auf einmal, sondern nur Stück für Stück aufzeigen. Ich will dir sagen, was mir widerfährt, du magst dann einen Namen für die Krankheit finden. (5) Mich erfüllt, ich gestehe es, eine große Liebe zur Sparsamkeit. Mir behagt kein prunkvolles Gemach, kein aus der Schmucktruhe hervorgeholtes Gewand, plattgedrückt mit Gewichten und tausenderlei Pressen, um ihm Glanz abzuzwingen, sondern eines für's Haus und wohlfeil, weder mit Sorge aufbewahrt noch getragen. (6) Mir behagt eine Mahlzeit, die weder eine ganze Dienerschaft zubereitet noch bei der eine solche zuschaut, die nicht viele Tage vorher bestellt ist noch von vielen Händen serviert wird, sondern leicht zu beschaffen und einfach ist, die nichts Gesuchtes und Kostbares hat, die man überall haben kann, weder für das Vermögen noch für den Körper belastend, und die nicht da wieder herauskommen wird, wo sie hineingegangen ist. (7) Mir gefällt ein schmuckloser Diener und einfacher Haussklave, dazu massives Silber, wie es mein Vater auf dem Lande hatte, ohne den Namen irgendeines Künstlers, und ein Tisch, nicht durch Verschiedenheit der Maserung auffallend und nicht in der Stadt bekannt durch die zahlreiche Abfolge seiner prachtliebenden Besitzer, sondern zum Gebrauch hingestellt, der die Augen keines Gastes begehrlich verweilen lässt noch vor Neid entflammt. (8) Nachdem mir dies gut gefallen hat, blendet doch wieder meine Seele eine schmucke Pagenschar, eine Dienerschaft, sorgfältiger als bei einem Aufzug gekleidet und mit Gold geschmückt, und eine ganze Reihe glänzender Sklaven. Dann ein Haus, kostbar, wohin man tritt, mit in allen Ecken verstreuten Reichtümern, selbst mit glänzenden Zimmerdecken, und eine Menge Volk als Bewunderer und Begleiter des dahinschwindenden Erbvermögens. Was soll ich reden von den selbst die Speisesäle umfließenden Wasserrinnen, klar bis auf den Grund, und den ihres Schauplatzes würdigen Schmausereien. (9) Mich, der ich aus langem Rumsitzen in der Biederkeit komme, hat mit viel Glanz der Luxus umströmt und mich von allen Seiten umtönt: Ein wenig unsicher wird mein Blick, leichter erhebe ich darüber den Geist als die Augen. Daher ziehe ich mich zurück, nicht verdorbener, aber trauriger, und gehe zwischen meinen Armseligkeiten nicht mehr so selbstbewusst einher. Im Stillen nagt es an mir und es beschleicht mich der Zweifel, ob jenes nicht doch besser sei. Nichts davon stimmt mich um, aber all das regt mich auf. (10) Mir gefällt es, der Forderung unserer Grundsätze zu folgen und mich mitten in die Staatsgeschäfte zu begeben. Mir gefällt es, nach Ehren und den Fasces zu greifen, natürlich nicht des Purpurs oder der Ruten wegen, sondern um meinen Freunden und Verwandten und allen meinen Mitbürgern, ja am Ende der ganzen Menschheit, mehr zu Diensten und nützlicher zu sein. Willig, doch unerfahren, folge ich dem Zenon, Kleanthes, Chrysippos, von denen sich doch keiner den Staatsgeschäften widmete, obwohl sie andere dazu veranlassten.

(11) Sobald etwas meine Seele, die nicht gewohnt ist, hart angegangen zu werden, erschüttert hat, sobald mir etwas zugestoßen ist, das entweder meiner unwürdig ist, wie es in jedem Menschenleben oft vorkommt, oder nicht leicht genug gelingen will, oder geringschätzige Dinge zu viel Zeit erfordern, wende ich mich der Muße zu, und wie beim Vieh, auch wenn es ermüdet ist, beschleunigt sich mein Schritt auf dem Weg nach Hause. Es gefällt mir, mein Leben wieder in seine vier Wände einzuschließen. Niemand soll mir einen Tag rauben, wenn er mir nichts Gleichwertiges für so einen Verlust zurückgeben kann. Meine Seele vertiefe sich in sich selbst, pflege sich selbst, treibe nichts Fremdes, nichts, was öffentlich beurteilt werden soll. Geliebt sei die Ruhe, frei von der Sorge um öffentliche und private Angelegenheiten.

(12) Aber sobald anspruchsvollere Lektüre meinen Geist aufgerichtet hat und edle Vorbilder mir einen Sporn gegeben haben, da möchte ich sogleich auf das Forum rennen, dem einen meine Fürsprache, dem andern meine Dienste widmen, die, selbst wenn sie nichts nützen sollten, doch versuchen zu nützen, möchte irgendjemandes Hochmut

auf dem Forum in die Schranken weisen, der sich im Erfolg unangemessen erhebt. (13) Bei den Studien glaube ich, beim Herkules, ist es besser, die Gegenstände selbst ins Auge zu fassen und ihretwegen zu sprechen, im Übrigen aber die Worte nach den Sachen zu richten, damit die ungekünstelte Rede ihnen folge, wohin sie führen. Wozu ist es nötig, Werke auszuarbeiten, die Jahrhunderte überdauern sollen? Willst du damit nicht erreichen, dass die Nachwelt nicht von dir schweigt? Du bist zum Sterben geboren: Wenig Umstände macht eine stille Leiche. Daher schreibe, um die Zeit zu füllen, bloß für deinen Gebrauch, nicht des Ruhmes wegen, in einfachem Stil: Es braucht weniger Mühe, nur für den Tag zu schreiben. (14) Wiederum, wenn sich die Seele durch die Größe der Gedanken erhoben hat, ist sie ehrgeizig in der Wortwahl, trachtet nach Höherem, im Ergriffensein ebenso wie in der Aussage, und die Rede richtet sich an der Erhabenheit des Gegenstandes aus. Dann lasse ich mich, Regeln und beengende Kritik vergessend, zu Höherem fortreißen und spreche nicht mehr mit meinem Munde.

(15) Um mich nicht weiter in Einzelheiten zu ergehen: In allen Dingen folgt mir diese Schwäche einer eigentlich guten Sinnesart und ich fürchte, dass ich allmählich ganz abgleite oder, was noch beunruhigender ist, immer gleich einem Fallenden in der Schwebe hänge, und es möchte vielleicht noch Schlimmeres kommen, als ich selbst voraussehe. Denn unsere eigenen Verhältnisse betrachten wir freundlich und stets stellt sich dieses Wohlwollen unserem Urteil in den Weg. (16) Ich glaube, viele hätten zur Weisheit gelangen können, wenn sie nicht gemeint hätten, sie wären schon zu ihr gelangt, wenn sie nicht manches sich verhehlt hätten, über manches mit geschlossenen Augen hinweggegangen wären. Denn du darfst nicht denken, dass wir mehr durch fremde Schmeichelei zugrunde gehen als durch unsere eigene. Wer hat gewagt, sich selbst die Wahrheit zu sagen? Wer hat nicht, unter eine Schar von Lobrednern und Schmeichlern versetzt, sich selbst am allermeisten geschmeichelt? (17) Daher bitte ich dich,

wenn du ein Mittel hast, diesem meinem Schwanken Einhalt zu gebieten, halte mich für würdig, dir meine Seelenruhe verdanken zu dürfen. Ich weiß, dass diese Gemütserregungen nicht gefährlich sind und nichts Stürmisches mit sich bringen. Um dir aber das, worüber ich klage, durch einen passenden Vergleich auszudrücken: Nicht von einem Sturm werde ich geplagt, sondern von der Seekrankheit. Befreie mich also von diesem Übel, was immer es sein mag, und komme dem zu Hilfe, der, das Land schon vor Augen, in Not schwebt.

Seneca an Serenus

2. (1) Im Stillen frage ich mich beim Herkules schon lange lieber Serenus, womit ich einen solchen Gemütszustand für vergleichbar halten soll, und ich kann ihn mit keinem andern Beispiel näher in Verbindung bringen als mit dem derer, die, von einer langen und schweren Krankheit befreit, noch mitunter von leichtem Fieber und kleinem Unwohlsein heimgesucht werden und, wenn sie auch noch diese Nachwirkungen überwunden haben, doch noch von Besorgnissen beunruhigt werden und, schon gesund, noch von den Ärzten ihren Puls fühlen lassen und sich über jede Erwärmung ihres Körpers fälschlich beklagen. Nicht ist ihr Körper zu wenig gesund, mein Serenus, sondern an die Gesundheit zu wenig gewöhnt, so wie es ein gewisses Rauschen und eine Bewegung auch des ruhigen Meeres gibt, wenn sich der Sturm wieder gelegt hat. (2) Es bedarf daher nicht jener härteren Mittel, die wir schon durchgegangen sind, dass du dir einmal entgegentrittst, einmal zürnst, dich einmal hart hernimmst, sondern dessen, was zuletzt kommt, dass du Vertrauen zu dir hast und glaubst, auf dem rechten Weg zu gehen, nicht abgelenkt durch die sich durchkreuzenden Fußstapfen vieler hin und her Auseinanderlaufender und solcher, die um den Weg selbst herumirren.

(3) Was du aber ersehnst, ist etwas Großes, Vollkommenes und Gottähnliches: nicht erschüttert zu werden. Diese Un-

erschütterlichkeit der Seele nennen die Griechen *euthymia* (Wohlgemutheit), worüber es ein hervorragendes Buch des Demokrit gibt, ich nenne sie Seelenruhe. Es ist nämlich nicht nötig, die Worte nach deren Form nachzuahmen und zu übertragen; die Sache selbst, um die es geht, ist durch irgendeinen Ausdruck zu bezeichnen, der die Bedeutung der griechischen Benennung haben muss, nicht deren Gestalt. (4) Fragen wir uns also, wie die Seele immer einen gleichmäßigen und günstigen Gang beschreite, mit sich selbst im Reinen sei, das Ihre freudig betrachte und diese Freude nicht unterbreche, sondern in ruhigem Zustande verbleibe, weder sich jemals überhebend noch niederdrückend. Das wird Seelenruhe sein. Wie man sie erreichen kann, wollen wir insgesamt untersuchen, und nimm dir aus diesem für alle gedachten Heilmittel den Teil, den du willst. (5) Vorerst muss das ganze Übel ins Licht gerückt werden, aus diesem möge ein jeder seinen Teil erkennen. Zugleich wirst du einsehen, wieviel weniger Probleme dir dein Missfallen an dir selbst macht als denen, die, an einen glänzenden Posten gebunden und unter einem hohen Rang leidend, mehr aus Scham als aus freiem Willen in ihrer Unaufrichtigkeit verharren.

(6) Alle sind in derselben Lage, sowohl die, die von Leichtsinn und Überdruss und beständigem Wankelmut geplagt werden, denen immer das besser gefällt, was sie aufgegeben haben, als auch die, welche träg und schläfrig sind. Dazu füge noch die, die sich gleich jenen, die schwer einschlafen können, herumwälzen und sich bald so, bald wieder anders zurechtlegen, bis sie endlich vor lauter Müdigkeit zur Ruhe kommen. Indem sie ihre Lebensumstände ständig verändern, bleiben sie zuallerletzt in solchen, in denen sie nicht die Abneigung gegen den Wechsel, sondern das für Neuerungen zu müde Alter festhält. Nimm auch noch diejenigen hinzu, die nicht aus Mangel an Charakterstärke, sondern aus Trägheit weniger leichtsinnig sind. Sie leben nicht, wie sie wollen, sondern wie sie nun einmal angefangen haben. (7) Schließlich gibt es noch unzählige Eigentümlichkeiten dieser Schwäche, aber

nur eine Wirkung: sich selbst zu missfallen. Dies entspringt der Unausgeglichenheit der Seele und ängstlichen oder unerfüllten Wünschen, wo sie nicht wagen, was sie wünschen, oder es nicht erreichen und sich ganz der Hoffnung hingeben. Stets sind sie unbeständig und rastlos, was Schwankenden notwendig widerfahren muss. Ihre eigenen Ziele versuchen sie auf jedem Weg zu erreichen, zu ehrlosen und schwierigen Dingen erziehen und zwingen sie sich, und wo die Mühe ohne Lohn ist, da peinigt sie die erfolglose Schandtat, und es schmerzt sie nicht, Verkehrtes gewollt zu haben, sondern Vergebliches. (8) Dann hält jene sowohl Reue wegen des Unternommenen als auch Angst Neues zu beginnen gefangen, und es beschleicht sie jenes Schwanken der Seele, das keinen Ausweg findet, weil sie ihren Begierden weder gebieten noch nachgeben können, das Zaudern eines sich zu wenig entfaltenden Lebens und das Verwelken einer inmitten unerfüllter Wünsche erstarrenden Seele. (9) Das alles wird noch ärger, sobald sie aus Verdruss über mühevolle Erfolglosigkeit sich in die Muße und zu zurückgezogenen Studien flüchten, was ein zu öffentlichen Geschäften angeregter, tatenlustiger und von Natur aus unruhiger Geist nicht ertragen kann, eben weil er zu wenig Trost in sich selbst hat. Sind nun die Freuden entzogen, die gerade die Beschäftigungen den Rastlosen gewähren, so kann er das Haus, die Einsamkeit, die eigenen vier Wände nicht ertragen. Widerwillig sieht er, dass er sich selbst überlassen ist.

(10) Daher kommt jener Überdruss und das Missfallen an sich selbst, daher das Schwanken einer nirgends zur Ruhe kommenden Seele, das bekümmerte und schmerzliche Ertragen der eigenen Muße, besonders wo sie sich schämt, die Gründe einzugestehen, und die Scheu die Qualen nach innen drängt. Dann würgen die in einen engen Raum ohne Ausgang eingeschlossenen Leidenschaften einander selbst ab. Daher kommen Betrübnis und Trägheit und tausendfaches Schwanken eines unsicheren Geistes, den aufkeimende Hoffnungen erheben und enttäuschte niederschlagen. Daher

jenes Gehabe, die Muße zu verwünschen und sich zu beklagen, man habe nichts zu tun, und feindseligste Missgunst gegenüber den Erfolgen anderer – Unglück und Tatenlosigkeit nähren nämlich den Neid und sie wünschen alle zu vernichten, weil sie selbst nicht vorankommen konnten. (11) Aus dieser Abneigung gegen den Fortschritt anderer und der Verzweiflung an seinem eigenen zürnt dann das Gemüt dem Schicksal, klagt über den Weltlauf, zieht sich in die Verborgenheit zurück und brütet über seiner eigenen Bestrafung, unzufrieden und misslaunig über sich selbst. Denn von Natur aus ist die menschliche Seele rührig und zur Tätigkeit geneigt. Willkommen ist ihr jede Gelegenheit, sich anzuregen und aus sich herauszugehen, noch willkommener gerade den schlechtesten Naturen, die sich gern in Vielgeschäftigkeit aufreiben. Wie gewisse Geschwüre schädliches Betasten geradezu herausfordern und Berührung gern haben und wie der hässlichen Krätze alles Vergnügen macht, was sie reizt: Nicht anders, möchte ich behaupten, gereicht solchen Seelen, in welchen Leidenschaften wie böse Geschwüre zum Ausbruch gekommen sind, Anstrengung und Plackerei zum Vergnügen. (12) Denn es gibt Dinge, die auch unserem Körper trotz eines gewissen Schmerzes Vergnügen bereiten, wie sich umzuwenden und auf die noch nicht ermüdete Seite zu wechseln und sich bald in diese, bald in jene Lage zu drehen. So wie Achilles bei Homer, der sich selbst, mal auf dem Gesicht, mal auf dem Rücken, in immer verschiedene Lagen bringt, wie es Kranken eigen ist, dass sie nichts lange ertragen können und Veränderungen als Heilmittel betrachten.

(13) Daher werden umherschweifende Reisen unternommen und Meeresküsten durchstreift, und die immer dem Gegenwärtigen abgeneigte Unrast versucht sich mal auf dem Meer, mal auf dem Land: »Jetzt fahren wir nach Campanien!« Schon haben wir die Delikatessen satt: »Sehen wir uns in der Wildnis um und suchen Bruttium und die Waldtäler Lukaniens auf!« Irgendetwas Hübsches wird dennoch inmitten der Einöden gesucht, an dem verwöhnte Augen sich von

der ausgedehnten Unwirtlichkeit so schauerlicher Gegenden erholen können: »Tarent lass uns aufsuchen und seinen gepriesenen Hafen, zum Winteraufenthalt unter milderem Himmel, eine Gegend, schon in alten Zeiten reich genug für ihre große Bevölkerung.« »Schon lenken wir unseren Weg nach Rom: Allzu lange haben die Ohren nichts vom Beifall und dem Getöse gehört, auch macht es Freude, sich wieder einmal an Menschenblut zu ergötzen.« (14) So unternimmt man eine Reise nach der anderen, und ein Schauspiel wechselt sich mit dem nächsten ab. Wie Lukrez sagt: »So flieht beständig ein jeder vor sich selbst.« Aber was hilft es, wenn er sich nicht entfliehen kann? Er folgt sich selber und bedrängt sich als äußerst lästiger Begleiter.

(15) Daher müssen wir wissen, es ist nicht der Fehler der Orte, an dem wir leiden, sondern unser eigener: Wir sind zu kraftlos, um irgend etwas zu ertragen, und können weder Anstrengung noch Lust, weder Eigenes noch irgendetwas anderes länger aushalten. Das hat manche in den Tod getrieben; weil sie bei häufig wechselnden Plänen wieder auf dasselbe zurückkamen und keinen Raum für etwas Neues übrig hatten, begannen ihnen das Leben und die Welt selbst zum Ekel zu werden, und da schleicht sich dann der Gedanke vergehender Lust ein: »Wie lange noch immer dasselbe?«

3. (1) Du fragst, welches Heilmittel meiner Ansicht nach gegen solchen Lebensüberdruss anzuwenden sei? Das Beste wäre, wie Athenodoros sagt, sich einem aktiven Leben, der Staatsverwaltung und öffentlichen Aufgaben hinzugeben. Denn wie manche in der Sonnenhitze und mit Übungen und Pflege des Körpers den Tag hinbringen und wie es für die Athleten das Allernützlichste ist, den größten Teil ihrer Zeit ihre Arme und ihre Kraft, der sie sich allein gewidmet haben, zu stärken, so ist es für uns, die wir unseren Geist auf den gesellschaftlichen Wettstreit vorbereiten, am weitaus Schönsten, bei unserer Sache zu bleiben. Denn hat einer einmal den Vorsatz gefasst, sich gegenüber seinen Mitbürgern

und der Menschheit überhaupt nützlich zu machen, so übt sich zugleich und kommt voran, wer sich mitten in seine Aufgaben versetzt und öffentliche wie private Angelegenheiten seinen Fähigkeiten entsprechend verwaltet. (2) »Weil aber«, sagt er weiter, »bei dem so kranken Ehrgeiz der Menschen, bei so vielen Verleumdern, die das Rechte ins Schlechte verdrehen, Aufrichtigkeit zu wenig sicher ist und sich immer mehr Hinderliches als Gelingendes finden wird, muss man sich vom Forum und vom öffentlichen Leben zurückziehen. Aber eine große Seele findet auch im Privatleben genug Entfaltungsmöglichkeiten, und es ist bei den Menschen, deren größtes Betätigungsfeld in der Zurückgezogenheit liegt, nicht so wie bei Löwen und wilden Tieren, deren Tatendrang durch einen Käfig gehemmt wird.

(3) Jedoch soll jemand so zurückgezogen leben, dass er, wo immer er auch seine Muße verborgen hat, bereit ist, Einzelnen und der Allgemeinheit zu nützen durch sein Talent, sein Wort und seinen Rat. Denn nicht bloß der ist dem Staate nützlich, der Amtsbewerber vorstellt, Angeklagte verteidigt und über Krieg und Frieden abstimmt, sondern auch wer die Jugend ermuntert, wer bei dem so großen Mangel an guten Lehrern die Herzen in der Tugend unterweist, wer die dem Geld und dem Luxus Nachrennenden ergreift, zurückzieht oder, wenn nichts anderes gelingt, wenigstens aufhält: Der wirkt auch als Privatmann für das Gemeinwohl. (4) Oder leistet der mehr, der unter Fremden und Bürgern oder als Stadtprätor den Parteien die Worte des Beisitzers verkündet, als derjenige, der lehrt, was Gerechtigkeit, was Frömmigkeit, was Geduld, was Charakterstärke, was Todesverachtung, was Göttererkenntnis, was für ein frei zu habendes Gut ein gutes Gewissen sei?

(5) Wenn du also die Zeit auf deine Studien verwendest, die du den öffentlichen Ämtern entzogen hast, dann desertierst du nicht und verweigerst dich nicht deinen Pflichten: Es leistet ja doch nicht bloß derjenige Kriegsdienst, der in der Schlachtreihe steht und den rechten oder linken Flügel

verteidigt, sondern auch der, der die Tore beschützt und auf einem weniger gefährlichen, doch keineswegs untätigen Posten steht und Wache hält und die Waffenkammer beaufsichtigt. Solche Dienste, auch wenn sie kein Blut kosten, zählen dennoch zum Kriegsdienst. (6) Ziehst du dich zu den Studien zurück, so wirst du allen Widerwärtigkeiten des Lebens entgehen und nicht wünschen, es werde Nacht, weil du des Tages überdrüssig bist. Du wirst weder dir selbst zur Last fallen noch für andere überflüssig sein. Viele wirst du in deinen Freundeskreis hereinziehen und die Besten werden dir zuströmen. Denn nie bleibt die Tugend, hält sie sich auch im Schatten, verborgen, sondern sendet Zeichen aus: Wer immer ihrer würdig ist, findet ihre Spuren.

(7) Denn wenn wir allen Umgang aufheben, dem Menschengeschlecht entsagen und ganz in uns gekehrt leben, so wird dieser aller Hinwendung entbehrenden Einsamkeit ein Mangel an Beschäftigung folgen. Wir werden anfangen, hier ein Gebäude zu errichten, dort eins einzureißen, das Meer einzudämmen, Wasser durch schwieriges Gelände zu leiten, und schlecht haushalten mit der Zeit, die uns die Natur gegeben hat, um sie zu nutzen. (8) Die einen von uns gehen sparsam mit ihr um, die anderen verschwenderisch; die einen verwenden sie so, dass wir Rechenschaft davon geben können, andere so, dass wir nichts davon übrig behalten, was am schändlichsten ist. Oft hat ein hochbetagter Greis keinen andern Beweis, wodurch er zeigen kann, lange gelebt zu haben, außer seinem Alter.«

4. (1) Mir, mein teuerster Serenus, scheint Athenodoros sich allzu sehr den Zeitumständen unterworfen und allzu schnell zurückgezogen zu haben. Ich will nicht leugnen, dass man zuweilen weichen muss, aber nur allmählich, schrittweise, so dass man seine Feldzeichen und seine Kriegsehre rettet. Geachteter und sicherer ist seinen Feinden gegenüber, wer mit den Waffen zum Unterhandeln kommt. (2) So, glaube ich, muss die Tugend handeln und wer nach ihr strebt: Wenn das

Schicksal übermächtig ist und die Handlungsmöglichkeiten beschneidet, darf man nicht sogleich den Rücken kehren und wehrlos entfliehen, einen Schlupfwinkel suchend, als ob es irgendeinen Ort gäbe, wohin uns das Schicksal nicht verfolgen könnte, sondern man muss sich nur spärlicher in Geschäfte einlassen, und mit sorgfältiger Wahl wird man etwas finden, womit man dem Staat nützen kann. (3) Kriegsdienst ist nicht möglich: Dann sehe man sich nach Ehrenämtern um. Muss einer als Privatmann leben: Dann sei er ein Redner. Ist ihm Schweigen auferlegt: Dann helfe er den Mitbürgern durch stillen Beistand. Ist selbst das Betreten des Forums gefährlich: Dann sei man in Häusern, in Theatern, bei Gastmählern ein guter Kamerad, ein treuer Freund, ein maßhaltender Tischgenosse. Hat man die Pflichten des Bürgers verloren: Dann erfülle man die des Menschen.

(4) Deshalb haben wir (Stoiker) in großherziger Gesinnung uns nicht innerhalb der Mauern einer einzigen Stadt eingeschlossen, sondern uns zum Austausch mit dem ganzen Erdkreis hinausbegeben und die ganze Welt für unser Vaterland erklärt, um der Tugend ein weiteres Betätigungsfeld zu geben. Ist dir der Richterstuhl verschlossen, und wirst du von der Rednerbühne und den Volksversammlungen ferngehalten: Schaue hinter dich, wie viele weit ausgedehnte Länder dir offenstehen, wie viele Völker. Niemals wird dir ein so großer Teil von ihnen versperrt sein, dass nicht noch ein größerer übrigbliebe. (5) Doch sieh zu, dass an allem nicht du selbst die Schuld hast. Du willst den Staat nämlich nur als Konsul oder als Prytane oder als Keryx oder als Sufet verwalten. Wäre das nicht so, als wenn du Kriegsdienst nur als Feldherr oder Oberst leisten wolltest? Auch wenn andere in vorderster Front stehen werden und dich das Los ins dritte Glied gestellt hat, so diene da mit Wort, Aufmunterung, Vorbild und Mut. Auch nachdem ihm die Hände abgehauen sind, findet der dennoch etwas, das den Seinen im Gefecht nützt, der standhält und durch seinen Zuruf hilft. (6) Etwas dergleichen tue auch du: Wenn dich das Schicksal von der

ersten Stelle im Staat ferngehalten hat, bleibe auf deinem Posten und hilf durch deinen Zuruf, und wenn dir einer die Kehle zudrückt, bleibe auf deinem Posten und hilf durch dein Schweigen. Nie ist der Dienst eines guten Bürgers ohne Nutzen: Man hat ihn gehört und gesehen. Durch seine Miene, Nicken, durch schweigende Beharrlichkeit, selbst durch seinen Gang kann er nützen. (7) So wie manche Heilkräuter, die, ohne gekostet oder berührt zu werden, durch den bloßen Geruch wirken: So gießt die Tugend auch aus der Ferne und verborgen ihre Segnungen aus. Sei es, dass man sich frei bewegen und nach eigenem Belieben über sich verfügen kann oder nur beschränkte Bewegungsfreiheit hat und gezwungen ist, die Segel einzuholen, mag man in stiller Zurückgezogenheit und auf engen Raum beschränkt sein oder in der Öffentlichkeit: In welcher Lage man auch immer ist, man kann etwas bewirken. Wieso hältst du das Beispiel eines in rechter Muße Zurückgezogenen für wenig nützlich? (8) Am allerbesten ist es daher, die Geschäfte mit der Muße zu vertauschen, sooft ein tätiges Leben durch zufällige Hindernisse oder die Verhältnisse im Staat unterbunden wird. Denn nie ist alles so versperrt, dass für keine ehrenvolle Handlung mehr Raum wäre.

5. (1) Kann man eine beklagenswertere Stadt finden als es Athen war, zu der Zeit da die dreißig Tyrannen an ihr herumzerrten? Dreizehnhundert Bürger, die Edelsten, hatten sie ermordet und machten darum doch kein Ende, sondern ihre Grausamkeit steigerte sich immer mehr. In dem Staat, wo es den Areopag gab, den ehrwürdigsten Gerichtshof, in dem es eine Ratsversammlung gab und ein dieser ebenbürtiges Volk, da versammelte sich täglich jenes düstere Henkerkollegium und der unglückselige, von den Tyrannen beschränkte Rat. Konnte jener Staat in Ruhe bleiben, in dem es so viele Tyrannen gab wie Helfershelfer vorhanden gewesen wären? Auch nicht einmal irgendeine Hoffnung, die Freiheit wieder zu erlangen, konnte man den Gemütern bieten, und es zeigte

sich keine Aussicht auf irgendeine Abhilfe gegenüber einer solchen Masse von Elend; denn woher sollte der unglückliche Staat so viele Männer wie Harmodius nehmen?

(2) Sokrates jedoch lebte inmitten der Bürger, tröstete die trauernden Väter, ermunterte die am Staat Verzweifelnden, warf den um ihre Schätze fürchtenden Reichen die zu späte Reue über ihre gefährliche Habsucht vor, und allen, die ihm nacheifern wollten, bot er ein großes Vorbild, indem er unter dreißig Gewaltherrschern frei einherschritt. (3) Diesen haben jedoch die Athener selbst im Kerker getötet; die Freiheit konnte nicht die Freiheit des Mannes ertragen, welcher der ganzen Tyrannenschar getrotzt hatte. Hieraus magst du lernen, dass auch in einem bedrängten Staat ein weiser Mann Gelegenheit hat, sich auszuzeichnen, und dass in einem blühenden und glücklichen Grausamkeit, Neid und tausend andere Fehler auch ohne Waffen die Herrschaft führen.

(4) Je nachdem also, wie sich der Staat gestaltet, je nachdem, inwieweit das Schicksal es gestattet, danach werden wir uns entweder entfalten oder beschränken, jedenfalls aber in Bewegung bleiben und nicht von Furcht gefesselt erstarren. Vielmehr wird der ein Mann sein, der, von allen Seiten von Gefahren bedroht und während Waffen und Ketten um ihn her klirren, an seiner Tugend nicht Schaden leidet noch sie verbirgt. Denn sich vergraben, heißt nicht sich retten. (5) Curius Dentatus, glaube ich, war es, der sagte, er wolle lieber tot sein, als wie ein Toter leben. Das größte Übel ist, aus der Zahl der Lebenden auszuscheiden, ehe man stirbt. Aber wenn du in eine weniger ruhige Zeit des Staates gerätst, wird es unumgänglich sein, dass du dich der Muße und den Studien hingibst, gerade so, wie du bei einer gefahrvollen Schifffahrt sogleich dem Hafen zusteuerst und nicht wartest, bis die Umstände dich loslassen, sondern dich selbst von ihnen löst.

6. (1) Zuerst aber müssen wir uns selbst prüfen, sodann die Geschäfte, die wir angehen, endlich die, deretwegen oder mit denen wir das tun. (2) Vor allem ist es nötig, sich selbst ein-

zuschätzen, weil wir gewöhnlich mehr zu können glauben, als wir wirklich können. Der eine strauchelt im Vertrauen auf seine Beredsamkeit, der andere hat sein Vermögen mehr beansprucht, als es hergeben kann, ein anderer überanstrengt seinen schwächlichen Körper durch beschwerlichen Diensteifer. Manche zeichnet eine für öffentliche Aufgaben wenig geeignete Zurückhaltung aus, dafür braucht es Durchsetzungsvermögen. Andere wieder passen wegen ihres Eigensinns nicht an den Hof. Manche können ihre Wut nicht beherrschen und jeglicher Ärger reißt sie zu unbesonnenen Worten hin. Manche wissen ihre spitzen Bemerkungen nicht zu beherrschen und enthalten sich nicht gefährlicher Spöttereien. Für diese alle ist Ruhe nützlicher als ein gesellschaftliches Leben. Eine aufbrausende und ungeduldige Natur muss den Versuchungen einer Freiheit, die schädlich werden kann, aus dem Wege gehen.

– Es gilt zu erwägen, ob deine Natur fürs Geschäftsleben oder für ruhiges Studium und geistige Betrachtung geeigneter ist, und du musst dann die Richtung einschlagen, in die dich die Kraft deiner Begabung führt. Isokrates führte den Ephoros eigenhändig vom Forum weg, weil er glaubte, dass er zur Abfassung von Geschichtswerken tauglicher sei. Erzwungene Geistestätigkeit liefert ein schlechtes Ergebnis; die Mühe ist umsonst, wenn die Natur widerstrebt. –[1]

(3) Sodann muss man einschätzen, worauf man sich einlässt, und seine Kräfte mit den Vorhaben abgleichen, an die man sich wagen will. Denn immer muss der Handelnde mehr Kräfte haben als die Aufgabe verlangt; notwendig drücken Lasten nieder, die für den Träger zu schwer sind. (4) Überdies sind manche Geschäfte nicht so bedeutend als vielmehr folgenreich und ziehen viel Arbeit nach sich, und dergleichen muss man vermeiden, woraus eine neue und vielfache Beschäftigung entspringen wird. Auch darf man nichts anfangen, wovon der Rücktritt nicht freisteht. Nur da sollte man

1 Es ist unsicher, an welche Stelle des Textes dieser Absatz gehört.

Hand anlegen, wo man den Abschluss entweder erreichen oder wenigstens erhoffen kann. Was sich während der Arbeit ausweitet und nicht endet, wo du es dir vorgenommen hast, das lass gehen.

7. (1) Besonders muss man unter den Menschen auswählen, ob sie es wert sind, dass wir ihnen einen Teil unseres Lebens widmen, ob ihnen der Verlust unserer Zeit auch wirklich zugutekommt. Manche nämlich stellen uns unsere Dienste für sie obendrein in Rechnung. (2) Athenodorus sagt, er werde nicht einmal zum Essen gehen bei einem, der ihm dafür keinen Dank wisse. Du siehst ein, glaube ich, dass er noch viel weniger zu solchen gegangen sein würde, die mit einer Einladung zum Essen Freundschaftsdienste ausgleichen und die Speisenfolge als Geschenke anrechnen, als ob sie maßlos in der Ehrung anderer seien. Nimm ihnen Zeugen und Zuschauer und ihre vereinsamte Küche wird ihnen kein Vergnügen mehr machen.

(3) Nichts jedoch erfreut die Seele so wie treue und innige Freundschaft. Was für ein Gut ist es, wenn Herzen bereitstehen, denen man jedes Geheimnis sicher anvertrauen kann, deren Mitwissen du weniger zu fürchten hast als dein eigenes, deren Wort den Kummer lindert, deren Ansicht Rat bringt, deren Heiterkeit Traurigkeit verscheucht, deren Anblick allein erfreut! Dazu nun wollen wir solche wählen, die, so viel nur irgend möglich, frei von Leidenschaften sind. Denn die Laster schleichen sich ein, springen gerade auf den Nächststehenden über und schaden schon durch Berührung. (4) Wie man daher bei einer Seuche dafür sorgen muss, dass man sich nicht zu schon angesteckten und vor Krankheit fiebernden Personen setzt, weil wir uns da gefährden und durch das bloße Anhauchen krank werden können, so müssen wir auch bei der Wahl unserer Freunde auf den Charakter achten, damit wir nur möglichst unverdorbene annehmen. Gesundes mit Krankem zu vermischen, ist der Anfang der Krankheit. Doch will ich dir nicht vorschreiben, du solltest

nur einem Weisen folgen oder ihn an dich ziehen: denn wo wirst du den finden, den wir schon so viele Jahrhunderte lang suchen? Der am wenigsten Schlechte muss als Bester gelten. (5) Du hättest kaum die Möglichkeit einer glücklicheren Wahl, wenn du unter Männern wie Platon und Xenophon und den geistigen Nachkommen des Sokrates die Guten aufsuchen dürftest oder wenn dir Catos Zeitalter zu Gebote stünde, das sehr viele hervorbrachte, die würdig waren, in Catos Jahrhundert geboren zu sein, ebenso wie viele Schlechtere als jemals sonst und Urheber der größten Verbrechen. Denn die Menge beider war nötig, damit Cato begriffen werden konnte. Er musste treffliche Menschen haben, denen gegenüber er sich bewähren konnte, und schlechte, an denen er seine Kraft zu erproben vermochte. Jetzt aber, bei einem solchen Mangel an Guten, wird wohl die Wahl weniger anspruchsvoll sein müssen. (6) Besonders jedoch vermeide man Mürrische, die alles bejammern, denen jeder Anlass zu Klagen willkommen ist. Mögen bei einem solchen Menschen Treue und Wohlwollen auch beständig sein, als ein aufgeregter und über alles stöhnender Gefährte ist er doch ein Feind unserer Ruhe.

8. (1) Lass uns nun zu den Vermögensverhältnissen übergehen, der reichsten Quelle menschlicher Mühsal. Denn, wenn du alles andere, wodurch wir geängstigt werden, Todesfälle, Krankheiten, Ängste, Wünsche, Schmerzen und Mühen, mit den Übeln vergleichst, die uns das Geld verursacht, werden die Letzteren weit überwiegen. (2) Daher muss man bedenken, wieviel geringer der Schmerz ist, nichts zu haben, als der, es zu verlieren, und wir werden einsehen, dass bei der Armut um so weniger Anlass zu Verdruss ist, je weniger sie Grund zu Verlusten ist. Denn du bist im Irrtum, wenn du glaubst, die Reichen ertragen ihre Verluste mutiger; für die größten und die kleinsten Körper ist eine Wunde gleichermaßen schmerzhaft. (3) Sehr fein sagt Bion, es sei den Kahlköpfigen ebenso unangenehm wie den Starkbehaarten,

wenn ihnen Haare ausgerissen werden. Dasselbe kannst du getrost bei den Armen und Reichen annehmen: Ihre Qual ist gleich, denn ein jeder von beiden hängt an seinem Geld und kann nicht ohne Schmerz davon losgerissen werden. Erträglicher jedoch und leichter ist es, wie ich schon sagte, etwas nicht zu bekommen, als es zu verlieren, und daher wirst du diejenigen vergnügter sehen, die das Glück nie berücksichtigt hat, als die, die es verlassen hat. (4) Das hat Diogenes, ein Mann von außerordentlicher Geistesgröße, eingesehen, und er hat dafür gesorgt, dass ihm nichts entrissen werden konnte. Nenne dies Armut, Mangel, Dürftigkeit, lege dieser Sicherheit jeden geringschätzigen Namen bei, den du nur willst: Ich werde erst dann glauben, er sei nicht glücklich, wenn du mir einen andern gefunden hast, dem nichts verlorengehen kann. Entweder ich irre, oder es ist königlich, unter Habgierigen, Betrügern, Räubern und Menschenhändlern der Einzige zu sein, dem nicht zu schaden ist. (5) Wer am Glück des Diogenes zweifelt, der kann genauso auch am Zustand der unsterblichen Götter zweifeln, ob sie etwa nicht glücklich genug leben, weil sie weder Landgüter noch Gärten besitzen, keine wertvollen Ländereien für fremde Pächter und kein großes, auf dem Markt angelegtes Kapital. Schämst du dich nicht, wer du auch seist, Reichtümer anzustaunen? Auf, sieh das Weltall an: Nackt wirst du die Götter sehen, die alles geben, nichts besitzen. Hältst du den für arm oder nicht vielmehr den unsterblichen Göttern ähnlich, der sich aller zufälligen Dinge entledigt hat? (6) Nennst du Demetrius, den Freigelassenen des Pompeius, glücklicher, der sich nicht schämte, reicher als dieser zu sein? Täglich wurde ihm die Zahl seiner Sklaven wie einem Feldherrn die seines Heeres gemeldet, während schon zwei Untersklaven und ein etwas geräumigeres Zimmer Reichtum genug für ihn hätten sein sollen. (7) Dem Diogenes aber entlief sein einziger Sklave, und er hielt es für nicht der Mühe wert, ihn zurückzuholen, als man ihm denselben zeigte. »Es wäre ja eine Schande«, sagte er, »wenn Manes ohne Diogenes leben könnte, Diogenes aber nicht ohne den Manes.« Es scheint mir, er habe sagen wollen: »Tue, was du willst, Schicksal, bei Diogenes hast du nichts mehr zu suchen. Mir ist ein Sklave entlaufen? Nein, ich bin frei geworden!« (8) Die Sklaven verlangen Kleidung und Unterhalt; so viele Mägen gefräßigster Geschöpfe wollen versorgt sein; man muss ihnen Kleider kaufen, ihre diebischen Hände überwachen und muss die Dienste Klagender und Fluchender in Anspruch nehmen.

Wieviel glücklicher ist der, der keinem irgend etwas schuldet, außer dem, dem er es am leichtesten verweigern kann: sich selbst. (9) Doch weil wir nun einmal solche Stärke nicht besitzen, müssen wir wenigstens unser Vermögen beschränken, damit wir den Schlägen des Schicksals weniger ausgesetzt sind. Tauglicher im Krieg sind Körper, die sich in ihre Rüstung einpassen können, als solche, die darüber hinausreichen und deren Größe sie von allen Seiten Verwundungen aussetzt. Das beste Vermögensverhältnis ist das, welches weder bis zur Armut herabsinkt noch weit von Armut entfernt ist.

9. (1) Dieses Maß aber wird uns gefallen, wenn wir vorher schon an der Sparsamkeit Gefallen gefunden haben, ohne die keine Mittel ausreichen, mit ihr sind alle groß genug, besonders da Abhilfe nah ist und selbst Armut sich in Reichtum verwandeln kann, wenn man Genügsamkeit zu Hilfe ruft. (2) Gewöhnen wir uns daran, allen Prunk von uns zu entfernen und die Dinge nach ihrem Nutzen, nicht nach ihren Verzierungen zu schätzen. Die Speise soll den Hunger stillen, der Trank den Durst, die Sinneslust nehme ihren Lauf, soweit es nötig ist. Lernen wir unsere eigenen Glieder zu gebrauchen, Kleidung und Speise nicht nach der Mode zu richten, sondern wie es die Sitten der Vorfahren raten. Lernen wir die Enthaltsamkeit zu steigern, die Üppigkeit zu beschränken, den Ehrgeiz zu mäßigen, den Jähzorn zu besänftigen, die Armut mit gleichgültigen Blicken zu betrachten, die Genügsamkeit zu pflegen – auch wenn sich viele dessen schämen, die natürlichen Bedürfnisse durch mit geringem

Aufwand erworbene Mittel zu befriedigen –, ungezügelte Hoffnungen und das in die Zukunft hinausstrebende Gemüt gleichsam in Fesseln zu halten und so zu handeln, dass wir den Reichtum mehr von uns selbst als vom Glück erwarten. (3) Nie kann man eine so große Wandelbarkeit und Ungunst des Schicksals so abwenden, dass nicht heftige Stürme auf die hereinbrechen, die große Segel ausspannen. Man muss die Dinge auf engem Raum halten, damit die Geschosse ins Leere gehen. Daher haben Verbannung und Unglücksfälle bisweilen heilsam gewirkt und durch kleinere Widrigkeiten sind größere beseitigt worden. Wo die Seele zu wenig auf Vorschriften hört und durch mildere Mittel sich nicht heilen lässt, warum sollte es nicht ratsam sein, auch Armut, Schmach und Vernichtung des Wohlstandes als Mittel anzuwenden? Einem Übel wird ein Übel entgegengestellt. Gewöhnen wir uns also daran, ohne große Gesellschaft speisen zu können, von weniger Dienern bedient zu werden, Kleider zu dem Zweck anzuschaffen, zu dem man sie erfunden hat, und auf engerem Raum zu wohnen. Nicht nur beim Lauf und beim Wagenrennen im Zirkus, sondern auch auf dieser Lebensbahn muss man die inneren (engeren) Kurven nehmen.

(4) Auch der eines freien Mannes würdige Aufwand für wissenschaftliche Studien hat nur so lange eine Berechtigung, als er sich in Maßen hält. Wozu unzählige Bücher und Bibliotheken, deren Besitzer in seinem ganzen Leben kaum die Titel durchliest? Ihre Menge belastet den Lernenden, statt ihn zu belehren, und viel besser ist es, wenn du dich wenigen Schriftstellern widmest, als wenn du unter vielen herumirrst. (5) Vierzigtausend Bücher verbrannten zu Alexandria. Dieses schönste Denkmal königlichen Reichtums (die Bibliothek) mag ein anderer loben, wie z.B. Livius, der sagt, es sei ein hervorragendes Werk des Kunstsinns und der Fürsorge der Könige gewesen. Das war kein Geschmack oder Fürsorge, sondern Prachtentfaltung mit der Wissenschaft, ja, nicht einmal der Wissenschaft zuliebe, da sie es ja nicht für die Wissenschaft, sondern zur Schaustellung aufgeboten hatten, so

wie sehr viele, die nicht einmal eine Grundbildung haben, Bücher nicht als Mittel für Studien, sondern nur als Zierden ihrer Speisesäle betrachten. Man schaffe sich daher so viele Bücher an, als genug sind, aber keines des bloßen Prunkes wegen. (6) »Anständiger«, sagst du, »sei es, sein Geld dafür aufzuwenden, als für korinthische Gefäße und Malereien.« Was zu viel ist, ist immer von Übel. Welchen Grund hast du, einem Menschen zu verzeihen, der auf Schränke aus Zitrusholz und Elfenbein gierig ist, der die Gesamtwerke unbekannter oder nicht anerkannter Schriftsteller zusammensucht und mitten unter so vielen tausend Büchern gähnt, der die meiste Freude an der Außenseite und den Titeln seiner Bücherrollen hat? (7) Du kannst gerade bei den größten Müßiggängern alles sehen, was an Reden und Geschichtswerken vorhanden ist, und bis an die Decke aufgetürmte Bücherregale. Wird doch schon bei Bädern und Thermen auch eine Bibliothek als notwendige Zierde des Hauses eingerichtet. Ich würde das völlig entschuldigen, wenn man aus übertriebener Liebe für die Wissenschaften sich verirren würde; heute aber werden diese auserlesenen, mit ihren Bildnissen versehenen Werke der erhabensten Geister zur Schau und Zierde der Wände angeschafft.

10. (1) Aber bist du in irgendeine missliche Lebenslage geraten, und ohne, dass du es gemerkt hast, hat dir das Schicksal in öffentlichen oder privaten Angelegenheiten eine Schlinge umgelegt, die du weder lösen noch zerreißen kannst – bedenke, dass Gefesselte die Last und die Behinderung ihrer Füße anfangs schwer ertragen. Danach aber, wenn sie sich vorgenommen haben, darüber nicht entrüstet zu sein, sondern es zu dulden, lehrt sie die Notwendigkeit, es tapfer, die Gewohnheit, es leicht zu ertragen. Bei jeder Lebensweise wirst du Unterhaltung, Erholung und Vergnügen finden, wenn du bereit bist, Widrigkeiten lieber für unbedeutend zu halten, als sie dir verhasst zu machen. (2) In keiner Hinsicht hat sich die Natur um uns mehr verdient gemacht als dadurch, dass

sie, wohl wissend, zu welchen Mühsalen wir geboren werden, als Linderungsmittel unserer Misslichkeiten die Gewohnheit erfunden hat, die uns schnell mit dem Schwersten vertraut macht. Niemand würde es aushalten, wenn die Fortdauer des Unglücks dieselbe Kraft hätte wie der erste Schlag. (3) Wir alle sind ans Schicksal gefesselt: Die Kette der einen ist von Gold und weit, die der andern eng und rostig. Aber was macht das? Dieselbe Gefangenschaft umgibt uns alle, und gefesselt sind auch die, die gefesselt haben, sofern du nicht etwa die Kette an der Linken für leichter hältst.[2] Den einen fesseln Ehrenämter, den andern Reichtümer; manche drückt die vornehme Geburt, manche ihre Niedrigkeit; manche unterjocht fremde Herrschaft, manche die eigene; manche hält Verbannung am selben Ort, andere ihr Priesteramt. Das ganze Leben ist Knechtschaft. (4) Deshalb muss man sich an seine Lage gewöhnen und so wenig wie möglich darüber klagen und sich aneignen, was sie an Angenehmem mit sich bringt. Nichts ist so bitter, dass ein gelassenes Gemüt nicht einen Trost dabei fände. Kleine Flächen haben oft durch die Kunst der Aufteilung für vielfache Nutzung Raum eröffnet, und geschickte Anordnung hat oft ein schmales Stück Land bewohnbar gemacht. Gehe Schwierigkeiten mit Verstand an: Auch das Harte lässt sich erweichen, das Enge erweitern, und das Schwere drückt einen, der es zu tragen weiß, weniger.

(5) Außerdem darf man die Begierden nicht in die Weite schweifen lassen, sondern nur in der Nähe auszugehen erlauben, weil sie sich nun einmal nicht ganz einschließen lassen. Geben wir auf, was entweder gar nicht oder nur schwierig ausgeführt werden kann, halten wir uns an das Naheliegende und unseren Hoffnungen Entgegenkommende, doch sind wir uns bewusst, dass alles gleich unbedeutend ist; äußerlich

2 Bei den Römern waren der sicheren Bewachung wegen die Wachen mit den Gefangenen zusammengekettet. Der Gefangene trug die Kette an der rechten, die Wache an der linken Hand.

hat es ein verschiedenes Aussehen, von innen ist es gleich nichtig.

Auch wollen wir Höherstehende nicht beneiden: Wo uns große Höhe zu sein schien, ist auch große Tiefe. (6) Andererseits werden jene, die ein ungünstiges Geschick auf einen solch zwiespältigen Platz gestellt hat, sicherer sein, wenn sie den an sich zu Stolz veranlassenden Dingen den Stolz nehmen und ihr Glück soweit wie möglich auf ein durchschnittliches Maß herabdrücken. Viele gibt es zwar, die sich notgedrungen auf ihrer Höhe halten müssen, von der sie nicht, außer durch Sturz, herabkommen können. Aber dies, wie sie selbst bezeugen werden, belastet sie am meisten, dass sie gezwungen werden, anderen beschwerlich zu sein, und nicht erhoben, sondern festgenagelt sind. Durch Gerechtigkeit, Milde, Menschlichkeit und durch eine freigiebige und wohlwollende Hand mögen sie sich vielfachen Schutz für einen glimpflichen Sturz bereiten und im Vertrauen darauf sorgloser in ihrer Höhe schweben. Nichts jedoch wird uns gleichermaßen vor diesen Wogen der Seele schützen wie stets dem Aufstieg eine Grenze zu setzen und es nicht der Willkür des Schicksals zu überlassen, ihm ein Ende zu bereiten, sondern selbst lange vorher haltzumachen. So werden auch manche Begierden den Geist schärfen und in Schranken gehalten nicht ins Maßlose und Unsichere führen.

11. (1) Diese meine Worte sind an die noch Unvollkommenen, Durchschnittlichen und geistig Unreifen gerichtet, nicht an den Weisen. Dieser braucht nicht ängstlich und vorsichtig zu wandeln. Denn er besitzt so viel Selbstvertrauen, dass er ohne Bedenken dem Schicksal entgegentritt und ihm nie das Feld räumen wird. Er hat nichts, wo er es fürchten müsste, weil er nicht bloß Sklaven, Besitztümer und Ehrenstellen, sondern auch seinen Körper, seine Augen, Hände und was immer das Leben kostbar macht, auch sich selbst, zum Geborgten rechnet und so lebt, als sei er sich selbst nur geliehen, und sich bei Rückforderung ohne Trauer zurückgibt. (2) Doch ist er

deshalb, weil er weiß, dass er nicht sich selbst gehört, in seinen Augen nicht wertlos, sondern er wird alles so sorgfältig und umsichtig tun, wie ein gewissenhafter und ehrwürdiger Mann das seiner Treue Anvertraute zu bewahren pflegt. (3) Sobald aber zurückzugeben befohlen wird, wird er nicht mit dem Schicksal hadern, sondern sagen: »Ich danke für das, was ich besessen und gehabt habe. Zwar habe ich das Deinige mit hohem Zins gepflegt, doch, weil du es befiehlst, gebe ich es zurück und weiche dankbar und willig. Solltest du wollen, dass ich weiterhin etwas von dir behalte, werde ich es bewahren. Gefällt es dir anders, so gebe ich das geformte und geprägte Silber, mein Haus und meine Dienerschaft zurück und überantworte sie dir.« Ruft die Natur zurück, was sie uns einst anvertraut hat, werden wir auch ihr sagen: »Nimm die Seele besser zurück, als du sie gabst, ich suche keine Ausflüchte und fliehe nicht. Da hast du aus freien Stücken, was du unbemerkt gabst: Nimm es hin!« (4) Zurückzukehren, woher man gekommen ist, was ist daran schwer? Schlecht lebt, der nicht gut zu sterben weiß. Daher muss man vor allem dieser Sache ihren Wert absprechen und das Leben zu den gleichgültigen Dingen zählen. »Wir nehmen es den Gladiatoren übel«, sagt Cicero, »wenn sie auf jede Weise ihr Leben erhalten wollen; wir sind ihnen geneigt, wenn sie dafür Verachtung an den Tag legen.« Wisse, uns ergeht es genauso: denn oft ist Todesfurcht gerade die Ursache des Todes. (5) Das Schicksal, das mit uns ein Schauspiel hat, sagt: »Wozu soll ich dich aufsparen, du elendes und zitterndes Geschöpf? Um so mehr wirst du verwundet und zerhauen werden, weil du nicht fähig bist, deine Kehle darzubieten. Du hingegen wirst nicht nur länger leben, sondern auch leichter sterben, der du das Schwert nicht mit zurückgezogenem Nacken noch mit vorgehaltenen Händen, sondern mutig hinnimmst.«

(6) Wer den Tod fürchtet, wird nie etwas für den Lebenden tun. Wer aber weiß, dass ihm sein Los im Augenblick seiner Empfängnis bestimmt wurde, der wird seiner Bestimmung gemäß leben und es mit eben dieser Seelenstärke da-

hin bringen, dass für ihn nichts von dem, was ihm zustößt, unerwartet kommt. Indem er nämlich alles, was geschehen kann, so voraussieht, als ob es zukünftig wirklich geschieht, mildert er die Wucht aller Schicksalsschläge, die den Vorbereiteten und Vorausschauenden nichts Neues bringen, diejenigen aber, die sorglos sind und allzusehr auf ihr Glück schauen, hart treffen. (7) Krankheit gibt es, Gefangenschaft, Einsturz, Brand – nichts von allem kommt urplötzlich. Ich wusste längst, in welche sturmumtoste Gesellschaft die Natur mich eingeschlossen hatte. So oft schon hat sich in meiner Nähe Jammergeschrei erhoben; so oft trug man an meiner Schwelle Fackeln und Kerzen einem zu früh Verstorbenen voraus; oft ertönte in der Nachbarschaft das Krachen eines einstürzenden Gebäudes; viele von denen, die das Forum, die Kurie, das Gespräch mit mir verbunden hatte, hat eine Nacht hinweggerafft und die eng verschlungenen Hände der Gefährten auseinandergerissen. Darf ich mich wundern, dass irgendwann Gefahren auf mich zukommen, die ständig um mich herumstreiften? Ein großer Teil der Menschen denkt vor einer Seefahrt nicht an den Sturm. (8) Bei einem guten Gedanken werde ich mich niemals eines schlechten Autors schämen: Publilius, wortgewaltiger als manche geistreichen Tragödien- und Komödiendichter, sobald er törichte Possen und auf die obersten Reihen im Theater zielende Ausdrücke unterlässt, sagt unter anderem – was selbst Tragödien und nicht nur Komödien übertrifft – auch dies: »Jeden kann treffen, was einen treffen kann.« Wenn einer sich dies ganz zu Herzen nimmt und alles Unglück anderer, wovon es jeden Tag eine ungeheure Menge gibt, so betrachtet, als ob es auch zu ihm freie Bahn hätte, wird er sich viel eher wappnen, als er angegriffen wird. Zu spät richtet sich die Seele auf das Bestehen von Gefahren ein, wenn die Gefahr schon da ist. (9) »Ich hätte nicht gedacht, dass dies geschehen würde« und »Hättest du jemals geglaubt, dass das passieren könnte?« Warum aber nicht? Wo ist der Reichtum, dem nicht Armut, Hunger und Bettelstab hinterhergingen? Wo die Ehrenstellung, deren

Prachtgewand, Augurenstab und Patrizierschuh nicht Abstieg, öffentliche Brandmarkung, tausenderlei Makel und äußerste Verachtung begleiten könnten? Wo ist ein Königsthron, für den nicht Umsturz, Zerschmetterung, ein Usurpator und Henker bereitständen? Und keine große Zeitspanne trennt das, sondern nur der Augenblick einer Stunde liegt zwischen Thron und dem Knien vor einem andern.

(10) Sei dir also bewusst, dass jeder Zustand wandelbar ist, und dass alles, was irgendeinem zustößt, auch dir zustoßen kann. Du bist reich. Etwa reicher als Pompeius[3]? Als ihm Gaius (Caligula), ein alter Verwandter und neuerdings Gastgeber, den Palast des Kaisers öffnete, um ihm sein eigenes Haus zu schließen, hatte er weder Brot noch Wasser. Er, dem so viele Flüsse gehört hatten, die auf seinem Grund und Boden entsprangen und mündeten, bettelte jetzt um ein paar Tropfen Wasser. An Hunger und Durst verschied er im Palast seines Verwandten, während der Erbe dem Verhungernden ein öffentliches Leichenbegängnis veranstaltete. (11) Du hast die höchsten Ehrenämter verwaltet. Etwa so hohe oder so unverhoffte oder so umfassende wie Sejanus? An dem Tag, an dem ihm der Senat noch das Ehrengeleit gegeben hatte, riss ihn das Volk in Stücke. Von dem Mann, auf den Götter und Menschen alles gehäuft hatten, was nur zusammengetragen werden konnte, blieb nichts übrig, was der Henker hätte fortschleifen können. (12) Ein König bist du. Ich will dich nicht auf Krösus verweisen, der auf Befehl seinen eigenen Scheiterhaufen bestieg und ihn auch wieder verlöschen sah, dahin gebracht, nicht nur sein Königreich, sondern auch seinen Tod zu überleben; nicht auf Jugurtha, der dem römischen Volk im selben Jahr, in dem es ihn noch gefürchtet hatte, zur Schau gestellt wurde. Ptolemäus, den König Afrikas, und Mi-

3 Die Person ist nicht näher bekannt. Offensichtlich ein verwandter Caligulas, den er zwang, sein eigenes Haus zu verlassen, um als Caligulas »Gast« im Palast eingesperrt zu leben, und den er sterben ließ, um ihn zu beerben.

thridates, den von Armenien, haben wir umgeben von den Wachen des Gaius (Caligula) gesehen. Der eine wurde in die Verbannung geschickt, der andere wünschte, unter besserem Schutz entlassen zu werden. Wenn du bei einem derartigen Auf und Ab im Wandel der Dinge nicht alles, was geschehen kann, als irgendwann in der Zukunft wirklich geschehend annimmst, so gibst du dem Schicksal eine Gewalt über dich, die derjenige bricht, der vorausschaut.

12. (1) Das Nächste nun wird sein, dass wir uns mit nichts Überflüssigem oder nicht in unnützer Weise abmühen, das heißt, dass wir weder etwas begehren, das wir nicht erreichen können, noch dass wir, wenn wir etwas erreicht haben, die Eitelkeit unserer Wünsche zu spät nach vielem Schweiß erkennen, das heißt, dass unsere Mühe nicht ohne Erfolg fehlgehen soll oder der Erfolg nicht der Mühe wert sein soll. Denn meist folgt Enttäuschung, wenn etwas nicht gelingt oder wenn man sich des Gelingens schämt. (2) Auch dem Hin- und Herrennen muss man Einhalt gebieten, das einem großen Teil der Menschen eigen ist, die Häuser, Theater und Marktplätze durchschweifen. Anderen bieten sie ihre Dienste an und scheinen immer irgendetwas zu tun zu haben. Wenn du so einen beim Verlassen des Hauses fragst: »Wo willst du hin? Was hast du vor?«, so wird er dir antworten: »Beim Herkules, ich weiß es nicht, aber irgendjemanden werde ich sehen, irgendetwas erledigen.« (3) Ziellos schweifen sie umher, nach Beschäftigung suchend, und tun nichts, was sie sich vorgenommen haben, sondern nur das, was ihnen gerade unterkommt. Planlos und vergeblich ist ihr Treiben, wie bei Ameisen, die durchs Gehölz krabbeln, die es ganz nach oben in den Wipfel treibt und erfolglos wieder nach unten. Ein diesen ähnliches Leben führen die meisten, deren Dasein man nicht zu unrecht als ruhelose Nutzlosigkeit bezeichnen könnte. (4) Manche, die wie zu einer Feuersbrunst hinstürzen, könnte man wirklich bemitleiden, so rempeln sie Entgegenkommende an und stürzen sich und andere zu Boden,

während sie doch bloß rennen, um einen zu begrüßen, der sie nicht wieder grüßen wird, oder um das Leichenbegängnis irgendeines unbekannten Menschen zu begleiten oder zum Prozess eines ständig Klagenden, zur Verlobung eines oft Heiratenden oder um einer Sänfte zu folgen, die sie an manchen Stellen sogar selbst tragen. Wenn sie dann mit überflüssiger Erschöpfung nach Hause zurückkommen, schwören sie, sie wüssten nicht, warum sie ausgegangen, wo sie gewesen wären, und irren doch am folgenden Tag wieder auf denselben Wegen herum.

(5) Jede Arbeit muss daher irgendeinen Zweck, irgendeine Absicht haben. Es ist nicht der bloße Betätigungstrieb, der Ruhelose wie Wahnsinnige falschen Vorstellungen nachjagen lässt. Denn nicht einmal solche setzen sich ohne irgendeine Hoffnung in Bewegung. Aber es lockt sie nur ein Scheinbild irgendeiner Sache, deren Nichtigkeit ihr befangener Geist nicht entlarvt. (6) Auf gleiche Weise führen einen jeden, der nur ausgeht, um die Menschenmassen zu vergrößern, nichtige und unwichtige Ursachen in der Stadt umher, und wer nichts hat, worauf sich seine Mühe richten könnte, den treibt das anbrechende Morgenlicht aus dem Haus. Und wenn er nach vergeblichem Anklopfen an die Türen vieler die Empfangsdiener begrüßt hat, trifft er, von vielen abgewiesen, doch keinen von allen schwerer zu Hause an als sich selbst. (7) Mit diesem Übel hängt jene abscheuliche Unsitte zusammen, das Aushorchen und Nachspüren bezüglich öffentlicher und geheimer Vorgänge und das Wissen von vielen Dingen, die man weder ohne Gefahr erzählt noch ohne Gefahr hört.

13. (1) Dem nachgehend, glaube ich, hat Demokrit so begonnen: »Wer ruhig leben will, darf weder in privaten noch in öffentlichen Angelegenheiten viel betreiben«, wobei er sich natürlich auf überflüssige Dinge bezog. Denn, wenn sie notwendig sind, gibt es sowohl im privaten als auch im öffentlichen Leben nicht bloß viel, sondern unzählig viel zu tun. Wo uns aber keine feste Pflicht ruft, müssen wir unsere Tätigkei-

ten einschränken. (2) Denn wer vieles betreibt, begibt sich oft in die Hand des Schicksals, während es doch am sichersten ist, es selten herauszufordern, im Übrigen aber stets an es zu denken und sich nichts von seiner Zuverlässigkeit zu versprechen. »Ich werde zur See gehen, es müsste denn etwas vorfallen« und »ich werde Prätor werden, wenn mich nicht etwas daran hindert« und »das Geschäft wird meinen Erwartungen entsprechen, wenn nicht etwas dazwischenkommt«. (3) Das nun eben ist es, weshalb wir behaupten, dem Weisen begegne nichts wider Erwarten: Wir nehmen ihn nicht von den Schicksalsschlägen der Menschen, wohl aber von ihren Irrtümern aus. Und es gelingt ihm nicht alles, wie er es wollte, aber wie er es dachte. Vor allem aber hat er bedacht, dass etwas seinen Vorhaben entgegenstehen kann. Notwendig aber berührt der Schmerz über einen vereitelten Wunsch weniger hart die Seele, der man seine Erfüllung nicht auf jeden Fall versprochen hat.

14. (1) Auch müssen wir uns beweglich halten, damit wir dem, was wir uns vorgenommen haben, nicht allzusehr nachhängen und zu dem übergehen, wohin uns das Geschick führt. Wir sollen auch nicht zurückschrecken vor einer Änderung eines Plans oder Zustandes, solange uns nicht der Leichtsinn ergreift, der größte Feind unserer Ruhe. Denn auch Starrsinn, dem das Schicksal häufig etwas abnötigt, ist notwendig ängstlich und traurig, andererseits ist Leichtsinn, der niemals bei einer Sache bleibt, viel schlimmer. Beides ist der Seelenruhe abträglich: nichts ändern und nichts ertragen zu können.

(2) Jedenfalls muss die Seele von allem Äußerlichen auf sich selbst zurückgezogen werden, sich vertrauen, Freude an sich selbst empfinden, auf das Eigene achten, sich von allem Fremden, soweit möglich, zurückziehen und sich sich selbst zuwenden, Verluste nicht spüren und auch Widrigem eine wohlwollende Deutung geben. (3) Als unserem Zenon ein Schiffbruch gemeldet wurde und er vernahm, dass seine ganze Habe versunken sei, sagte er: »Das Schicksal heißt mich

weniger bepackt zu philosophieren.« Dem Philosophen Theodoros drohte ein Tyrann den Tod an, und zwar ohne Begräbnis. »Hier hast du es«, sprach er, »du kannst mit dir zufrieden sein. Ein Viertele Blut steht dir zur Verfügung. Und was das Begräbnis betrifft, oh, wie einfältig bist du, wenn du glaubst, dass mir etwas daran liegt, ob ich über oder in der Erde verwese.« (4) Als sich Canus Julius, ein sehr bedeutender Mann, dessen Bewunderung nicht einmal davon beeinträchtigt wird, dass er in unserem Jahrhundert geboren wurde, mit dem Gaius (Caligula) lange herumgestritten hatte, und nachdem dieser Phalaris zu dem Weggehenden gesagt hatte: »Damit du dir nicht etwa mit einer falschen Hoffnung schmeichelst: Ich habe schon Befehl gegeben, dich hinzurichten«, erwiderte er: »Ich danke dir, bester Kaiser.« (5) Was er damit meinte, ist mir unklar, denn vieles fällt mir dazu ein. Wollte er ihn damit schmähen und vor Augen führen, wie groß eine Grausamkeit sei, unter der der Tod eine Wohltat war? Oder hielt er ihm den täglichen Wahnsinn vor? Es bedankten sich nämlich auch diejenigen, deren Kinder getötet und deren Güter eingezogen worden waren. Oder nahm er es gleichsam als Befreiung gerne hin? Was es auch war, er antwortete mit Großmut. (6) Es wird vielleicht jemand sagen: Gaius konnte ja daraufhin befehlen, dass er am Leben bleiben sollte. Das befürchtete Canus nicht: Die Verlässlichkeit des Gaius bei solchen Befehlen war bekannt. Du glaubst es nicht, dass jener die zehn Tage bis zu seiner Hinrichtung ohne allen Kummer hingebracht habe? Es ist kaum für wahr zu halten, was jener Mann sagte, was er tat, wie ruhig er war. (7) Er war beim Brettspiel. Als der Zenturio, der die Schar der zum Tode Verurteilten fortschleppte, auch ihm befahl sich einzureihen, zählte der Gerufene die Steine und sagte zu seinem Spielpartner: »Sieh zu, dass du nicht nach meinem Tode lügst, du hättest gewonnen.« Dann nickte er dem Zenturio zu und sagte: »Du wirst bezeugen, dass ich mit einem Stein im Vorteil bin.« Du glaubst, Canus spielte auf jenem Brett? Er trieb sein Spiel mit den anderen. (8) Traurig waren die Freunde, dass sie einen solchen Mann verlieren sollten. »Warum seid ihr betrübt?«, sprach er. »Ihr forscht noch nach, ob die Seele unsterblich sei; ich werde es gleich wissen.« Und selbst am Ende seines Lebens hörte er nicht auf, nach Wahrheit zu suchen und aus seinem Tod den Gegenstand einer Untersuchung zu machen. (9) Es begleitete ihn sein Philosoph, und schon war der Hügel nicht mehr fern, auf welchem dem Kaiser, als unserem Gott, sein tägliches Opfer dargebracht wurde. Jener sagte: »Was denkst du jetzt, mein Canus? Oder wie ist dir zumute?« »Ich habe mir vorgenommen«, antwortete Canus, »in jenem winzigen Augenblick zu beobachten, ob die Seele merken wird, dass sie austritt.« Und er versprach, wenn er darüber etwas erforscht haben würde, bei seinen Freunden herumzugehen und ihnen mitzuteilen, wie es mit den Seelen stünde. (10) Siehe, welche Ruhe mitten im Sturm, siehe einen Geist, der Unsterblichkeit würdig, der sein Verhängnis zum Beweismittel der Wahrheit beruft, der, im Begriff jenen letzten Schritt zu tun, der scheidenden Seele Fragen vorlegt und nicht nur bis zum Tode, sondern auch aus dem Tode selbst noch etwas lernt. Niemand hat länger philosophiert als er. Nicht übereilt wollen wir den großen und mit Ehrfurcht zu nennenden Mann verlassen: Wir werden dich dem Gedenken aller Menschen übergeben, erleuchtetes Haupt, des Gaius bedeutendstes Opfer.

15. (1) Doch es nützt nichts, bloß die Ursachen der Unzufriedenheit mit sich selbst beseitigt zu haben. Es ergreift uns nämlich zuweilen ein Hass gegen die ganze Menschheit und es wird uns bewusst, welch eine Menge von Verbrechen erfolgreich war. Wenn du überlegst, wie selten Ehrlichkeit ist und wie unbekannt Unschuld, wie sich kaum je Treue zeigt, außer wo sie sich auszahlt, und wie gleichermaßen verabscheuenswert aus der Begierde entspringende Gewinne und Verluste sind und wie der Ehrgeiz sich bereits so wenig in seinen Schranken hält, dass er durch Schändlichkeit zu glänzen sucht, dann versinkt der Geist in Nacht, und gleichsam

als ob die Tugenden zugrunde gegangen wären, auf die man weder hoffen darf noch Nutzen von ihnen hat, bricht Finsternis herein.

(2) In dieser Hinsicht müssen wir uns deshalb dazu durchringen, dass uns alle Laster der Menge nicht verhasst, sondern lächerlich erscheinen, und es lieber dem Demokrit als dem Heraklit gleichtun: denn dieser weinte, so oft er auf die Straße gegangen war, jener aber lachte. Dem einen schien alles, was wir tun, jämmerlich, dem andern lächerlich. So sollte man sich denn alles leichter machen und es mühelos ertragen. Menschlicher ist es, das Leben zu belachen, als es zu beweinen. (3) Nimm noch hinzu, dass sich derjenige auch um das Menschengeschlecht mehr verdient macht, der über es lacht, als der es betrauert. Jener lässt noch einige gute Hoffnung übrig, dieser aber beweint törichterweise, was er bezweifelt, verbessern zu können. Bei der Betrachtung des Ganzen zeigt der mehr Seelengröße, der das Lachen nicht unterdrücken kann, als wer die Tränen nicht halten kann, denn er lässt die sanfteste Seelenregung zu und hält nichts für groß, nichts für wichtig, nicht einmal für bedauernswert im ganzen Weltgeschehen. (4) Jeder stelle sich mal im Einzelnen vor, weshalb wir froh oder traurig sind, und er wird Bion recht geben, wenn er sagt: »Alles Unterfangen der Menschen ist ihrer Herkunft ähnlich und ihr Leben ist nicht ehrwürdiger oder ernsthafter als ihre Empfängnis.«

(5) Es ist jedoch besser, die öffentliche Moral und menschlichen Fehler mit Gelassenheit hinzunehmen und weder in Gelächter noch in Tränen auszubrechen. Denn sich fremder Fehler wegen zu quälen, ist ewiges Elend, sich an fremden Fehlern zu erheitern, ein unmenschliches Vergnügen, so wie es eine unnütze Höflichkeit ist, zu weinen, weil jemand seinen Sohn begräbt und sein Gesicht zu verstellen. (6) Auch bei seinem eigenen Unglück sollte man sich so verhalten, dass man dem Schmerz so viel einräumt, wie die Natur verlangt, nicht der Brauch. Denn die meisten vergießen Tränen, um sie zu zeigen, und haben so lange trockene Augen, wie

ein Zuschauer fehlt, weil sie es für eine Schande halten, nicht mit zu weinen, wenn alle es tun. So tief hat sich dieses Übel verwurzelt, von fremder Meinung abhängig zu sein, dass die Verstellung auch die natürlichste Sache, den Schmerz, befällt.

16. (1) Es soll nun das folgen, was nicht ohne Grund gewöhnlich traurig macht und in Kummer versetzt. Wo die Guten ein böses Ende nehmen, wo Sokrates gezwungen wird im Kerker zu sterben, Rutilius in der Verbannung zu leben, Pompeius und Cicero ihren Schützlingen den Nacken hinhalten müssen, wo Cato, das lebende Vorbild aller Tugenden, indem er sich ins Schwert stürzt, allen zeigt, wie es mit ihm und damit zugleich mit der Republik steht, da muss man sich gequält fühlen, so ungleich verteilt das Schicksal seinen Lohn. Und was soll da ein jeder für sich erhoffen, wenn er sieht, dass die Besten das Schlimmste erleiden?

(2) Was also ist zu tun? Betrachte, wie es ein jeder von ihnen ertragen hat, und wenn sie tapfer waren, so sehne dich nach einer Haltung wie der ihren. Starben sie aber unmännlich und feig, so ist nichts an ihnen verloren. Entweder sind sie es wert, dass dir ihre Tugend gefällt, oder nicht wert, dass man nach ihrer Feigheit Verlangen hat. Denn was wäre schändlicher, als wenn uns die größten Männer durch ihr tapferes Sterben furchtsam machten? (3) Rühmen wollen wir den, der so viel Ruhm verdient, und sagen: »Um so viel tapferer, um so viel glücklicher! Allen Unwägbarkeiten bist du entronnen, dem Neid, der Krankheit, dem Kerker bist du entkommen. Du schienst den Göttern nicht ein schlimmes Schicksal verdient zu haben, sondern gerade nicht verdient zu haben, dass das Schicksal dir noch etwas anhaben könnte.« An die aber, die sich entziehen und sich noch im Tode nach dem Leben umschauen, muss Hand angelegt werden. (4) Keinen Frohgestimmten will ich beweinen und keinen Weinenden; jener hat meine Tränen selbst getrocknet, dieser hat durch seine Tränen erreicht, dass er keiner wert ist. Soll ich den Herkules beweinen, weil er lebendig verbrannt wird,

oder den Regulus, weil er von so vielen Nägeln durchbohrt wird, oder Cato, weil er seine Wunden wieder aufreißt? Sie alle haben in einem kurzen Augenblick den Weg gefunden, verewigt zu werden, und sind durch ihren Tod zur Unsterblichkeit gelangt.

17. (1) Auch das ist keine geringe Quelle von Unruhe, wenn du dich ängstlich verstellst und dich niemandem natürlich zeigst, so wie denn das Leben vieler ist, gekünstelt und auf den Schein abgestellt. Denn es quält das beständige Achthaben auf sich selbst, und man fürchtet ertappt zu werden, wenn man mal anders ist als gewöhnlich. Und nie werden wir die Sorge los, wenn wir glauben, ebensooft beurteilt zu werden, wie man uns ansieht. Denn vieles geschieht, was uns ungewollt bloßstellt, und auch wenn eine so große Aufmerksamkeit auf sich selbst gelingt, ist das Leben solcher, die beständig eine Maske tragen, doch keineswegs angenehm und sorgenfrei. (2) Aber wieviel Vergnügen bereitet dagegen jene reine und schmucklose Schlichtheit, die ihren Charakter nicht verbirgt. Doch auch ein solches Leben gerät in die Gefahr der Verachtung, wenn alles für alle offenliegt: denn es gibt Leute, die einen Widerwillen gegen alles haben, dem sie zu nahe gekommen sind. Für die Tugend jedoch besteht keine Gefahr, dass sie bei näherer Betrachtung an Wert verliert, und es ist besser, seiner Natürlichkeit wegen verachtet, als wegen beständiger Verstellung gequält zu werden. Doch sollten wir in dieser Sache maßhalten: Es ist ein großer Unterschied, ob man natürlich lebt oder nachlässig.

(3) Vielfach muss man sich auch in sich selbst zurückziehen, denn der Umgang mit Andersartigem stört das Wohlgeordnete, weckt die Leidenschaften wieder auf und verschlimmert alles, was in der Seele schwach und nicht ausgeheilt ist. Dennoch muss man beides verbinden und abwechseln, Einsamkeit und Geselligkeit. Jene wird in uns Sehnsucht nach Menschen, diese nach uns selbst erwecken, und eins wird ein Heilmittel des andern sein. Den Abscheu gegen den Trubel

wird die Einsamkeit heilen, den Überdruss an der Einsamkeit das Menschengetümmel.

(4) Auch darf man den Geist nicht beständig in derselben Anspannung halten, sondern ihn auch zuweilen zu Scherzen verleiten. Sokrates schämte sich nicht, mit Kindern zu spielen, Cato erleichterte beim Wein sein von Sorgen um den Staat ermattetes Herz und Scipio, siegreich und kampferprobt, bewegte sich im Takt, nicht weichlich sich wiegend, wie es heute Sitte ist bei denen, die selbst beim Gehen noch die Weichlichkeit der Frauen übertreffen, sondern wie die Männer der alten Zeit pflegten, bei Spiel und Festtagen nach Männerart im Dreischritt zu tanzen, ohne an Achtung zu verlieren, auch wenn sie dabei von ihren Feinden gesehen worden wären. (5) Man muss dem Geist Erholung gönnen; ausgeruht wird er sich frischer und tatkräftiger erheben. Wie man fruchtbaren Äckern nicht Gewalt antun darf (denn ununterbrochenes Fruchttragen würde sie schnell erschöpfen), so bricht auch beständige Anstrengung den Schwung des Geistes. Ein wenig entlastet und entspannt erneuern sich die Kräfte. Aus beständiger Anstrengung entsteht eine gewisse Abstumpfung und Trägheit des Geistes. (6) Und es strebte doch nicht eine solche Leidenschaft des Menschen danach, wenn nicht Spiel und Scherz ein gewisses natürliches Vergnügen enthielten. Eine zu häufige Beschäftigung damit allerdings würde dem Geist alles Gewicht und alle Kraft rauben. Auch der Schlaf ist ja zur Erholung nötig, schläft man aber Tag und Nacht ununterbrochen, wird es der Tod sein. Es ist ein großer Unterschied, ob man etwas lockert oder es aufgibt. (7) Die Gesetzgeber haben Feiertage eingerichtet, damit die Menschen von Staats wegen zur Fröhlichkeit angehalten würden, indem sie zwischen die Arbeiten gleichsam eine notwendige Erholung einschoben. Männer mit großem Urteilsvermögen gaben sich jeden Monat an bestimmten Tagen Ferien, manche teilten jeden Tag zwischen Muße und Geschäften. So jemand war, wie wir uns erinnern, der große Redner Asinius Pollio, den kein Geschäft über die zehnte

Stunde hinaus festhielt. Nicht einmal Briefe las er mehr nach dieser Stunde, damit ihm keine neue Sorge entstünde, aber in diesen zwei Stunden legte er auch die Müdigkeit des ganzen Tages ab. Manche machten um die Mittagszeit eine Pause und verschoben auf die Nachmittagsstunden irgendeine leichtere Arbeit. Auch unsere Vorfahren verboten, nach der zehnten Stunde noch einen neuen Antrag im Senat einzubringen. Der Soldat teilt seine Wachen ein, und für diejenigen, die von einem Einsatz zurückkommen, ist die Nacht dienstfrei.

(8) Man muss nachsichtig mit dem Geist sein und ihm zuweilen Muße verschaffen, die ihm als Nahrung und Stärkung dienen soll. Auch muss man Spaziergänge im Freien unternehmen, damit der Geist unter freiem Himmel und in der frischen Luft sich stärke und erhebe. Zuweilen wird auch ein Ausritt, eine Reise, eine Ortsveränderung Kraft geben ebenso wie Geselligkeit und ein anständiger Umtrunk. Mitunter darf es auch bis zu einem Rausch kommen, nicht um darin zu versinken, sondern einzutauchen. Denn der Wein spült die Sorgen weg, bewegt die Seele im Inneren und ist wie gegen manche Krankheiten, so auch gegen die Traurigkeit ein Mittel. Und Liber (der Freie) ist der Erfinder des Weins genannt worden, nicht wegen der Freiheit der Zunge, sondern weil er die Seele von der Knechtschaft der Sorgen befreit und losspricht, sie belebt und zu allen Unternehmungen kühner macht. (9) Doch wie in der Freiheit, so ist auch beim Wein Mäßigung heilsam. Man glaubt, dass auch Solon und Arcesilaos dem Wein zugeneigt waren. Dem Cato ist Trunkenheit vorgeworfen worden; leichter wird man damit den Vorwurf zu Ehren bringen, als den Cato in Schande. Aber man sollte es auch nicht zu oft dazu kommen lassen, damit die Seele keine schlechte Gewohnheit annimmt. Zuweilen jedoch sollte man sich zu Ausgelassenheit und Freiheit hinreißen lassen und die trübsinnige Nüchternheit für ein Weilchen verscheuchen. (10) Denn, mögen wir nun einem griechischen Dichter glauben: »Es ist zuzeiten auch angenehm,

von Sinnen zu sein« oder dem Platon: »Vergebens klopft, wer ganz bei sich ist, an die Pforte der Poesie« oder dem Aristoteles: »Kein großes Genie war ohne eine Spur von Wahnsinn«. Nur der ergriffene Geist kann etwas Großes und die anderen Übertreffendes aussprechen. (11) Wenn er das Gewöhnliche und Alltägliche verachtet und in heiliger Begeisterung sich höher schwingt, dann erst verkündet er Größeres als ein sterblicher Mund. Nichts Erhabenes und Hohes kann er erreichen, solange er bei sich bleibt. Abweichen muss er vom Gewohnten, sich aufwärts schwingen, in die Zügel beißen, seinen Lenker mit sich reißen und ihn dahin führen, wohin aufzusteigen er sich gefürchtet hätte.

(12) Da hast du denn, mein teuerster Serenus, was deine Seelenruhe beschützen, was sie wiederherstellen kann, was den sich einschleichenden Fehlern Widerstand leistet. Doch wisse, dass nichts von allem stark genug ist für die, die nur eine schwache Sache aufrechterhalten wollen, wenn nicht angestrengte und beständige Sorge eine schwankende Seele umfängt.

Von der Kürze des Lebens

1. (1) Die Mehrzahl der Sterblichen, mein Paulinus, klagt über die Missgunst der Natur, weil wir nur für eine kurze Lebensdauer geboren würden, weil die uns verliehene Zeitspanne so schnell, so rasend davonlaufe, dass, sehr wenige ausgenommen, die übrigen das Leben mitten in der Vorbereitung auf das Leben verlasse. Und über dieses allgemeine Übel haben nicht nur, wie man meinen könnte, die große Masse und das unverständige Volk gejammert, auch berühmten Männern hat dieses Gefühl Klagen entlockt. Von daher kommt der Ausruf des bedeutendsten aller Ärzte (Hippokrates): »Kurz ist das Leben, lang die Kunst.« (2) Daher kommt auch der einem Weisen ganz unangemessene Vorwurf des Aristoteles, als er mit der Natur haderte: Den Tieren habe sie so viel Lebenszeit gegönnt, dass sie fünf oder zehn Menschenalter zubrächten, dem Menschen aber, zu so Vielem und Großem geboren, sei ein viel näheres Ende gesetzt.

(3) Wir haben nicht zu wenig Zeit, aber wir haben zu viel vergeudet. Das Leben ist lang genug und zur Vollendung größter Dinge reichlich bemessen, wenn es im Ganzen gut angelegt würde. Sobald es aber in Verschwendung und Nachlässigkeit verrinnt, sobald es zu keinem guten Zweck eingesetzt wird, dann erst spüren wir unter dem Druck der äußersten Not: Es ist vergangen und wir haben sein Vergehen nicht bemerkt. (4) So ist es: Wir haben kein kurzes Leben empfangen, sondern es dazu gemacht, und wir haben keinen Mangel an Lebenszeit, sondern verschwenden sie. So wie ein großes und königliches Vermögen, wenn es an einen schlechten Herrn gekommen ist, im Augenblick verschleudert wird, während ein noch so bescheidenes, wenn es einem guten Verwalter übergeben worden ist, durch seine Nutzung

wächst, so eröffnet unsere Lebenszeit dem, der sie gut einteilt, viele Möglichkeiten.

2. (1) Was klagen wir über die Natur? Sie hat sich ja freigebig gezeigt: Das Leben ist lang, wenn man es zu gebrauchen versteht. Den einen aber hält unersättliche Habsucht gefangen, den andern mühevolle Geschäftigkeit in überflüssigen Arbeiten; der eine ersäuft im Wein, der andere erstarrt in Untätigkeit; den einen zermürbt der Ehrgeiz, der immer vom fremden Urteil abhängig ist, den andern treibt blindwütige Gier nach Geschäften durch alle Länder, alle Meere, in der Hoffnung auf Gewinn. Manche quält die Lust am Kriegsdienst, stets sind sie entweder auf Gefahren für andere aus oder wegen eigener in Angst. Wieder andere reibt undankbarer Dienst an Höhergestellten in freiwilliger Sklaverei auf. (2) Viele hat das Streben nach der Schönheit anderer oder die Sorge um die eigene ganz vereinnahmt. Die meisten, kein sicheres Ziel verfolgend, jagt herumschweifende, unbeständige, sich selbst missfallende Leichtfertigkeit von einem Vorhaben zum andern. Einigen gefällt nichts, worauf sie Kurs nehmen könnten, sondern matt und schläfrig werden sie vom Tod ereilt, so dass ich nicht an der Wahrheit dessen zweifeln kann, was bei dem größten Dichter[1] gleich einem Orakel ausgesprochen ist: »Wir leben nur einen kleinen Teil des Lebens«, die ganze übrige Spanne ist ja nicht Leben, sondern bloß Zeit.

(3) Von allen Seiten bedrängen und umzingeln Laster die Menschen und lassen nicht zu, dass sie sich aufrichten und die Augen zur Betrachtung der Wahrheit erheben, sondern drücken sie nieder und halten sie an ihre Begierde gefesselt. Niemals können sie zu sich selbst kommen. Wird ihnen einmal zufällig Ruhe zuteil, werden sie, wie auf hoher See,

1 Normalerweise bezeichnet Seneca damit Homer oder Vergil. Dieser Ausspruch stammt aber nicht von ihnen, sondern findet sich in ähnlicher Formulierung bei Menander.

wo auch nach dem Sturm noch Wellengang ist, hin und her geworfen, und nie lassen ihnen ihre Begierden Ruhe.

(4) Du glaubst wohl, ich spreche von denen, über deren schlimme Lage kein Zweifel besteht? Betrachte doch die, zu deren Glück alles herbeiströmt: Sie ersticken an ihren Gütern. Wie vielen wird ihr Reichtum lästig! Wie vielen rauben ihre Beredsamkeit und der Drang, ihr Talent täglich zur Schau zu stellen, ihre Lebenskraft! Wie viele sind bleich von ununterbrochenen Vergnügungen! Wie vielen lässt der Haufen sie umringender Klienten keine freie Zeit! Kurz, gehe sie nur alle durch, vom Niedrigsten bis zum Höchsten: Der eine braucht einen Anwalt, der andere ist zur Stelle; der eine ist angeklagt, der andere verteidigt ihn, der dritte ist Richter. Keiner ist für sich selbst da, einer reibt sich für den andern auf. Frage nach jenen, deren Namen man auswendig lernt, du wirst sehen, sie unterscheiden sich nur dadurch: Der eine kümmert sich um diesen, der andere um jenen, niemand um sich selbst. (5) Völlig unsinnig ist daher die Entrüstung mancher Leute: Sie beklagen sich über die Missachtung von Seiten Höhergestellter, weil diese keine Zeit für sie hatten, als sie ihnen ihren Besuch machen wollten. Kann es jemand wagen, sich über den Hochmut eines anderen zu beklagen, der für sich selbst nie Zeit hat? Jener hat dich, wer du auch bist, zwar mit überheblichem Blick, aber doch irgendwann zur Kenntnis genommen, er hat deinen Worten Gehör geschenkt, er hat dich an seine Seite genommen. Du aber hast dich noch nie für wert gehalten, dich selbst anzuschauen, dich selbst anzuhören. (6) Du hast also keinen Grund, derlei Dienste jemandem vorzurechnen, weil du nämlich, als du sie erwiesen hast, nicht mit einem anderen zusammen sein wolltest, sondern mit dir selbst nicht zusammen sein wolltest.

3. (1) Wenn auch alle großen Geister, die jemals glänzten, in diesem Punkt übereinstimmen mögen, sie werden sich doch niemals genug über diese Verblendung des menschlichen Geistes wundern können. Ihre Landgüter lassen sie von

niemandem in Besitz nehmen, und wenn nur der geringste Streit über die Grenzen aufkommt, so rennen sie nach Steinen und Waffen. Aber in ihr Leben lassen sie andere eingreifen, ja, sie holen sogar selbst diejenigen herbei, die es künftig in Beschlag nehmen werden. Niemand findet sich, der sein Geld verteilen möchte, an wie viele dagegen verteilt ein jeder sein Leben! Genau sind sie im Zusammenhalten ihres Vermögens; sobald es sich aber um Zeitverlust handelt, sind sie die größten Verschwender mit dem, bei dem allein der Geiz eine Tugend ist.

(2) Lass uns also einen aus dem Kreis der Älteren herannehmen: »Wir sehen, dass du an die höchste Stufe des menschlichen Alters gelangt bist, hundert Jahre und mehr lasten auf dir: Wohlan, ziehe eine Bilanz deines Lebens! Berechne, wie viel von jener Zeit dir der Gläubiger, wie viel die Geliebte, wie viel der Höhergestellte, wie viel der Klient gekostet hat, wie viel der Streit mit deiner Frau, wie viel die Züchtigung der Sklaven, wie viel das geschäftliche Umherlaufen in der Stadt. Nimm dazu die Krankheiten, die wir uns selbst geschaffen haben, und was ungenutzt liegengeblieben ist, und du wirst sehen, dass du weniger Jahre hast, als du zählst. (3) Rufe dir ins Gedächtnis zurück, wann du fest in deinen Entschlüssen warst, wie wenige Tage so verlaufen sind, wie du es dir vorgenommen hattest, wann du für dich selbst da warst, wann dein Gesichtsausdruck entspannt war, wann dein Gemüt sorgenlos war, was du in einer so langen Lebenszeit zustande gebracht hast, wie viele dein Leben geplündert haben, ohne dass du merktest, was dir verloren ging, wie viel dir vergeblicher Kummer, törichte Freude, gierige Leidenschaft, nette Unterhaltung weggenommen haben, wie wenig dir von dem Deinen geblieben ist – du wirst erkennen, du stirbst zu früh.«

(4) Was aber ist der Grund dafür? Ihr lebt, als würdet ihr ewig leben. Niemals kommt euch eure Hinfälligkeit in den Sinn; ihr bemerkt nicht, wieviel Zeit schon vergangen ist. Als ob ihr sie in Hülle und Fülle hättet, verschwendet ihr sie,

während unterdessen vielleicht gerade der Tag, den ihr an einen Menschen oder eine Sache verschenkt, euer letzter ist. Ihr fürchtet alles wie Sterbliche und begehrt alles wie Unsterbliche. (5) Du wirst die meisten sagen hören: »Vom fünfzigsten Jahr an will ich mich ins Privatleben zurückziehen, das sechzigste Jahr soll mich von allen Verpflichtungen entbinden.« Und wer bürgt dir für ein längeres Leben? Wer wird dulden, dass es so geht, wie du es planst? Schämst du dich nicht, bloß den Rest des Lebens für dich aufzusparen und für geistige Tätigkeit nur die Zeit vorzusehen, die für nichts anderes mehr zu gebrauchen ist? Wie spät ist es, dann mit dem Leben zu beginnen, wenn man es beenden muss! Was für ein dummes Vergessen der Sterblichkeit, vernünftige Vorsätze auf das fünfzigste oder sechzigste Jahr hinauszuschieben und das Leben erst in einem Alter beginnen zu wollen, das nur wenige erreichen!

4. (1) Du wirst bemerken, dass sehr mächtige und hochgestellte Männer zuweilen Äußerungen tun, in denen sie Muße wünschen, sie preisen und allen ihren Gütern vorziehen. Sie wünschen bisweilen von ihrer Höhe herabzusteigen, wenn es sicher möglich wäre. Denn mag auch nichts von außen angreifen und daran rütteln, das Glück geht an sich selbst zugrunde. (2) Der göttliche Augustus, dem die Götter mehr als irgendeinem gewährt haben, hörte nie auf, sich Ruhe zu erflehen und um Befreiung von den Staatsgeschäften zu bitten. Alle seine Gespräche kamen immer darauf zurück, dass er sich Muße erhoffe. Mit diesem, wenn auch irrigen, doch süßen Trost, dass er einst für sich selbst leben werde, erleichterte er seine Mühen. (3) In einem an den Senat gerichteten Schreiben finde ich, nachdem er verspochen hat, seine Ruhe werde nicht ohne Würde sein und nicht im Widerspruch zu seinem bisherigen Ruhm stehen, folgende Worte: »Doch dies kann ansehnlicher verwirklicht als versprochen werden. Mich aber hat das Verlangen nach dieser hocherwünschten Zeit dahin gebracht, dass ich mir, weil die Freude an der Verwirklichung

noch auf sich warten lässt, aus der Süße der Worte vorweg einen Genuss verschaffe.« (4) Etwas so Herrliches schien ihm die Muße, dass er sie, weil er es nicht in der Wirklichkeit konnte, in Gedanken vorweg genoss. Er, der sah, dass alles von ihm allein abhing, der über das Geschick von Menschen und Völkern gebot, dachte mit größter Freude an den Tag, an dem er sich seiner Größe entledigen würde. (5) Er hatte erfahren, wieviel Schweiß jene über alle Länder strahlenden Güter abverlangten, wieviel verborgenen Kummer sie verdeckten. Gezwungen, zuerst gegen seine Mitbürger, dann gegen seine Amtsgenossen, zuletzt gegen seine Verwandten die Waffen entscheiden zu lassen, hat er zur See und zu Land Blut vergossen. Durch Mazedonien, Sizilien, Ägypten, Syrien und Kleinasien und fast an allen Küsten im Krieg umhergetrieben, hat er die vom Römermord ermüdeten Heere zu auswärtigen Kriegen geführt. Während er die Alpenländer befriedete und die mitten im Frieden ins Reich eingedrungenen Feinde bezwang, während er die Grenzen über den Rhein, den Euphrat und die Donau hinaus ausdehnte, wurden in Rom selbst die Dolche eines Murena, Caepio, Lepidus, Egnatius und anderer gegen ihn geschärft. (6) Noch war er ihren Anschlägen nicht entgangen, da setzten seine Tochter und so viele vornehme Jünglinge, durch Ehebruch wie durch einen Eid an sie gebunden, den schon vom Alter Gebeugten in Schrecken, und noch mehr und abermals war eine Frau in Verbindung mit einem Antonius zu fürchten. Diese Geschwüre hatte er samt den Gliedern abgeschnitten, andere wuchsen nach. Wie bei einem Körper, der mit zu viel Blut gefüllt ist, brachen immer wieder irgendwelche Stellen auf. Deshalb wünschte er Ruhe; in der Hoffnung auf sie und im Gedanken an sie ließen seine Strapazen nach. Das war der Wunsch dessen, der die Macht hatte, Wünsche zu erfüllen.

5. (1) Marcus Cicero, unter Leute wie Catilina und Clodius, Pompeius und Crassus geworfen, teils offene Feinde, teils zweifelhafte Freunde, während er mit der Republik ins Wan-

ken geriet und sie vor dem Untergang zu bewahren versuchte, zuletzt doch mitgerissen wurde, weder im Glück ruhig noch im Unglück geduldig: Wie oft verwünschte er sogar sein Konsulat, das er zwar nicht ohne Grund, aber über die Maßen gepriesen hatte? (2) Wie kläglich äußert er sich in einem Brief an Atticus, als Pompeius, der Vater, bereits besiegt war, der Sohn aber dabei war, die zerschlagene Streitmacht in Spanien wieder aufzustellen! »Was ich hier tue?«, sagt er, »willst du wissen? Ich sitze in meinem Tusculum, nur halbfrei.« Dann fügt er noch anderes hinzu, worin er über das vergangene Leben jammert, über das gegenwärtige klagt und am zukünftigen verzweifelt. (3) Nur »halbfrei« nennt sich Cicero: Aber wahrhaftig, nie wird ein Weiser zu einer so erniedrigenden Bezeichnung gelangen, nie wird er halbfrei sein, stets in vollkommener und ungeschmälerter Freiheit, ungebunden, sein eigener Herr und hoch über den anderen stehen. Denn was kann über dem sein, der über dem Schicksal steht?

6. (1) Als Livius Drusus, ein tatkräftiger und unbeherrschter Mann, neue Gesetze einbrachte und das Unheil der Gracchen wieder aufleben ließ, unterstützt von einem gewaltigen Zulauf an Leuten aus ganz Italien, den Ausgang der Dinge nicht absehend, die er weder hätte beginnen dürfen noch, einmal begonnen, aufgeben konnte, soll er sein von Anfang an unruhiges Leben verflucht und gesagt haben: »Ihm allein sei niemals, nicht einmal als Kind, freie Zeit gegönnt gewesen.« Er hatte es nämlich gewagt als Minderjähriger, noch in der Knabentoga, bei den Richtern für Angeklagte einzutreten und seinen Einfluss auf dem Forum geltend zu machen, so wirksam, dass, wie feststeht, einige Urteile in seinem Sinne gefällt wurden. (2) Wohin musste nicht ein so unreifer Ehrgeiz ausschlagen? Man hätte wissen können, dass eine so frühreife Kühnheit zu gewaltigem Unheil sowohl für ihn selbst als für den Staat führen müsste. Zu spät beklagte er sich also, dass er keine freie Zeit gehabt habe, er, der von Kind-

heit an aufsässig und dem Forum lästig gewesen war. Man ist sich uneinig darüber, ob er selbst Hand an sich gelegt hat, er brach nämlich plötzlich mit einer Wunde im Unterleib zusammen. Mancher zweifelte daran, dass das ein freiwilliger Tod war, niemand, dass er zur rechten Zeit gekommen ist.

(3) Es ist überflüssig, noch mehr Menschen zu erwähnen, die, während sie anderen überaus glücklich erschienen, sich selbst gegenüber ein wahres Zeugnis ablegten, indem sie verwünschten, was sie in all ihren Jahren getan haben. Doch durch solche Klagen haben sie weder andere geändert noch sich selbst. Denn nachdem die Worte herausgebrochen sind, fallen die Leidenschaften in ihre alte Gewohnheit zurück. (4) Wahrhaftig, euer Leben, und wenn es über tausend Jahre hinausginge, wird auf eine winzige Spanne zusammenschrumpfen. Solche Laster werden eine Lebenszeit nach der andern verschlingen. Diese Zeitspanne aber, obgleich sie ihrer Natur nach verrinnt, kann die Vernunft ausdehnen, euch muss sie freilich davoneilen. Denn ihr ergreift sie ja nicht und haltet sie nicht fest, bringt das Flüchtigste aller Dinge nicht zum Verweilen, sondern lasst sie entschwinden wie eine überflüssige und ersetzbare Sache.

7. (1) Hierzu rechne ich aber besonders auch die, die für nichts Zeit haben als für Wein und ihre Wollust, denn niemand ist auf schimpflichere Weise beschäftigt. Die übrigen, mögen sie auch von einem Wahnbild des Ruhmes gebannt werden, irren sich wenigstens in schönem Schein. Du magst mir die Geizigen oder Jähzornigen nennen oder solche, die ungerechtem Hass oder Feindseligkeiten frönen: Sie alle verfehlen sich doch männlicher. Wer sich der Fresserei und Wollust in die Arme geworfen hat, leidet an einer schändlichen Seuche. (2) Prüfe die gesamte Zeit jener Menschen, schau nach, wie lange sie rechnen, Intrigen spinnen, sich ängstigen, wie lange sie jemandem schmeicheln oder umschmeichelt werden, wie viel Zeit ihre eigenen und fremden Gerichtstermine kosten, wie viel ihre Gastmähler, die selbst schon zur

festen Pflicht geworden sind: Du wirst sehen, wie ihre Übel oder Güter sie nicht zu Atem kommen lassen.

(3) Überhaupt ist man sich allgemein darüber einig, dass ein schwer beschäftigter Mensch nichts ordentlich ausüben kann, nicht die Beredsamkeit, nicht die höheren Wissenschaften, da der zerstreute Geist nichts tiefer in sich aufnimmt, sondern alles, wie in ihn hineingestopft, wieder ausspuckt. Nichts versteht ein ständig beschäftigter Mensch weniger als zu leben, nichts ist schwieriger zu erlernen. Lehrer der anderen Künste gibt es überall und viele. Manche von diesen scheinen tatsächlich Knaben schon so erfasst zu haben, dass sie sogar andere lehren könnten. Leben muss man das ganze Leben hindurch lernen, und, worüber du dich vielleicht noch mehr wundern wirst, das ganze Leben lang muss man sterben lernen. (4) So viele bedeutende Männer haben alles, was sie belastete, hinter sich gelassen und nachdem sie Reichtümern, Verpflichtungen, Vergnügungen entsagt hatten, bis in das höchste Alter sich nur mit einem beschäftigt: zu wissen, wie man lebt. Die Mehrzahl von ihnen aber ist mit dem Eingeständnis aus dem Leben gegangen, sie wüssten es noch nicht. Geschweige denn, dass es die anderen wüssten. (5) Eines großen, glaube mir, und über menschliche Irrtümer erhabenen Mannes Fähigkeit ist es, sich nichts von seiner Zeit nehmen zu lassen, und deshalb ist sein Leben das längste, weil es während seiner gesamten Zeit ganz ihm selbst gehört. Nichts davon blieb brach und ungenutzt liegen, über nichts hat ein anderer verfügt, denn er hat nichts gefunden, was wert gewesen wäre, gegen seine Zeit vertauscht zu werden, deren sparsamster Wächter er war. Daher genügte sie ihm. Denen aber musste sie notwendig fehlen, von deren Leben die Leute viel weggenommen haben.

(6) Du darfst aber deshalb nicht glauben, dass diese ihren Verlust nicht irgendwann einsähen: Du wirst sicher die meisten von denen, die die Last eines großen Glücks tragen, mitten in der Schar ihrer Klienten oder Gerichtsverfahren oder sonstigen ehrenvollen Plagen zuweilen ausrufen hören: »Es

ist mir nicht vergönnt zu leben!« (7) Warum sollte es nicht vergönnt sein? Alle, die dich als Anwalt anrufen, entführen dich dir selbst. Jener Angeklagte, wie viele Tage hat er dir entzogen? Wie viele jener Amtsbewerber? Wie viele jene alte Frau, die von den Begräbnissen ihrer Erben erschöpft ist? Wie viele jener, der sich krank stellte, um die Habsucht der Erbschleicher zu reizen? Wie viele jener mächtigere Freund, der euch nicht aus Freundschaft, sondern zu seinem Prunk um sich hat? Gehe sie doch durch, sage ich, und zähle die Tage deines Lebens: Du wirst sehen, dass nur sehr wenige und unbrauchbare dir selbst geblieben sind. (8) Da hat einer die Fasces bekommen, die er begehrte, und schon wünscht er sie wieder niederzulegen und sagt immer wieder: »Wann wird endlich dieses Jahr vorübergehen?« Ein anderer veranstaltet die Zirkusspiele und es bedeutete ihm viel, dass das Los auf ihn gefallen war: »Wann«, sagt er, »werde ich ihnen wieder entgehen?« Um jenen reißt man sich auf dem ganzen Forum als Rechtsbeistand und mit einer großen Menschenmenge füllt er alles, weiter als man ihn hören kann: »Wann«, fragt er, »wird es zur Vertagung kommen?« Jeder treibt sein Leben voran und leidet an der Erwartung der Zukunft und dem Überdruss an der Gegenwart.

(9) Wer jedoch alle Zeit für sich nutzt, wer jeden Tag so ordnet, als wäre er sein ganzes Leben, der wünscht weder das Morgen, noch hat er Angst davor. Denn was für neuen Genuss könnte ihm noch irgendeine Stunde bringen? Alles ist ihm bekannt, alles bis zur Sättigung genossen. Über das Übrige mag das Schicksal nach Belieben verfügen: Das Leben ist bereits in Sicherheit. Hinzugefügt kann ihm noch etwas werden, entzogen nichts, und zwar hinzugefügt wie einem, der schon satt und voll ist, noch etwas Speise, die er zu sich nimmt, ohne ein Bedürfnis danach zu haben.

(10) Der grauen Haare und Falten wegen darfst du nicht glauben, dass einer lange gelebt hat: Er hat nicht lange gelebt, er ist nur lang dagewesen. Denn glaubst du wohl, einer habe eine weite Seereise gemacht, den, kaum aus dem Ha-

fen heraus, ein schrecklicher Sturm erfasste, ihn dahin und dorthin verschlug und durch wechselnde, aus verschiedenen Richtungen tobende Winde immer auf demselben Raum im Kreis herumgetrieben hat? Der hat keine weite Seereise gemacht, sondern ist nur ständig hin und her geworfen worden.

8. (1) Ich wundere mich immer, wenn ich irgendwelche Leute sehe, die die Zeit anderer in Anspruch nehmen wollen, und die darum Gebetenen so leicht dazu bereit sind. Beide achten auf das, weshalb um Zeit gebeten worden ist, auf diese selbst aber keiner. Gleichsam als würde nichts erbeten, nichts gegeben. Mit dem Allerkostbarsten wird ein Spiel getrieben. Das entgeht ihnen aber, weil sie nichts Körperliches ist, weil sie nicht vor Augen tritt, daher wird sie sehr gering geschätzt, ja, sie hat fast gar keinen Wert. (2) Jahresgehalt und Geschenke nehmen die Leute sehr gern an und verwenden darauf Mühe, Arbeit und ihre Sorgfalt. Niemand schätzt die Zeit. Viel zu leichtfertig geht man damit um, als wäre sie umsonst. Betrachte aber dieselben Leute, wenn sie krank sind, wenn ihnen die Todesgefahr nähergerückt ist, dann umfassen sie die Knie der Ärzte, oder wenn sie die Todesstrafe fürchten und bereit sind, ihre ganze Habe zu opfern, um weiterleben zu können. Was für ein Widerspruch in ihren Regungen!

(3) Könnte man so wie die Anzahl der vergangenen Jahre auch die der zukünftigen eines jeden bestimmen: Wie würden die, welche sähen, dass sie nur noch wenige übrig hätten, erzittern, wie sparsam mit ihnen umgehen! Doch ist es leicht, eine noch so geringe Menge einzuteilen, die bekannt ist. Das aber muss sorgfältiger bewahrt werden, wovon man nicht weiß, wann es endet.

(4) Du darfst jedoch nicht glauben, dass sie nicht wüssten, wie kostbar die Sache ist. Sie pflegen zu denen, die sie am meisten lieben, zu sagen, sie seien bereit, ihnen einen Teil ihrer Jahre zu schenken. Sie geben, aber verstehen es nicht. Denn sie geben so, dass sie ohne Gewinn für die anderen sich etwas entziehen. Aber eben das, was sie weggeben, kennen

sie nicht. Daher erscheint ihnen der Verlust erträglich, weil ihnen der Schaden verborgen bleibt. (5) Niemand wird dir die Jahre wieder verschaffen, niemand wird dich dir selbst zurückgeben. Hingehen wird deine Lebenszeit, wie sie angefangen hat, und ihren Lauf weder umkehren noch aufhalten. Sie wird keinen Lärm machen, sie wird dich nicht an ihre Eile erinnern: Schweigend wird sie verfließen. Nicht auf Befehl eines Fürsten, nicht durch Volksgunst wird sie sich verlängern: Wie sie am ersten Tage losgeschickt wurde, wird sie dahinlaufen, nirgends abweichen, nirgends verweilen. Was wird geschehen? Du bist geschäftig, das Leben entflieht. Unterdessen wird der Tod erscheinen, für den du Zeit haben musst, ob du willst oder nicht.

9. (1) Kann es etwas Dümmeres geben als die Einstellung mancher Menschen, und ich spreche von denen, die sich ihrer Klugheit brüsten? Noch hingebungsvoller sind sie beschäftigt: Um besser leben zu können, richten sie ihr Leben auf Kosten ihres Lebens ein. Ihre Überlegungen sind aufs Entfernte ausgerichtet. Das weit Hinausschieben ist der größte Verlust fürs Leben: Es entzieht uns den nächsten Tag, entreißt uns die Gegenwart, indem es uns Versprechungen für später macht. Das größte Hindernis des Lebens ist die Erwartung, die am Morgen hängt und das Heute verliert. Was in der Hand des Schicksals liegt, das willst du regeln, was in der deinigen, lässt du fahren. Wohin schaust du, wonach streckst du dich aus? Alles, was noch kommen wird, liegt im Ungewissen: Lebe jetzt! (2) Siehe, der größte Dichter ruft dir zu und singt dir, wie von der Gottheit beseelt, den Vers: »Immer der beste Tag des Lebens entflieht den armen Sterblichen zuerst!« (Vergil) »Was zauderst du?«, sagt er damit. »Was zögerst du? Wenn du nicht zugreifst, entflieht er«. Und auch wenn du zugegriffen hast, wird er doch entfliehen. Daher muss man mit der Schnelligkeit der Zeit wetteifern, indem man sie schnell nutzt, und, wie aus einem reißenden Wildbach, der nicht immer strömen wird, rasch schöpfen.

(3) Auch das ist ein sehr treffender Tadel gegen das endlose Pläneschmieden, dass er nicht sagt: »Immer das beste Alter«, sondern »der beste Tag«. Was breitest du sorglos und gemächlich, angesichts des raschen Verfliegens der Zeit, Monate und Jahre in langer Reihe vor dir aus, gerade wie es deinem Verlangen gefällt? Über einen Tag spricht er mit dir und über den, der gerade entflieht.

(4) Ist es also etwa zweifelhaft, dass immer der beste Tag den armen Sterblichen zuerst entflieht, d.h. den Vielbeschäftigten? Ihr noch kindliches Gemüt überfällt das Alter, in das sie unvorbereitet und ungerüstet gelangen. Denn für nichts haben sie gesorgt: Ahnungslos sind sie plötzlich hineingeraten; sie merkten nicht, dass es Tag für Tag heranrückte. (5) Gleichwie ein Gespräch oder eine Lektüre oder irgendein tieferer Gedanke die Reisenden täuscht und sie angekommen sind, bevor sie merken, dass sie sich genähert haben, so bemerken die Vielbeschäftigten diese ununterbrochene und rasend vergehende Lebensreise, die wir im Wachen und im Schlafen im gleichen Schritt fortsetzen, erst am Ende.

10. (1) Wollte ich das, was ich dargelegt habe, in einzelne Punkte und Argumente gliedern, so würde sich vieles darbieten, wodurch ich beweisen könnte, dass das Leben der Vielbeschäftigten sehr kurz ist. Fabianus, nicht einer der Kathederphilosophen, sondern einer der echten und alten Schlags, pflegte zu sagen: »Gegen die Affekte muss man mit Nachdruck, nicht mit zarter Hand kämpfen und ihre Front nicht durch leichte Wunden, sondern im Sturmangriff zurückdrängen.« Bloßes Gerede billigt er nicht: Laster müssen zerschmettert, nicht bespöttelt werden. Gleichwohl, um solchen Leuten ihren Irrtum vor Augen zu halten, muss man sie belehren und nicht nur über sie klagen.

(2) In drei Zeitabschnitte zerfällt das Leben: was war, was ist und was sein wird. Die Zeit, in der wir gerade leben, ist kurz, in der wir leben werden, ungewiss, in der wir gelebt haben, sicher. Denn über sie hat das Schicksal keine Macht mehr, sie

kann zu niemandes Verfügung zurückgebracht werden. Diese lassen sich die Vielbeschäftigten entgehen, denn sie haben ja keine Zeit, in die Vergangenheit zurückzublicken, und wenn sie auch Zeit haben, so ist doch die Erinnerung an etwas, das man bereuen muss, unangenehm. (3) Daher rufen sie sich nur ungern die schlecht verbrachte Zeit ins Gedächtnis und wagen nicht, das wieder anzurühren, dessen Fehler, auch wenn sie durch den Reiz momentanen Vergnügens verborgen blieben, bei erneuter Betrachtung ans Licht treten. Niemand, außer wer alle seine Taten seiner strengen Prüfung unterzogen hat, die sich niemals täuschen lässt, versetzt sich gern in die Vergangenheit zurück. (4) Wer vieles ehrgeizig begehrt, hochmütig verachtet, unbeherrscht errungen, hinterlistig erschlichen, gierig gerafft und verschwenderisch durchgebracht hat, muss notwendig sein Gedächtnis fürchten. Und doch ist dies der geheiligte und geweihte Teil unserer Lebenszeit, allen menschlichen Zufällen enthoben und der Herrschaft des Schicksals entzogen, den nicht Mangel, nicht Furcht, kein Anfall von Krankheit beunruhigt. Er kann nicht gestört und nicht entrissen werden, bleibend und sorgenfrei ist sein Besitz. Gegenwärtig sind uns jeweils nur einzelne Tage, und auch die nur in Augenblicken. Aber alle Tage der vergangenen Zeit werden vor dich treten, wenn du es verlangst, und sich nach deinem Belieben beschauen und festhalten lassen. Um aber das zu tun, fehlt es den Vielbeschäftigten an Zeit. (5) Ein sorgloser und ruhiger Geist kann alle Teile seines Lebens durchlaufen; die Gemüter der Vielbeschäftigten können sich, als ständen sie unterm Joch, nicht umwenden und zurückschauen. Ihr Leben versinkt deshalb in einem tiefen Loch, und so wie es nichts hilft, wenn du auch noch so viel hineingießt, wenn unten nichts ist, was es aufnehmen und bewahren kann, so ist es gleichgültig, wieviel Zeit einem gegeben wird, wenn nichts da ist, wo sie Halt hat. Durch zerrüttete und durchlöcherte Seelen rinnt sie hindurch.

(6) Die gegenwärtige Zeit ist überaus kurz, und zwar so, dass sie Manchem wie gar nichts vorkommt. Denn stets ist

sie im Lauf, sie fließt und stürzt dahin, sie hört auf, bevor sie richtig da ist, und sie duldet ebensowenig einen Stillstand als das Weltall oder die Gestirne, deren immer rastlose Bewegung niemals auf derselben Stelle verharrt. Den Vielbeschäftigten gehört also bloß die gegenwärtige Zeit, die so kurz ist, dass man sie nicht fassen kann, und gerade sie entzieht sich ihnen, die in so vieles verzettelt sind.

11. (1) Willst du schließlich wissen, inwiefern sie nicht lange leben? Sieh nur, wie lange sie zu leben wünschen. Tattrige Greise erbetteln mit Gelübden die Zulage weniger Jahre. Sie machen sich selbst vor, jünger zu sein, sie schmeicheln sich durch eine Lüge und täuschen sich selbst so gern, als ob sie zugleich auch das Schicksal betrögen. Wenn sie aber einmal eine körperliche Schwäche an ihre Sterblichkeit erinnert, wie angstvoll sterben sie, nicht als ob sie aus dem Leben gingen, sondern als ob sie hinausgezerrt würden. Sie schreien, Toren seien sie gewesen, dass sie nicht gelebt hätten, und wenn sie nur bei dieser Krankheit davonkämen, so wollten sie in Muße leben. Dann bedenken sie, wie vergebens sie Dinge angeschafft hätten, die sie nicht genießen würden, wie vergeblich alle ihr Mühe gewesen sei.

(2) Für diejenigen aber, die ihr Leben fern von aller Geschäftigkeit führen, warum sollte es für die nicht lang genug sein? Nichts davon wird anderen überlassen, nichts bald dahin, bald dorthin verstreut, nichts dem Zufall überlassen, nichts verkommt durch Nachlässigkeit, nichts geht durch Verschenken verloren, nichts ist überflüssig: Es wirft Gewinn ab, wie man so sagt. Wie kurz es daher auch immer sei, es reicht mehr als genug, und deshalb wird der Weise, wann immer der letzte Tag kommt, nicht zögern, festen Schrittes in den Tod zu gehen.

12. (1) Du fragst vielleicht, welche Leute ich vielbeschäftigt nenne? Glaube nicht, dass ich bloß diejenigen meine, die erst durch auf sie losgelassene Hunde aus der Geschäftshalle ver-

trieben werden, die du entweder glanzvoller inmitten ihres eigenen Klientenschwarms oder schmachvoller unter dem Schwarm eines andern hinausgedrängt siehst, diejenigen, die ihre Verpflichtungen aus dem Hause treiben, um an fremde Türen zu klopfen, und solche, die es aus schimpflicher Profitgier, die sie eines Tages ruinieren wird, zu einer Zwangsversteigerung treibt.

(2) Bei manchen ist selbst die Muße umtriebig: In ihrem Landhaus oder auf ihrem Ruhebett, mitten in der Einsamkeit, obschon sie sich von allem zurückgezogen haben, fallen sie sich selbst zur Last. Man kann nicht sagen, dass sie ein mußevolles Leben haben, sondern eine müßige Geschäftigkeit. Nennst du den in Muße lebend, der Corinthische Gefäße, die durch die Verrücktheit von ein paar Leuten in hohem Wert stehen, mit ängstlicher Sorgfalt ordnet und den größten Teil seiner Zeit mit dergleichen grünspanigen Blechen zubringt? Der auf dem Ringplatz – denn, zu unserer Schande, plagen uns nicht einmal nur römische Laster – als Zuschauer raufender Knaben sitzt? Der die Schar seiner eigenen Ringer in Paare nach Alter und Farbe einteilt? Der die Aufsteiger unter den Athleten unterhält?

(3) Was weiter? Die nennst du in Muße lebend, die viele Stunden beim Barbier verbringen, während ausgezupft wird, was in der vergangenen Nacht nachgewachsen ist, während über jedes einzelne Härchen ein Rat abgehalten, zerzaustes Haar wieder glattgelegt und gelichtetes hierhin und dorthin in die Stirn gekämmt wird? Wie sie zornig werden, wenn der Friseur etwas nachlässiger wird, als ob er einem Mann die Haare schneidet! Wie ereifern sie sich, wenn von ihrer Mähne etwas abgeschnitten worden ist, etwas nicht ordentlich liegt, wenn nicht alles in Locken fällt! Wer von diesen Leuten möchte nicht lieber den Staat in Unordnung geraten lassen als seine Frisur? Wer ist nicht mehr um seinen Haarschmuck besorgt als um seine Gesundheit? Wer will nicht lieber hübsch aufgemacht als anständig sein? Die nennst du mußevoll, die ständig mit Kamm und Spiegel beschäftigt sind?

(4) Und was ist mit denen, die sich mit Komponieren, Anhören und Einüben von Liedern abgeben, wobei sie die Stimme, deren Fluss die Natur unübertrefflich und sehr einfach zugleich gestaltet hat, durch alberne Modulationen verzerren? Die, deren Finger immer trommeln, weil sie für sich den Takt irgendeines Liedes schlagen? Und solche, die man leise vor sich hinsummen hört, auch wenn sie zu ernsten, oft sogar traurigen Dingen hinzugezogen sind? Sie haben keine Muße, sondern eine träge Geschäftigkeit. (5) Wahrhaftig, selbst ihre Gastmähler möchte ich nicht zur Freizeit rechnen, wenn ich sehe, wie besorgt sie ihr Silbergerät ordnen, wie aufmerksam sie die Untergewänder ihrer Lustknaben hochschürzen, wie gespannt sie sind, in welcher Zubereitung der Eber vom Koch kommen wird, mit welcher Eile ihre Buhlknaben auf ein Zeichen hin zur Bedienung herbeirennen, mit welcher Kunst das Geflügel in nicht zu große Scheiben zerlegt wird, wie eifrig die unglücklichen Bübchen das Erbrochene der Betrunkenen wegwischen. Aus solchen Dingen gewinnt man den Ruf des feinen Geschmacks und luxuriöser Lebensart und ihre Fehler folgen ihnen bis in jeden Winkel ihres Lebens, so dass sie ohne Gefallsucht weder trinken noch essen.

(6) Nicht einmal die wirst zu den in Muße Lebenden rechnen, die sich in Tragsesseln und Sänften hierhin und dahin schleppen lassen und sich so pünktlich zu den Stunden ihrer Ausflüge einfinden, als dürften sie nicht davon abgehen. Die ein anderer daran erinnert, wann sie sich baden, wann sie schwimmen, wann sie speisen sollen. Durch die allzu große Erschlaffung ihres verweichlichten Geistes sind sie in dem Grade abgespannt, dass sie von sich aus nicht wissen können, ob sie hungrig sind. (7) Ich höre, dass einer von diesen Genießern – wenn man es Genuss nennen darf, das Leben und menschliche Gewohnheit zu verlernen –, als er auf den Händen aus dem Bad getragen und auf den Sessel gesetzt worden war, gefragt habe: »Sitze ich schon?« Glaubst du, dieser Mensch, der nicht wusste, ob er sitze, weiß, ob er lebe, ob er sehe, ob er Muße habe? Ich könnte schwer sagen, ob ich

ihn mehr bedauerte, wenn er es wirklich nicht gewusst hat oder wenn er nur so getan hat, als wisse er es nicht. (8) Bei vielen Dingen ist es ja wirklich Vergesslichkeit, bei vielen aber ist es auch nur gespielt. Manche Schwächen bereiten ihnen Vergnügen, als wären sie Beweis ihrer glücklichen Lage. Nur zu ziemlich niedrigen und verächtlichen Menschen erscheint ihnen zu gehören, zu wissen, was man tut. Geh und glaube, die Schauspieler haben sich vieles ausgedacht, um die Genusssucht zu verhöhnen. Wahrhaftig, sie übergehen mehr, als sie erfinden, und die Menge unglaublicher Laster ist in diesem nur darin einfallsreichen Zeitalter so angestiegen, dass wir den Schauspielern eher Nachlässigkeit zum Vorwurf machen können. Es gibt also einen, der so ganz in seiner Weichlichkeit untergegangen ist, dass er erst einen andern fragen muss, ob er sitzt! (9) So jemand lebt nicht in Muße, du musst ihm einen andern Namen geben: Er ist krank, nein, er ist tot. In Muße lebt, wer auch ein Bewusstsein von seiner Muße hat. Dieser Halblebende aber, der jemanden braucht, der ihm seinen Körperzustand anzeigt, wie kann der Herr über irgendeinen Zeitpunkt seines Lebens sein?

13. (1) Es wäre zu weitläufig, alle einzeln aufzuführen, die ihr Leben vertan haben mit Brett- oder Ballspiel oder dem Bedürfnis, ihren Körper in der Sonne schmoren zu lassen. Nicht in Muße leben die, denen die Vergnügungen viel zu schaffen machen. Von denen, die sich dem Studium unnützer Wissenschaften hingeben, bezweifelt niemand, dass sie auf eifrige Weise nichts tun, und das ist auch bei den Römern bereits eine große Zahl. (2) Es war eine Krankheit der Griechen, nachzuforschen wie viele Ruderer Odysseus gehabt habe, ob die Ilias oder die Odyssee früher geschrieben sei und ob sie vom selben Verfasser stammten. Dann gibt es noch andere Sachen desselben Schlages, die, wenn du sie für dich behältst, gar nichts zu deinem stillen Wissensschatz beitragen, wenn man sie aber andern mitteilt, einen nicht gelehrter, wohl aber lästiger erscheinen lassen. (3) Aber sie-

he, auch die Römer hat der sinnlose Eifer ergriffen, Überflüssiges zu erlernen. Dieser Tage hörte ich einen, der einen Vortrag darüber hielt, was jeder der römischen Feldherren als Erster vollbracht habe. Duilius war der Erste, der in einer Seeschlacht siegte, Curius Dentatus der Erste, der Elefanten im Triumphzug mitführte. Obwohl dies nun zum wahren Ruhm nichts beiträgt, so bezieht es sich doch noch auf Beispiele von Taten unserer Mitbürger. Nutzen wird solche Kenntnis nicht bringen, doch zieht sie uns wenigstens durch den äußeren Glanz an sich nichtiger Dinge an. (4) Wen es interessiert, dem wollen wir auch die Frage zugestehen, wer die Römer zuerst überredet hat, ein Schiff zu besteigen. Das war Claudius, der deshalb Caudex genannt wurde, weil eine Zusammenfügung mehrerer Bretter bei den Alten *caudex* hieß, weshalb die öffentlichen Gesetzestafeln den Namen *codices* führen und die Schiffe, die Waren den Tiber hinaufbefördern, nach alter Gewohnheit auch jetzt noch *caudicariae* genannt werden. (5) Immerhin mag auch das von einiger Wichtigkeit sein, dass Valerius Corvinus zuerst Messana besiegte und als der Erste aus der Familie der Valerier, indem der Name der eingenommenen Stadt auf ihn übertragen wurde, Messana genannt wurde und allmählich, da das Volk die Buchstaben verwechselte, Messala hieß. (6) Willst du aber auch zugestehen, dass sich jemand damit beschäftigt, dass L. Sulla zuerst Löwen im Zirkus frei laufen ließ, während sie sonst angekettet gezeigt wurden, weil ihm König Bocchus Speerwerfer geschickt hatte, um sie zu erlegen? Mag auch das noch angehen. Hat es wohl irgendeinen Nutzen, zu wissen, dass Pompeius als Erster einen Kampf von achtzehn Elefanten im Zirkus veranstaltete, indem nach Art einer Schlacht Verbrecher auf sie losgehen mussten? Der erste Mann im Staat und unter den großen Männern der alten Zeit, der Überlieferung nach von außergewöhnlicher Gutherzigkeit, hielt es für eine erinnerungswürdige Art von Schauspiel, Menschen auf eine ganz neue Weise ums Leben zu bringen. Sie kämpfen auf Leben und Tod? Das genügt nicht. Sie werden zerfleischt? Das genügt nicht: Sie müssen von der ungeheuren Last der Bestien zertreten werden. (7) Besser wäre es, dergleichen geriete in Vergessenheit, damit es nicht später irgendein Machthaber lernt und eine so ganz unmenschliche Handlung beneidenswert findet. O wieviel Dunkelheit wirft ein großes Glück auf unseren Geist! Jener hielt sich damals für erhaben über die Natur der Dinge, als er so viele Scharen unglückseliger Menschen den unter einem andern Himmel geborenen Bestien vorwarf, als er einen Krieg zwischen so ungleichen Geschöpfen führen ließ, als er vor den Augen des römischen Volkes so viel Blut vergoss, das er bald zwingen würde, selbst noch mehr zu vergießen. Und derselbe Mann bot sich später, durch die Treulosigkeit der Alexandriner getäuscht, einem elenden Sklaven dar, damit er ihn erdolche. Jetzt erst erkannte er die eitle Prahlerei seines Beinamens (der Große).

(8) Doch um darauf zurückzukommen, wovon ich abgeschweift bin, und die überflüssige Sorgfalt mancher Menschen am gleichen Thema zu zeigen: Derselbe Verfasser erzählte, Metellus habe nach seinem Sieg über die Karthager in Sizilien bei seinem Triumphzug als der Einzige unter allen Römern hundertzwanzig erbeutete Elefanten vor seinem Wagen herführen lassen. Sulla habe als letzter Römer das Stadtgebiet von Rom erweitert, das auszudehnen nach alter Sitte nie bei einer Erwerbung von Provinzialgebiet, sondern nur von italienischem Boden üblich war. Dies zu wissen nützt immerhin mehr, als dass der Aventinhügel, wie jener Verfasser behauptete, außerhalb des Stadtgebietes sei, aus einem von zwei Gründen: entweder weil das Volk dahin ausgezogen wäre oder weil bei der Vogelschau des Remus die Vögel diesem Ort nicht zugestimmt hätten. Und so noch unzählige andere Dinge, die entweder voll von Lügen oder ihnen ähnlich sind. (9) Denn auch zugestanden, sie sagten das alles in gutem Glauben und stehen für die Wahrheit des Geschriebenen ein: Wessen Irrtümer werden denn dadurch verringert? Wessen Leidenschaften unterdrückt? Wen wird es tapferer, wen gerechter, wen wohltätiger machen? Unser Fa-

bianus sagte zuweilen, er zweifle, ob es nicht besser sei, sich überhaupt auf gar keine Studien einzulassen, als sich in solche zu verstricken.

14. (1) Nur die allein von allen leben in Muße, die ihre Zeit der Weisheit widmen; sie allein leben wirklich. Denn nicht nur ihre eigene Lebenszeit hüten sie gut, sondern sie fügen auch jedes Zeitalter dem ihrigen bei. Was immer an Jahren vor ihnen vergangen ist, haben sie ihren hinzugefügt. Wenn wir nicht gänzlich undankbar sind, so sind die berühmtesten Schöpfer ehrwürdiger Lehren für uns geboren, haben uns das Leben gebahnt. Zu dem Schönsten, das aus Finsternis ans Licht gezogen wurde, gelangen wir durch die Anstrengung anderer. Kein Jahrhundert ist uns verschlossen, zu allen haben wir Zutritt, und wenn wir hohen Geistes über die Beschränktheit menschlicher Schwäche hinausgehen wollen, dann haben wir einen großen Zeitraum, den wir durchwandern können. (2) Wir können mit Sokrates diskutieren, mit Karneades zweifeln, mit Epikur Ruhe finden, mit den Stoikern die menschliche Natur überwinden, mit den Kynikern sie hinter uns lassen. Da die Natur uns gestattet, in Gemeinschaft mit jedem Zeitalter zu treten, warum sollten wir uns nicht von dieser kurzen und vergänglichen Übergangszeit mit ganzer Seele dem zuwenden, was unendlich, was ewig ist, was uns mit dem Besseren verbindet?

(3) Solche, die von einer Verpflichtung zur anderen rennen, die sich und anderen auf die Nerven gehen, wenn die sich nun gehörig ausgetobt haben, wenn sie ihren täglichen Rundgang an jedermanns Schwelle gemacht haben und an keiner offenen Tür vorbeigegangen sind, wenn sie mit ihrer bezahlten Aufwartung in den verschiedensten Häusern herumgekommen sind: Wie viele in der so weitläufigen und durch so verschiedene Vergnügungen zerstreuten Stadt konnten sie angetroffen haben? (4) Wie viele werden sich finden, deren Schlaf oder Schwelgerei oder Unfreundlichkeit sie abweist! Wie viele, die an ihnen unter dem Vorwand gro-

ßer Eile vorbeirennen, nachdem sie sie erst lange auf die Folter gespannt haben. Wie viele werden es vermeiden, durch die mit Klienten vollgestopfte Vorhalle hinauszugehen und durch eine verborgene Hintertür des Hauses entwischen, als ob es nicht noch unanständiger wäre, jemanden zu täuschen als ihn abzuweisen. Wie viele werden, vom gestrigen Rausch noch halb schlaftrunken und mit schwerem Kopf, für jene Armen, die ihren eigenen Schlaf abgebrochen haben, um den eines andern abzuwarten, kaum die Lippen auseinanderbringen und deren Namen, nachdem man ihn ihnen tausendmal zugeflüstert hat, mit überheblichem Gähnen wiedergeben.

(5) Wir glauben, nur von denen sagen zu dürfen, sie verbringen ihre Zeit mit wirklichen Verpflichtungen, die täglich den Zenon, Pythagoras, Demokrit und die übrigen Lehrer der Wissenschaften, wie Aristoteles und Theophrast, als enge Vertraute haben wollen. Von diesen wird niemand keine Zeit haben, niemand den zu ihm Kommenden nicht glücklicher und noch besser befreundet entlassen, keiner wird einen mit leeren Händen weggehen lassen. Bei Nacht wie bei Tag kann jeder Sterbliche bei ihnen Zutritt finden.

15. (1) Keiner von ihnen wird dich zu sterben zwingen, lehren aber werden es dich alle. Keiner von ihnen bringt dich um deine Jahre, er gibt dir seine noch dazu. Mit keinem von ihnen wird ein Gespräch gefährlich sein, keines Freundschaft dein Leben gefährden, bei keinem die Ehrerbietung ihm gegenüber kostspielig sein. Du wirst von ihnen erhalten, was du nur willst; an ihnen wird es nicht liegen, wenn du nicht so viel davonträgst, als du nur fassen kannst. (2) Welches Glück, welches schöne Greisenalter erwartet den, der sich unter ihren Schutz begeben hat! Mit ihnen wird er Menschen haben, mit denen er über die einfachsten wie über die wichtigsten Dinge nachdenken kann, die er täglich über sich zu Rate ziehen, von denen er die Wahrheit ohne Kränkung hören, ohne Schmeichelei gelobt werden und nach ihrem Vorbild sich gestalten kann.

(3) Wir pflegen zu sagen, es hätte nicht in unserer Macht gestanden, wen wir zu Eltern bekommen, sie sind uns durchs Schicksal zugeteilt. Aber wir können unsere Herkunft selbst wählen! Es gibt Familien der edelsten Geister: Wähle, in welche du aufgenommen sein willst. Du wirst nicht nur den Namen erhalten, sondern die Güter selbst, die nicht geizig und argwöhnisch zu bewachen sind: Sie werden um so größer, an je mehr Menschen du sie verteilst. (4) Sie werden dir den Weg zur Ewigkeit weisen und dich auf jenen Platz erheben, von dem niemand heruntergestürzt wird. Das ist die einzige Art und Weise, die Sterblichkeit weiter hinauszurücken, ja, in Unsterblichkeit zu verwandeln. Ehrenämter, Denkmäler und alles, was die Eitelkeit entweder durch Beschlüsse angeordnet oder in Kunstwerken aufgebaut hat, geht schnell zugrunde, alles zerstört und verändert der Lauf der Zeit. Was aber die Weisheit geheiligt hat, dem kann kein Schaden zugefügt werden. Kein Zeitalter wird es vertilgen, keines schwächen. Das folgende und jedes darauffolgende wird etwas zur Verehrung beitragen, denn der Neid richtet sich nur auf das Naheliegende, das weiter Zurückliegende wird unvoreingenommener bewundert.

(5) Das Leben des Weisen erstreckt sich also weit. Ihn schließen nicht dieselben Grenzen ein wie die andern, er allein ist von den Gesetzen des Menschengeschlechts entbunden, alle Jahrhunderte dienen ihm wie einem Gott. Ist eine Zeit vorübergegangen: Er hält sie in der Erinnerung fest. Ist sie gegenwärtig: Er nutzt sie. Wird sie kommen: Er nimmt sie vorweg. Lang wird sein Leben, weil er alle Zeiten in eine zusammenfasst.

16. (1) Sehr kurz und sorgenvoll ist das Leben derer, die das Vergangene vergessen, das Gegenwärtige vernachlässigen und das Zukünftige fürchten. Wenn sie ans Ende gelangt sind, sehen die Armen zu spät ein, dass sie so lange vielgeschäftig waren und doch nichts getan haben. (2) Und glaube nicht, das sei ein Beweis dafür, dass sie ein langes Leben führen, weil

sie zuweilen den Tod herbeirufen. Es quält sie ihr Unverstand mit unbestimmten Wünschen, die gerade auf das hinsteuern, was sie ängstigt. Den Tod wünschen sie oft deshalb, weil sie ihn fürchten. (3) Auch das darfst du für keinen Beweis dafür halten, dass sie lange leben, dass ihnen der Tag oft lang wird, dass sie, bis die festgelegte Essenszeit kommt, klagen, dass die Stunden so langsam dahinschleichen. Denn wenn ihnen einmal die Beschäftigungen ausgegangen sind, schmoren sie der Muße überlassen vor sich hin und wissen nicht, wie sie mit ihr umgehen sollen, um sie herumzubringen. Daher begehren sie nach irgendeiner Beschäftigung und die ganze Zeit dazwischen ist ihnen lästig. Es ist wahrlich gerade so, wie sie, wenn der Tag der Gladiatorenspiele angekündigt ist oder der Zeitpunkt irgendeines andern Schauspiels oder Vergnügens erwartet wird, die Zwischentage überspringen möchten.

(4) Jedes Hinausschieben einer erhofften Sache ist lang. Aber die Zeit, die sie lieben, ist kurz, flüchtig und noch viel kürzer durch eigene Schuld. Denn sie eilen von dem einen zu dem andern und können nicht bei einem Verlangen stehen bleiben. Solchen Leuten sind die Tage nicht lang, sondern verhasst. Wie kurz dagegen erscheinen ihnen die Nächte, die sie in der Umarmung von Dirnen oder beim Wein verbringen! (5) Daher auch der Wahnsinn der Dichter, die mit ihren Geschichten die Verirrungen der Menschen nähren, indem sie glauben, Jupiter habe von Wollust bezaubert die Dauer der Nacht verdoppelt. Heißt es nicht unsere Laster zu entflammen, wenn wir sie den Göttern als Urhebern zuschreiben und dem Krankhaften durch göttliches Beispiel einen Freibrief ausstellen? Müssen ihnen die Nächte nicht sehr kurz vorkommen, die sie so teuer erkaufen? Den Tag verlieren sie in Erwartung der Nacht, die Nacht aus Angst vor dem Tageslicht.

17. (1) Selbst ihre Leidenschaften sind angstvoll und durch mancherlei Schrecken beunruhigt, und in ihrer ausgelassensten Freude beschleicht sie der sorgenvolle Gedanke: Wie lan-

ge wird es anhalten? Aus einer solchen Regung heraus haben Könige ihre Macht beweint, und es hat sie nicht die Größe ihres Glücks erfreut, sondern das einmal bevorstehende Ende erschreckt. (2) Als der so hochmütige Perserkönig (Xerxes) sein Heer in einem weiten Feld ausbreitete und nicht die Zahl, sondern nur das Ausmaß erfasste, vergoss er Tränen, weil in hundert Jahren von einer solchen Menge junger Männer kein einziger mehr übrig sein werde. Und doch war er es selbst, der da weinte, der ihnen das Verhängnis bringen sollte, den einen zur See, den andern zu Lande, den einen in der Schlacht, den andern auf der Flucht zugrunde gehen zu lassen und die in kurzer Zeit aufzureiben, um die er auf hundert Jahre hinaus fürchtete.

(3) Ja, sind nicht selbst die Freuden solcher Menschen voller Ängste? Sie ruhen nämlich nicht auf fester Grundlage, sondern werden durch dieselbe Nichtigkeit, der sie entspringen, auch gestört. Was aber meinst du, müssen das erst für Zeiten sein, die nach ihrem eigenen Eingeständnis elend sind, da selbst die Zeiten, in denen sie sich erheben und über den Menschen hinauswachsen, kaum ungetrübt sind? (4) Je größer das Gut, desto größer die Sorge, und keinem Glück ist weniger zu trauen als dem höchsten. Um Glück zu erhalten, braucht man wieder Glück, und für die Gelübde, die Erfolg hatten, muss man neue Gelübde ablegen. Denn alles, was durch Zufall zuteil wird, ist unbeständig, und je höher etwas gestiegen ist, um so mehr neigt es zum Fallen. Was aber bald fallen wird, macht keinem Freude. Sehr elend also, nicht bloß sehr kurz muss das Leben derer sein, die sich mit großer Anstrengung verschaffen, was sie nur mit noch größerer besitzen.

(5) Mühsam erlangen sie, was sie wollen, ängstlich halten sie fest, was sie erlangt haben. Währenddessen achten sie nicht auf die niemals wiederkehrende Zeit. Neue Beschäftigungen treten an die Stelle der alten, eine Hoffnung erweckt die andere, ein Ehrgeiz den anderen. Man sucht nicht ein Ende des Elends, nur sein Gegenstand wird verändert. Unsere Ehrenämter haben uns gequält: Noch mehr Zeit nehmen wir

uns für die der anderen. Uns als Amtsbewerber abzumühen haben wir aufgehört: Als Wahlhelfer anderer fangen wir wieder an. Die Last des Anklägers haben wir abgeschüttelt: Die des Richters bekommen wir dafür. Richter zu sein hat einer aufgehört: Jetzt ist er Untersuchungsrichter. Mit bezahlter Verwaltung fremder Güter ist einer alt geworden: Durch sein eigenes Vermögen wird er jetzt in Beschlag genommen. (6) Den Marius hat der Kriegsdienst entlassen: Jetzt beschäftigt ihn das Konsulat. Quintius beeilt sich, seine Amtszeit als Diktator hinter sich zu bringen: Man wird ihn vom Pflug wieder zurückholen. Gegen die Karthager, noch nicht alt genug für so eine große Aufgabe, wird Scipio ins Feld ziehen: Besieger Hannibals, Besieger des Antiochus, Zierde seines eigenen Konsulats, Bürge für das seines Bruders. Wenn er sich nicht selbst Einhalt geböte, stellte man ihn neben Jupiter auf: Aber bürgerliche Unruhen werden auf den Retter einstürmen und nachdem er als junger Mann göttergleiche Ehren verschmäht hat, wird ihm als Greis der Stolz auf sein trotziges Exil Freude machen. Niemals wird es weder im Glück noch im Unglück an Anlässen zur Besorgnis fehlen. Von einer Beschäftigung zur anderen wird das Leben getrieben, nie wird man Muße erreichen, immer sie wünschen.

18. (1) Daher sondere dich von der Masse ab, mein teuerster Paulinus, und ziehe dich in einen ruhigeren Hafen zurück, nachdem du mehr als es deinem Alter entspräche herumgeworfen worden bist. Bedenke, wie vielen Wogen du dich ausgesetzt, wie viele Stürme du teils im Privatleben ausgehalten, teils im öffentlichen auf dich gezogen hast. Mühevolle und rastlose Proben haben deine Tüchtigkeit schon hinreichend unter Beweis gestellt, finde nun heraus, was sie in der Muße leistet. Der größere Teil deines Lebens, gewiss der bessere, mag dem Staat gewidmet sein, etwas von deiner Zeit aber nimm auch für dich selbst.

(2) Und ich rufe dich nicht zu einer trägen und tatenlosen Ruhe auf, nicht dazu, dass du die dir eigene lebendige Be-

gabung in Schlaf und in Genüssen, wie sie die Menge liebt, versinken lässt. Das heißt nicht in Ruhe zu leben! Du wirst viel Wichtigeres als alle bisher so eifrig betriebenen Geschäfte finden, das du in Zurückgezogenheit und Sorglosigkeit verrichten kannst. (3) Du führst zwar die Rechnungen des Reiches ebenso uneigennützig wie die eines andern, ebenso sorgfältig wie die eigenen, so gewissenhaft wie staatliche es erfordern. Du gewinnst Liebe in einem Amt, bei dem es schwer ist, dem Hass zu entgehen. Aber dennoch, glaube mir, ist es besser, Rechenschaft über sein eigenes Leben ablegen zu können als über die staatlichen Getreidespeicher. (4) Diese Geisteskraft, hochbefähigt die größten Dinge zu erfassen, rufe zurück von einem zwar ehrenvollen, aber für ein glückliches Leben wenig geeigneten Amt, und bedenke: Du hast all die Pflege der Wissenschaften von frühester Jugend an nicht deshalb betrieben, damit dir viele tausend Scheffel Getreide sicher anvertraut werden können. Du hattest etwas Größeres und Höheres von dir erhoffen lassen. An Männern von strenger Wirtschaftlichkeit und unermüdlichem Arbeitseifer wird es nicht fehlen. Langsame Zugtiere sind viel geeigneter zum Transport von Lasten als edle Rosse. Wer hat je deren herrliche Behändigkeit durch schweres Gepäck belastet? (5) Bedenke ferner, wie viele Sorgen du dir schaffst, indem du eine solche Last auf dich nimmst: Mit dem Magen der Menschen hast du es zu tun, und das hungernde Volk nimmt weder Vernunft an, noch lässt es sich durch Billigkeit besänftigen oder durch eine Bitte umstimmen. Eben erst, eben innerhalb der wenigen Tage, bevor Gaius Cäsar (Caligula) starb – der, wenn Tote noch ein Bewusstsein haben, sich am meisten darüber ärgerte, dass er sterben musste, während das römische Volk ihn überlebte –, waren für sieben, höchstens acht Tage Lebensmittel übrig. Während er Schiffsbrücken baute und mit dem Vermögen des Staates spielte, war das auch für Belagerte größte Übel eingetreten, der Mangel an Lebensmitteln. Fast den Untergang und Hungersnot und was auf Hunger folgt, allgemeines Verderben, kostete die Nachahmung jenes irrwitzigen, fremden und zu seinem Unglück hochmütigen Königs.[2] (6) Wie war damals denen zumute, die die Verantwortung für die staatliche Getreideversorgung hatten, als sie auf Steinwürfe, Schwertstreiche, Brände und Gaius selbst gefasst sein mussten? Mit größter Verstellungskunst verbargen sie im Innersten ein so geheimes Übel, freilich mit gutem Grund. Denn manches muss man heilen, ohne dass die Kranken es wissen; für viele war die Kenntnis ihrer Krankheit Ursache ihres Todes.

19. (1) Zieh dich zu dem zurück, was ruhiger, sicherer und bedeutender ist. Hältst du es für gleich, ob du dafür sorgst, dass das Getreide unversehrt durch Betrug oder Nachlässigkeit der Lieferanten in die Magazine geschafft wird, dass es nicht durch aufgenommene Feuchtigkeit verdirbt und heiß wird, dass es dem Maß und Gewicht entspricht, oder ob du dich heiligen und erhabenen Dingen zuwendest, um zu erkunden, woraus die Gottheit beschaffen ist, wie ihr Wille, ihr Zustand, ihre Gestalt ist? Welches Geschick deine Seele erwartet und wohin uns die Natur nach der Befreiung vom Körper versetzt? Was es ist, das die schwersten Körper dieses Weltalls in der Mitte erhält, darüber das Leichte schweben lässt, das Feuer in die höchsten Regionen trägt, die Gestirne zu ihren wechselhaften Bahnen antreibt und was es sonst noch der außerordentlichsten Wunder gibt? (2) Willst du nicht den Erdboden verlassen und mit deinem Geist dorthin blicken? Jetzt, solange das Blut noch warm ist, bei Kräften, müssen wir uns auf den Weg zum Besseren machen. Bei dieser Lebensweise erwartet dich eine Fülle edler Wissenschaften, Liebe zur Tugend und Übung in ihr, Vergessen der Begierden, die Kunst zu leben und zu sterben, tiefe Ruhe in allem.

2 Gemeint ist Xerxes, der den Hellespont überbrückte. Caligula wollte ihn durch eine Schiffsbrücke zwischen Baiae und Puteoli nachahmen.

(3) Zwar ist die Lage aller Vielbeschäftigten traurig, am traurigsten jedoch die derjenigen, die sich nicht einmal mit ihren eigenen Geschäften abmühen, die sich beim Schlafen nach dem Schlaf eines andern, beim Spazierengehen nach dem Schritt eines andern richten und zu lieben und zu hassen, das Freieste von allem, sich befehlen lassen. Wollen diese Menschen wissen, wie kurz ihr eigenes Leben ist, so mögen sie bedenken, welch kleiner Teil davon ihnen gehört.

20. (1) Wenn du daher eine schon oft getragene Purpurtoga siehst, wenn ein Name auf dem Forum gefeiert wird, sei nicht neidisch: Solches erwirbt man auf Kosten des Lebens. Damit ein einziges Jahr nach ihnen gezählt wird, opfern sie alle ihre Jahre.[3] Manche hat, ehe sie den Gipfel ihres Ehrgeizes erklommen, noch während des Ringens mit den ersten Stufen, das Leben verlassen. Manche, die durch tausend Unwürdigkeiten bis zur Vollendung ihrer Würde emporgestiegen sind, beschleicht der kummervolle Gedanke, dass sie sich nur für ihre Grabinschrift abgemüht haben. Manche hat das hohe Greisenalter, während es wie in der Jugend auf neue Hoffnungen hin Pläne machte, mitten unter großen und verwegenen Vorhaben kraftlos im Stich gelassen. (2) Abstoßend der, den, während er hochbejahrt vor Gericht die Interessen völlig unbekannter Streithähne vertritt und nach dem Beifall der unverständigen Zuhörer hascht, der Geist verlässt. Schändlich der Mann, der, eher vom Leben als von der Arbeit erschöpft, mitten in seinen Amtsgeschäften zusammengebrochen ist. Schändlich auch der, der über seinen Abrechnungen sitzend verstirbt, verlacht vom lange hingehaltenen Erbe. (3) Ein Beispiel, das mir eben einfällt, kann ich nicht übergehen. Turannius war ein Greis von äußerster Gewissenhaftigkeit. Als er im Alter von über neunzig Jahren von Gaius Cäsar (Caligula) ohne sein Ansuchen die Entlassung

3 In Rom wurden die Jahre nach den Namen der beiden amtierenden und jährlich wechselnden Konsuln gezählt.

von seinem Verwaltungsamt erhielt, ließ er sich auf das Bett legen und von der umherstehenden Dienerschaft wie einen Verstorbenen bejammern. Sein ganzes Haus klagte über den Ruhestand des greisen Herren und beendete seine Trauer nicht eher, als bis ihm sein mühevolles Amt zurückgegeben wurde. Macht es so große Freude, mitten in den Geschäften zu sterben?

(4) Dies aber ist die Einstellung der meisten: Ihr Verlangen nach Arbeit hält länger an als ihre Kraft dazu. Sie ringen mit der Schwäche des Körpers, und das Alter selbst halten sie nur deshalb für beschwerlich, weil es sie beiseite stellt. Das Gesetz lässt vom fünfzigsten Lebensjahr an niemanden mehr zum Militärdient zu, ernennt vom sechzigsten an niemanden mehr zum Senator: Schwerer aber als vom Gesetz erlangen die Menschen von sich selbst Muße. (5) Inzwischen, während sie drängen und bedrängt werden, während einer des andern Ruhe stört, während sie wechselweise unglücklich sind, ist ihr Leben ohne Gewinn, ohne Freude, ohne allen Fortschritt des Geistes. Niemand hat den Tod vor Augen, jeder richtet seine Hoffnung in die Ferne. Manche ordnen sogar noch an, was über das Leben hinausliegt, gewaltige Grabanlagen, Stiftungen öffentlicher Bauwerke, Festspiele an ihrem Scheiterhaufen und prunkvolle Leichenbegängnisse. Aber wahrhaftig, ihre Bestattungen sollten, als ob sie nur ganz kurz gelebt hätten, bei Fackeln und Kerzenschein stattfinden.[4]

4 Wie bei verstorbenen Kindern, die ohne Prunk bei Nacht bestattet wurden.

Briefe an Lucilius zur Ethik

Brief 1: Der Wert der Zeit

Seneca grüßt seinen Lucilius

(1) Mache es so, mein Lucilius: Befreie dich für dich selbst und sammle und erhalte dir die Zeit, die dir bisher entweder geraubt oder gestohlen wurde oder entschlüpfte. Überzeuge dich selber, es ist so, wie ich dir schreibe: Manche Zeit wird uns entrissen, manche heimlich entwendet, manche verrinnt einfach. Der schimpflichste Verlust jedoch ist der, der auf Nachlässigkeit beruht. Und wenn du achtgeben willst, so entgleitet den Menschen ein großer Teil des Lebens, während sie Schlechtes tun, der größte, während sie nichts tun, das ganze Leben aber, während sie Nebensächliches tun. (2) Wen kannst du mir nennen, der irgendeinen Wert auf die Zeit legt, der den Tag schätzt, der einsieht, dass er täglich stirbt? Denn darin irren wir, dass wir den Tod vor uns liegend sehen: Ein großer Teil davon ist schon vorbei. Alles, was von unserer Lebenszeit hinter uns liegt, hat der Tod in Händen. Mach es demnach so, mein Lucilius, wie du schreibst es zu tun: Halte deine Stunden zusammen. So wirst du weniger vom Morgen abhängen, wenn du Hand an das Heute legst. Während man das Leben aufschiebt, eilt es vorüber. (3) Alles, Lucilius, ist fremdes Gut, nur die Zeit ist unser. Den Besitz dieser einen, flüchtigen und entgleitenden Sache hat die Natur uns übergeben, und doch vertreibt uns daraus, wer immer es will. Und so groß ist die Dummheit der Sterblichen, dass sie sich das Geringste und Wertloseste, sicher aber Ersetzbare, als Schuld anrechnen lassen, wenn sie es bekommen haben, niemand aber etwas schuldig zu sein glaubt, wenn er Zeit

empfangen hat, während doch diese das einzige ist, das nicht einmal der Dankbare wiedererstatten kann.

(4) Du wirst vielleicht fragen, was ich selbst mache, der ich dir diesen Rat gebe. Ich will es dir ganz offen gestehen: was jemand tut, der üppig lebt, und dabei sorgfältig ist: Die Rechnung über meine Ausgaben stimmt. Ich kann nicht sagen, dass ich nichts verliere, aber ich kann sagen, was ich verliere und weshalb und wie. Ich kann die Ursachen meiner Armut angeben. Allein es geht mir wie den meisten, die ohne ihre Schuld in Not geraten sind: Alle verzeihen, aber niemand hilft ihnen. (5) Wie steht's nun? Ich halte den nicht für arm, dem das Wenige, was er etwa noch übrig hat, genügt. Du jedoch, so wäre es mir lieber, erhalte dir das Deine und du wirst zur rechten Zeit damit anfangen. Denn, wie unsere Vorfahren meinten, »zu spät kommt die Sparsamkeit bei der Neige«. Nicht bloß sehr wenig, sondern auch das Schlechteste bleibt nämlich im Bodensatz zurück. Leb wohl!

Brief 2: Die richtige Lektüre

Seneca grüßt seinen Lucilius

(1) Nach dem, was du mir schreibst, und nach dem, was ich höre, schöpfe ich gute Hoffnung für dich: Du eilst nicht hin und her, noch beunruhigst du dich durch ständigen Ortswechsel. Solches Herumtreiben ist Zeichen eines kranken Gemüts. Erstes Anzeichen für eine gelassene Geistesverfassung, meine ich, ist innehalten und bei sich verweilen zu können. (2) Sieh aber zu, ob nicht die Lektüre vieler Autoren und von Büchern aller Art etwas Flatterhaftes und Unstetes an sich hat. Du musst bei bestimmten geistreichen Menschen verweilen und dich von ihnen nähren, wenn du etwas daraus ziehen willst, das nachhaltig in der Seele haften bleibt. Nirgends ist, wer überall ist. Wer sein Leben auf Reisen zubringt, dem geht es so, dass er viele Gastfreunde, aber keine Freunde

hat. Ebenso widerfährt es notwendig denen, die sich nicht einem bedeutenden Geist vertraut anschließen, sondern an allem schnell und eilig vorübergehen. (3) Keine Speise nützt, noch wird sie vom Körper aufgenommen, die nach dem Genuss sofort wieder von sich gegeben wird. Nichts hindert die Genesung so wie der häufige Wechsel der Arzneimittel. Die Wunde vernarbt nicht, an der Heilmittel ausprobiert werden. Die Pflanze erstarkt nicht, die häufig versetzt wird. Nichts ist so nützlich, dass es im Vorübergehen hilft. Eine Menge von Büchern zerstreut. Da du also nicht so viel lesen kannst, wie du haben möchtest, so genügt es, so viel zu haben, wie du lesen kannst.

(4) »Aber«, sagst du, »ich mag gern bald dieses, bald jenes Buch aufschlagen.« Es ist Zeichen eines verwöhnten Magens, von vielem zu kosten. Wo die Speisen ein wildes Durcheinander sind, verunreinigen sie, aber nähren nicht. Daher lies immer nur bewährte Autoren, und hast du einmal Lust gehabt, dich anderen zuzuwenden, dann kehre wieder zu den früheren zurück. Verschaffe dir täglich etwas Hilfe gegen die Armut, gegen den Tod und nicht minder gegen die übrigen Übel. Und wenn du vieles überflogen hast, so greife eines heraus, das du an diesem Tag verdauen kannst.

(5) Das mache ich selbst auch: Von Verschiedenem, das ich gelesen habe, halte ich etwas fest. Heute ist es dies, was ich bei Epikur gefunden habe – denn ich pflege auch ins fremde Lager hinüberzugehen, nicht als Überläufer, sondern als Kundschafter –: »Eine ehrenvolle Sache«, sagt er, »ist heitere Armut.« (6) Das ist nämlich keine Armut, wenn sie heiter ist. Nicht wer wenig hat, sondern wer mehr begehrt, ist arm. Denn was liegt daran, wieviel jemand in der Kasse, in seinen Speichern liegen hat, wieviel Vieh er weidet, wieviel er mit Zinsen ausleiht, wenn er nach Fremdem trachtet, wenn er nicht Erworbenes, sondern noch zu Erwerbendes zusammenzählt? Du fragst, was das Maß des Reichtums ist? Fürs Erste, zu haben, was nötig ist, fürs Nächste, was genug ist. Leb wohl!

Brief 3: Freundschaft

Seneca grüßt seinen Lucilius

(1) Du hast, wie du schreibst, Briefe zur Aushändigung an mich deinem Freund mitgegeben. Sodann warnst du mich, ihm nicht alles dich Betreffende mitzuteilen, weil du das nicht einmal selbst zu tun pflegst. So hast du im selben Brief behauptet und verneint, dass er dein Freund sei. Wenn du nun dieses bestimmte Wort in einem weitläufigen Sinn gebraucht hast und ihn so Freund genannt hast, wie wir alle Amtsbewerber »gute Männer« nennen, wie wir uns Begegnende, deren Namen uns nicht einfällt, als »Herren« begrüßen, dann mag das hingehen. (2) Doch wenn du irgendwen für deinen Freund hältst, dem du nicht genauso viel vertraust wie dir selbst, so irrst du gewaltig und kennst nicht hinreichend das Wesen der wahren Freundschaft. Berate dich vielmehr über alles mit deinem Freund, doch vorher berate über ihn selbst. Nach geschlossener Freundschaft muss man vertrauen, zuvor muss man beurteilen. Diejenigen aber verdrehen in verkehrter Weise die Pflichten, die in Widerspruch zu den Regeln des Theophrast urteilen, nachdem sie liebgewonnen haben, und nicht liebgewinnen, nachdem sie geurteilt haben. Überlege lange, ob jemand in den Kreis deiner Freunde aufzunehmen ist. Hast du beschlossen, es zu tun, dann nimm ihn mit ganzem Herzen auf und sprich mit ihm ebenso offen wie mit dir selbst.

(3) Freilich sollst du so leben, dass du nichts im Sinn hast, was du nicht auch deinem Feind anvertrauen könntest. Doch weil manches vorkommt, was die Gewohnheit zu Geheimnissen gemacht hat, so teile mit dem Freund alle Sorgen, alle deine Gedanken. Hältst du ihn für treu, so wirst du ihn auch dazu machen. Denn manche haben zu täuschen gelehrt, indem sie getäuscht zu werden fürchteten, und dem andern durch Argwohn ein Recht zur Verfehlung gegeben. Warum also sollte ich in Gegenwart meines Freundes irgendein Wort zurückhalten? Warum sollte ich in seiner Anwesenheit nicht

glauben allein zu sein? (4) Manche erzählen allen ihnen in den Weg Kommenden, was nur den Freunden anzuvertrauen ist, und entladen alles, was sie beschwert, in jedes beliebige Ohr. Andere wieder scheuen sogar die Mitwisserschaft derer, die ihnen die Teuersten sind, und begraben, wenn sie könnten, um nicht einmal sich selbst zu vertrauen, jedes Geheimnis in ihrem Inneren. Keins von beiden darf man tun, denn beides ist ein Fehler, sowohl allen zu trauen als auch keinem. Doch möchte ich den einen Fehler anständiger, den anderen sicherer nennen.

(5) So magst du beide tadeln, die, die immer unruhig sind, und die, die immer ruhig sind. Denn was am Trubel Gefallen findet, ist nicht Tätigsein, sondern Ruhelosigkeit eines aufgeregten Geistes. Und auch das ist keine Ruhe, was jede Bewegung für eine Störung hält, sondern Schwäche und Schlaffheit. (6) Daher wird man sich das, was ich bei Pomponius gelesen habe, zu Herzen nehmen: »Manche haben sich so sehr in ihre Schlupfwinkel verkrochen, dass sie meinen, alles sei in Aufruhr, was im Licht ist.« Das ist miteinander zu verbinden: Der Ruhende muss handeln und der Handelnde ruhen. Berate dich mit der Natur: Sie wird dir sagen, den Tag habe sie geschaffen und die Nacht. Leb wohl!

Brief 4: Befreiung von Todesfurcht

Seneca grüßt seinen Lucilius

(1) Mach weiter, wie du begonnen hast, und beeile dich, so gut du kannst, damit du dich um so länger einer fehlerfreien und ausgeglichenen Seele erfreuen kannst. Freude empfindest du freilich auch schon, während du dich verbesserst, während du dich zur Ruhe bringst. Anders jedoch ist der Genuss, den man empfindet bei der Betrachtung eines von jedem Makel reinen und glänzenden Geistes.

(2) Du erinnerst dich noch, welche Freude du empfunden hast, als du die Knabentoga ab- und die des Mannes anlegtest

und auf das Forum geführt wurdest: Größere Freude erwarte, wenn du den kindlichen Sinn abgelegt hast und die Philosophie dich unter die Männer aufgenommen haben wird. Denn noch immer dauert nicht die Kindheit, sondern, was schwerer wiegt, kindliche Sinnesart an. Und das ist deshalb schlimmer, weil wir die Autorität der Alten haben, die Fehler der Knaben, und nicht nur der Knaben, sondern von Kleinkindern: Jene fürchten sich vor Nichtigkeiten, diese vor Schauergeschichten, wir vor beidem. (3) Geh nur voran: Du wirst erkennen, dass manches so viel weniger zu fürchten ist, weil es viel Furcht verbreitet. Kein Übel ist groß, das das letzte ist. Der Tod kommt auf dich zu: Du müsstest ihn fürchten, wenn er bei dir bleiben könnte. Aber zwangsläufig ist er noch nicht da oder er ist schon vorbei.

(4) »Schwierig ist es«, sagst du, »den Geist zur Verachtung des Lebens zu bringen.« Siehst Du nicht, aus welch nichtigen Gründen es verachtet wird? Der eine hat sich vor der Haustür seiner Geliebten mit einem Strick erhängt, ein anderer vom Dach gestürzt, um seinen übellaunigen Herrn nicht länger anhören zu müssen. Wieder ein anderer hat sich, um von der Flucht nicht zurückgebracht zu werden, ein Schwert in die Eingeweide gestoßen. Glaubst du nicht, dass die Tugend das bewirken kann, was allzu große Furcht bewirkt? Niemandem kann ein sorgloses Leben zuteilwerden, der zu viel daran denkt, es zu verlängern, der viele Konsuln (viele Lebensjahre) zu den wichtigen Gütern zählt.

(5) Bereite dich täglich darauf vor, das Leben mit Gleichmut verlassen zu können, an das sich so viele klammern und halten wie solche, die vom Wildwasser fortgerissen werden, an Dornensträuchern und Scharfkantigem. Die meisten schwanken zwischen Todesfurcht und Lebensqualen elend hin und her und wollen nicht leben, können nicht sterben. (6) Mach dir also das Leben angenehm, indem du alle Besorgnis darüber abstreifst. Kein Gut hilft dem Besitzer, wenn seine Seele nicht auf den Verlust vorbereitet ist. Keine Sache aber verliert man leichter als das, was nach dem Verlust nicht

ersehnt werden kann. Daher ermutige und härte dich ab gegen das, was auch dem Mächtigsten zustoßen kann.

(7) Über den Kopf des Pompeius haben ein Unmündiger und ein Eunuch das Urteil gesprochen,[1] über Crassus ein grausamer und hochmütiger Parther; Gaius Caesar (Caligula) befahl dem Lepidus, dem Tribun Dexter den Nacken hinzuhalten, er selber bot ihn dem Chaerea dar. Niemanden hat das Schicksal so hoch erhoben, dass es ihm nicht ebenso viel androhte, wie es ihm zugestanden hat. Vertraue nicht dieser Ruhe: Augenblicklich wird das Meer aufgewühlt; am selben Tag, an dem die Schiffe dahingetänzelt sind, werden sie verschlungen. (8) Bedenke, dass ein Räuber oder ein Feind dir das Messer an die Kehle halten kann. Auch wenn kein Mächtigerer da ist, jeder Sklave hat dir gegenüber die Entscheidung über Leben und Tod. So sage ich: Wer immer sein Leben verachtet, ist Herr über deines. Geh die Beispiele derer durch, die bei Anschlägen im eigenen Haus umgekommen sind, sei es durch offene Gewalt oder durch Heimtükke. Du wirst erkennen, dass nicht weniger durch den Zorn von Sklaven umgekommen sind als durch den von Königen. Was geht es dich also an, wie mächtig derjenige ist, den du fürchtest, da das, weswegen du dich fürchtest, jeder vermag? (9) Fällst du aber etwa in die Hände von Feinden, wird dich der Sieger abführen lassen – dahin allerdings, wohin du sowieso geführt wirst (zum Tod). Was täuschst du dich selbst und erkennst erst jetzt, was du schon von jeher erleidest? So sage ich: Seit deiner Geburt wirst du (zum Tod) hingeführt. Dies und ähnliches müssen wir im Geist erwägen, wenn wir die letzte Stunde gelassen erwarten wollen, wo die Furcht vor ihr alle anderen unruhig macht.

(10) Doch, um mit dem Brief zum Schluss zu kommen, nimm mit, was mir am heutigen Tag gefallen hat – und auch

1 Der 13jährige König von Ägypten, Ptolemaios der XIII., und seine Höflinge.

das ist aus fremden Gärtchen gepflückt:[2] »Ein großer Reichtum ist eine nach dem Naturgesetz ausgerichtete Armut.« Weißt du aber, welche Grenzen uns dieses Naturgesetz vorgibt? Nicht hungern, nicht dürsten, nicht frieren. Um Hunger und Durst zu vertreiben, muss man nicht an hochmütigen Schwellen sitzen, hochmütige Blicke und kränkende Herablassung ertragen; man muss weder aufs Meer hinausfahren noch ins Feld ziehen. Leicht zu beschaffen ist, was die Natur verlangt, und naheliegend. (11) Für Überflüssiges gerät man ins Schwitzen. Das ist es, was die Toga verschleißt, was uns zwingt, im Kriegszelt alt zu werden, was uns zu fremden Gestaden treibt. Was genug ist, ist zur Hand. Wer mit der Armut gut zurechtkommt, ist reich. Leb wohl!

Brief 7: Die Menge und ihre Gefahren

Seneca grüßt seinen Lucilius

(1) Du fragst, was du nach meiner Ansicht vor allem meiden sollst? Die Menge. Du kannst dich ihr noch nicht gefahrlos aussetzen. Ich wenigstens will meine Schwäche eingestehen. Nie komme ich mit der inneren Haltung zurück, mit der ich ausgegangen bin. Etwas von dem, was ich in Ordnung gebracht habe, kommt durcheinander, etwas von dem, was ich verscheucht habe, kehrt wieder. Was Kranken begegnet, die eine lang anhaltende Schwäche so mitgenommen hat, dass sie nirgends ohne Rückfall ins Freie gebracht werden können, das widerfährt uns, deren Geist von langer Krankheit sich erholt. (2) Schädlich ist der Umgang mit der Menge. Da ist keiner, der uns nicht irgendeinen Fehler empfiehlt oder aufdrängt oder unbemerkt anhängt. Jedenfalls, je größer die Volksmenge ist, unter die wir uns mischen, desto größer ist die Gefahr.

2 Gemeint ist der Garten Epikurs, in dem er sich mit seinen Schülern versammelte.

Nichts aber ist so schädlich für einen guten Charakter, wie bei irgendeinem Schauspiel herumzusitzen, denn da schleichen sich durch das Vergnügen Laster um so leichter ein. (3) Was, denkst du, will ich damit sagen? Habgieriger kehre ich zurück, ehrgeiziger, genusssüchtiger, mehr noch grausamer und unmenschlicher, weil ich unter Menschen war. Zufällig kam ich in eine Mittagsvorstellung und erwartete Unterhaltung, Witziges und etwas Entspannung, wo sich die Augen der Menschen vom menschlichen Blut erholen dürfen.[3] Das Gegenteil war der Fall: Die vorherigen Kämpfe waren barmherzig. Nun lässt man die Mätzchen und es ist der reine Mord. Sie haben nichts, womit sie sich schützen können. Da sie den Hieben mit dem ganzen Körper ausgesetzt sind, stößt die Hand niemals vergeblich zu. (4) Das ziehen die meisten den üblichen und wunschgemäß zusammengestellten Kämpferpaaren vor. Warum sollten sie es auch nicht vorziehen? Kein Helm, kein Schild wehrt das Schwert ab. Wozu einen Schutz? Wozu ausgefeilte Technik? All das zögert den Tod nur hinaus. Morgens wirft man Menschen den Löwen und Bären vor, mittags ihren Zuschauern. Mörder lässt man künftigen Mördern vorwerfen und spart den Sieger für ein weiteres Gemetzel auf. Das Ende ist der Tod der Kämpfer. Mit Feuer und Schwert wird die Sache ausgetragen. Das geht so, bis die Arena leer ist. (5) »Doch mancher von denen hat einen Raubüberfall verübt, einen Menschen ermordet.« Was dann? Weil er gemordet hat, hat er verdient, das zu erleiden? Was hast du Armseliger verdient, dass du das anschaust? »Töte, schlag zu, brenne! Warum läuft er so furchtsam ins Schwert? Warum tötet er zu wenig waghalsig? Warum stirbt er so unwillig? Mit Peitschenhieben treibe man sie den Wunden zu! Gegenseitige Schwertstreiche sollen sie mit nackter und hingehaltener Brust entgegennehmen!« Es gibt eine Kampfpau-

3 Üblicherweise sollte es demnach bei den Vorstellungen im Zirkus in der Mittagszeit ein leichteres und heiteres Programm zwischen den Gladiatorenkämpfen geben.

se. »Schneidet ein paar Leuten die Kehle durch, damit wenigstens etwas geschieht!« Nun gut, ihr begreift nicht einmal, dass schlechte Beispiele auf die zurückfallen, die sie geben. Dankt den unsterblichen Göttern, dass ihr den grausam zu sein lehrt, der es nicht lernen kann.[4]

(6) Fernhalten muss man von der Menschenmenge eine zarte und auf dem rechten Weg noch zu wenig gefestigte Seele: Leicht tritt man zur Mehrheit über. Selbst einen Sokrates, Cato und Laelius hätte eine ihnen unähnliche Menge aus ihrer sittlichen Haltung herauszuwerfen vermocht. So viel weniger kann jemand von uns, die wir noch sehr an der Verbesserung unserer Geisteskraft arbeiten, dem Ansturm der Laster standhalten, die mit so großem Gefolge heranziehen. (7) Ein einziges Beispiel von Schwelgerei oder Habsucht stiftet viel Unheil. Ein verwöhnter Tischgenosse macht uns allmählich schlaff und weichlich; ein reicher Nachbar erregt unsere Begehrlichkeit; ein bösartiger Gefährte steckt einen noch so reinen und einfachen Charakter mit seiner Verdorbenheit an. Was, glaubst du, wird den Charaktern begegnen, die dem Ansturm der ganzen Öffentlichkeit ausgesetzt sind? (8) Notwendig musst du entweder nachahmen oder hassen. Beides aber ist zu vermeiden: Werde nicht den Schlechten ähnlich, weil sie viele sind, noch den Vielen feindlich, weil sie dir unähnlich sind. Ziehe dich in dich selbst zurück, so weit du kannst. Verkehre mit denen, die dich besser machen können, und gewähre solchen den Zutritt, die du besser machen kannst. Das geschieht gegenseitig, und die Menschen lernen, indem sie lehren. (9) Es gibt keinen Grund, dass dich der Ehrgeiz, dein Talent bekannt zu machen, unter die Leute führt, mit der Absicht, ihnen etwas vorzulesen oder mit ihnen zu diskutieren. Ich wollte, dass du das tust, wenn du für

4 Wer mit demjenigen gemeint ist, der Grausamkeit nicht lernen wird, ist unklar. Es könnte eine Schmeichelei gegenüber Kaiser Nero sein, allerdings hat Seneca zur Abfassungszeit des Briefes sich schon von ihm entfremdet. Seneca könnte auch sich selbst gemeint haben.

dieses Volk die passende Ware hättest: Aber darunter ist niemand, der dich verstehen könnte. Irgendwer vielleicht, der eine oder andere wird dir begegnen, und selbst diesen wirst du erst heranbilden und unterweisen müssen, damit er dich versteht. »Für wen also habe ich dies gelernt?« Du brauchst nicht zu fürchten, dass deine Mühe verloren ist, wenn du für dich gelernt hast.

(10) Doch um heute nicht für mich allein gelernt zu haben, will ich dir drei hervorragende Aussprüche ungefähr desselben Sinnes mitteilen, auf die ich gestoßen bin. Mit einem von ihnen löst dieser Brief seine Schuld ein, zwei nimm als Vorschuss an. Demokrit sagt: »Einer gilt mir so viel wie das ganze Volk und das ganze Volk so viel wie einer.« (11) Gut antwortete auch jener, wer immer es war – über den Verfasser ist man sich nämlich im Unklaren –, als er gefragt wurde, was denn die so große Sorgfalt in einer Wissenschaft bezwecke, die sich nur ganz wenigen erschließe: »Mir genügen wenige, mir genügt einer, mir genügt keiner.« Vortrefflich ist auch dieser dritte Satz, den Epikur einem aus seiner Studiengemeinschaft schrieb: »Dies schreibe ich nicht für viele, sondern für dich: denn wir sind einer dem andern ein hinreichend großes Publikum.« (12) Dies, mein Lucilius, musst du in deinem Herzen bewahren, um das aus der Zustimmung der Menge entspringende Hochgefühl zu verachten. Viele loben dich. Hast du etwa einen Grund, dir zu gefallen, wenn du jemand bist, den viele verstehen? Nach innen sollen deine Vorzüge schauen. Leb wohl!

Brief 8: Aktive Muße

Seneca grüßt seinen Lucilius

(1) »Du forderst mich auf«, sagst du, »die Menge zu meiden, mich zurückzuziehen und mit meinem Gewissen zufrieden zu sein. Wo bleiben da eure bekannten Grundsätze, die ge-

bieten, mitten im Tätigsein zu sterben?« Was denn? Scheine ich dir zur Untätigkeit zu raten? Ich habe mich zurückgezogen und die Türen geschlossen, um möglichst vielen nützen zu können. Kein Tag vergeht im Müßiggang, einen Teil der Nächte widme ich dem Studium. Ich nehme mir keine Zeit für den Schlaf, sondern erliege ihm und halte noch meine vom Wachsein müden und zufallenden Augen auf die Arbeit gerichtet. (2) Ich habe mich nicht nur von den Menschen zurückgezogen, sondern auch von den Dingen und vor allem von meinen eigenen. Ich kümmere mich um die Angelegenheiten der Nachwelt. Für sie schreibe ich einiges auf, was ihr nützen kann. Heilsame Ermahnungen, gleichsam Rezepte für nützliche Arzneimittel, bringe ich zu Papier, nachdem ich ihre Wirksamkeit an meinen eigenen Geschwüren erprobt habe, die, wenn sie auch noch nicht völlig ausgeheilt sind, doch wenigstens aufgehört haben, um sich zu greifen. (3) Den rechten Weg, den ich erst spät und müde vom Herumirren erkannt habe, zeige ich jetzt andern. Ich rufe: »Meidet alles, was der Masse gefällt, was der Zufall bringt. Bei jedem Glücksfall haltet argwöhnisch und ängstlich inne. Das Wild und die Fische lassen sich durch irgendeine verlockende Hoffnung täuschen. Haltet ihr sowas für Geschenke des Glücks? Es sind Fallen. Jeder von euch, der ein sicheres Leben führen will, meide so gut er kann diese Leimköder, bei denen wir Elenden auch darin getäuscht werden: Wir glauben sie nur zu halten, und kleben fest. (4) In Abgründe führt diese Bahn; eines solch hochtrabenden Lebens Ende ist der Fall. Schließlich kann man nicht einmal Widerstand leisten, wenn das Glück begonnen hat, uns auf die schräge Bahn zu führen, oder wenigstens aufrecht und auf einmal fallen. Das Schicksal wirft uns nicht einfach um, sondern lässt uns kopfüber stürzen und schleudert uns herum.

(5) Haltet also fest an dieser gesunden und heilsamen Lebensweise, dass ihr dem Körper nur so viel zugesteht, als für die Gesundheit genügt. Er muss etwas hart behandelt werden, damit er dem Geist nicht schlecht gehorcht: Die Speise stille

den Hunger, der Trank lösche den Durst, die Kleidung halte die Kälte ab, das Haus sei ein Schutz gegen die Widrigkeiten der Jahreszeiten. Ob es nun aus Rasenstücken errichtet ist oder buntem Stein aus einem fernen Land, spielt keine Rolle. Ihr sollt wissen, dass der Mensch unter einem Strohdach ebenso gut geschützt ist wie unter einem goldenen. Verachtet alles, was überflüssige Bemühung als Schmuck und Zierrat anbringt. Bedenkt, dass nichts als der Geist bewundernswert ist, für den es, ist er selbst groß, nichts Großes gibt.«

(6) Wenn ich so mit mir selbst, so mit der Nachwelt spreche, glaubst du nicht, dass ich nützlicher bin, als wenn ich als Anwalt zum Verhandlungstermin ginge oder einem Testament den Siegelring aufdrückte oder im Senat einem Amtsbewerber meine Hand und Stimme zur Verfügung stellte? Glaube mir, die nichts zu tun scheinen, tun Größeres: Sie beschäftigen sich mit Menschlichem und Göttlichem zugleich.

(7) Aber schon muss ich Schluss machen und etwas, wie ich es mir vorgenommen habe, für diesen Brief bezahlen. Ich begleiche es nicht aus meinem Vermögen: Immer noch beuten wir Epikur aus, von dem ich heute folgenden Ausspruch gelesen habe: »Der Philosophie muss man dienen, um wahre Freiheit zu erlangen«. Nicht wird von Tag zu Tag hingehalten, wer sich ihr unterworfen und hingegeben hat: Sofort wird er im Kreis herumgeführt.[5] Denn gerade dies, der Philosophie zu dienen, ist Freiheit. (8) Kann sein, dass du mich fragst, weshalb ich von Epikur so viele treffende Aussprüche lieber anführe als von den Unseren (den Stoikern). Doch welchen Anlass hast du anzunehmen, dass diese Worte Epikur gehören und nicht Allgemeingut sind? Wieviele Dichter sagen, was Philosophen gesagt haben oder sagen sollten? Ich will nicht die Tragiker oder unsere römischen Komödien nennen – die enthalten nämlich auch einiges Ernsthaftes und stehen in der Mitte zwischen Komödien und Tragödien. Wieviele der

5 Zum Zeichen ihrer Freilassung wurden Sklaven im Kreis herumgeführt.

treffendsten Verse finden sich in den volkstümlichen Possen! Wieviele des Publilius müssten nicht von komödiantischen, sondern von tragischen Schauspielern gesprochen werden! (9) Einen Vers von ihm, der die Philosophie betrifft, und zwar den Teil, den wir eben behandelt haben, möchte ich zitieren, in dem er bestreitet, dass wir Zufälliges als unseren Besitz betrachten dürfen: »Ein fremdes Gut ist alles, was wunschgemäß eintritt«. (10) Ich erinnere mich, dass du diesen Gedanken weit besser und treffender ausgedrückt hast: »Nicht dein ist, was der Zufall zu Deinem macht«. Auch will ich den folgenden, noch besseren Ausspruch von dir nicht übergehen: »Ein Gut, das gegeben werden kann, kann wieder genommen werden«. Das rechne ich nicht als Zahlung an: Ich gebe dir von dem Deinen. Leb wohl!

Brief 9: Der Weise und die Freundschaft

Seneca grüßt seinen Lucilius

(1) Du möchtest wissen, ob Epikur diejenigen mit Recht tadelt, die sagen, der Weise sei sich selbst genug und bedürfe deshalb keines Freundes. Dies wirft Epikur dem Stilpon vor und denjenigen, denen eine leidenschaftsfreie Seele als das höchste Gut erscheint. (2) Man muss aber notwendig in eine Zweideutigkeit geraten, wenn man *apatheia* kurzweg durch ein Wort ausdrücken und *impatientia* sagen will, denn man kann darunter gerade das Gegenteil von dem verstehen, was wir ausdrücken wollen. Wir wollen damit den bezeichnen, der jede negative Empfindung zurückweist, und man wird darunter den verstehen, der gar kein Übel ertragen könne. Siehe also zu, ob es nicht passender ist, von einer unverwundbaren Seele zu sprechen oder von einer, die über allem Leiden steht. (3) Das ist der Unterschied zwischen uns und jenen:[6] Unser Weiser besiegt zwar jedes Ungemach, aber er

6 Zwischen den Stoikern und den Anhängern Stilpons.

empfindet es, der Ihrige empfindet es nicht einmal. Gemeinsam ist jenen und uns, dass der Weise sich selbst genug ist. Dennoch aber wünscht er einen Freund, einen Nachbarn, einen Gefährten zu haben, wiewohl er sich selbst genügt. (4) Sieh, wie er sich selbst genug ist: Bisweilen genügt ihm schon ein Teil seiner selbst. Wenn ihn eine Krankheit oder ein Feind einer Hand beraubt, wenn ein Unfall ihm eines oder beide Augen ausgestoßen hat, wird ihn zufriedenstellen, was ihm übriggeblieben ist, und er wird mit beeinträchtigtem und verstümmeltem Körper ebenso vergnügt sein wie mit einem unversehrten. Aber wenn er auch nicht vermisst, was ihm fehlt, so ist es ihm doch lieber, es fehlte nicht.

(5) In diesem Sinne ist der Weise sich selbst genug, nicht dass er ohne Freund sein will, sondern dass er es kann. Und mit »er kann es« meine ich: Seinen Verlust erträgt er mit Gleichmut. Ohne Freund wird er übrigens nie sein: Es liegt in seiner Hand, wie schnell er wieder einen gewinnen will. So wie Phidias, wenn ihm eine Statue misslungen ist, sofort eine andere verfertigen wird, so wird dieser, ein Künstler im Stiften von Freundschaften, einen andern an die Stelle des Verlorenen setzen. (6) Du fragst, wie er so schnell einen Freund gewinnen kann? Ich will es dir sagen, wenn wir uns einig sind, dass ich dir meine Schuld sofort begleiche und wir, was diesen Brief betrifft, quitt sind. Hekaton sagt: »Ich will dir ein Liebesmittel zeigen ohne eine Medizin, ohne ein Kraut, ohne Spruch einer Zauberin: Willst du geliebt werden, so liebe.« Es gewährt aber nicht nur die Pflege einer alten und bewährten Freundschaft große Freude, sondern auch der Beginn und die Anbahnung einer neuen. (7) So wie ein Unterschied ist zwischen einem Bauern, der erntet, und einem, der sät, so zwischen dem, der einen Freund gewonnen hat, und dem, der ihn gerade gewinnt. Der Philosoph Attalos pflegte zu sagen, es sei erfreulicher, einen Freund zu gewinnen, als schon zu haben, »so wie es für einen Maler erfreulicher ist, zu malen, als gemalt zu haben«. Jene Erregung bei der Tätigkeit an seinem eigenen Werk verschafft höchste

Freude gerade während der Beschäftigung. Nicht in gleicher Weise freut sich, wer vom fertigen Werk die Hand weggenommen hat. Er genießt schon die Frucht seiner Kunst, die Kunst selbst genoss er, während er malte. Fruchtbringender ist die Jugendzeit der Kinder, lieblicher ihre Kindheit.

(8) Jetzt lass uns auf unser Thema zurückkommen. Der Weise wünscht, auch wenn er sich selbst genügt, doch einen Freund zu haben, und wäre es nur aus dem Grund, um Freundschaft zu üben, damit eine so große Tugend nicht brachliegt. Nicht deswegen, wie Epikur in dem genannten Brief sagte, »um jemanden zu haben, der bei ihm sitzt, wenn er krank ist, der ihm beisteht, wenn er in Gefangenschaft oder in Not ist«, sondern um jemanden zu haben, an dessen Krankenbett er selbst sitzen, den er selbst aus feindlicher Gefangenschaft befreien kann. Wer nur sich sieht und deshalb eine Freundschaft eingeht, ist schlecht beraten: Wie sie begonnen hat, so wird sie enden. Er hat sich einen Freund verschafft, der ihn gegen Gefangennahme schützen soll: Sobald die Kette klirrt, wird er verschwinden. (9) Das sind Freundschaften, die das Volk ›so wechselhaft wie das Wetter‹ nennt. Wer um des Nutzens willen angenommen ist, wird gefallen, solange er nützlich ist. Daher umgibt eine Schar von Freunden die Erfolgreichen, um die Abgestürzten herrscht Einsamkeit, und von da, wo sie auf die Probe gestellt werden, machen sich die Freunde davon. Daher kommt diese Menge abscheulicher Beispiele von den einen, die ihre Freunde aus Furcht im Stich ließen, und den anderen, die sie aus Furcht verrieten. Der Anfang und das Ende müssen einander notwendig entsprechen. Wer ein Freund zu sein begonnen hat, weil es ihm nützt (*zu ergänzen ist:* wird die Freundschaft auch beenden, wenn es ihm nützt). Irgendein Vorteil, der gegen die Freundschaft steht, wird ihm gefallen, wenn ihm an ihr irgendetwas anderes gefällt außer ihr selbst. (10) »Wozu verschaffst du dir einen Freund?« Um jemanden zu haben, für den ich sterben kann, um jemanden zu haben, dem ich in die Verbannung folge, dessen Tod ich mich entgegenstelle und

für den ich mich aufopfere. Was du beschreibst, ist ein Geschäft, nicht Freundschaft, das auf seinen Vorteil gerichtet ist, das den möglichen Gewinn im Blick hat.

(11) Unzweifelhaft hat die Leidenschaft Liebender Ähnlichkeit mit der Freundschaft. Man könnte sie eine verzückte Freundschaft nennen. Liebt denn nun jemand des Gewinnes oder der Ehre oder des Ruhmes wegen? Die Liebe als solche entflammt, alles andere hintansetzend, die Herzen zur Begierde nach der schönen Gestalt, nicht ohne Hoffnung auf gegenseitige Zuneigung. Wie ist es nun? Entsteht aus einer edleren Ursache eine schändliche Leidenschaft? (12) »Es geht jetzt«, sagst du, »nicht darum, ob die Freundschaft um ihrer selbst willen erstrebenswert sei.« Ganz im Gegenteil, nichts muss genauer untersucht werden, denn wenn sie um ihrer selbst willen erstrebenswert ist, kann sich auf sie einlassen, wer sich selbst genug ist. Wie geht er also an sie heran? Wie an etwas Wunderschönes, nicht von Gewinnstreben beherrscht noch durch die Wechselhaftigkeit des Schicksals abgeschreckt. Es entkleidet der Freundschaft ihrer Erhabenheit, wer sie nur für gute Zeiten eingeht.

(13) »Der Weise ist sich selbst genug.« Dies, mein Lucilius, interpretieren die meisten verkehrt. Sie halten den Weisen von allem fern und zwingen ihn, sich auf sich selbst zu beschränken. Man muss aber unterscheiden, was diese Behauptung besagt und wie weit sie geht. Der Weise ist sich selbst genug, um glücklich zu leben, nicht, um überhaupt zu leben: Zu diesem bedarf er nämlich vieler Dinge, zu jenem nur eines gesunden, erhabenen Geistes, der das Schicksal verachtet. (14) Ich will dich auch noch auf eine Unterscheidung des Chrysippos hinweisen. Er sagt, dem Weisen ermangele nichts, und dennoch bedürfe er vieler Dinge. »Der Tor dagegen braucht nichts – denn er weiß es nicht zu gebrauchen –, aber es mangelt ihm an allem.« Der Weise braucht Hände und Augen und viele andere zum täglichen Leben erforderliche Dinge, aber es mangelt ihm an nichts. Denn Mangel beruht auf Notwendigkeit, für den Weisen aber ist nichts notwendig.

(15) Mag er sich also selbst genug sein, so bedarf er doch der Freunde. Deren wünscht er möglichst viele zu haben, nicht um glücklich zu leben, er lebt nämlich auch ohne Freunde glücklich. Das höchste Gut sucht keine äußeren Hilfsmittel, es wird daheim gepflegt, es beruht ganz auf sich selbst. Es beginnt dem Schicksal unterworfen zu sein, wenn es einen Teil seiner selbst draußen sucht.

(16) Wie jedoch wird sich das Leben des Weisen gestalten, wenn er ohne Freunde dasteht, ins Gefängnis geworfen oder unter irgendeinem fremden Volk allein gelassen oder auf langer Seefahrt festgehalten oder an ein ödes Gestade verschlagen? So wie das Leben Jupiters, wenn er, nachdem die Welt aufgelöst ist und die Götter in eins aufgegangen sind, während die Natur für eine kurze Zeit stillsteht, seinen Gedanken hingegeben in sich ruht. Etwas in der Art tut der Weise: Er birgt sich in sich selbst, er ist mit sich allein.

(17) So lange er nun freilich seine Angelegenheiten nach eigenem Gutdünken einrichten kann, ist er sich selbst genug und heiratet, er ist sich selbst genug und zieht Kinder groß, er ist sich selbst genug und doch wird er nicht leben mögen, wenn er ohne einen Menschen leben sollte. Zur Freundschaft zieht ihn nicht eigener Nutzen, sondern ein natürlicher Drang. Denn wie uns ein Verlangen nach anderen Dingen angeboren ist, so auch nach Freundschaft. Wie die Einsamkeit verhasst ist und wie das Verlangen nach Geselligkeit besteht, wie die Natur den Menschen mit dem Menschen verbindet, so ist auch hierin ein Reiz vorhanden, der uns nach Freundschaften streben lässt.

(18) Nichtsdestoweniger wird der Weise, obgleich er seine Freunde innigst liebt, obgleich er sie sich gleichstellt, oft sogar sich vorzieht, dennoch all sein Gut auf sein Inneres beschränken und sagen, was der genannte Stilpon sagte, gegen den der Brief Epikurs sich richtet. Dieser nämlich antwortete, als er nach Einnahme seiner Vaterstadt, nach Verlust der Kinder und seiner Frau, dem alles vernichtenden Brand allein, aber doch glücklich entkommen war, auf die Frage des

Demetrios, der nach der Zerstörung von Städten den Beinamen Poliorketes (Städtebelagerer) trug, ob er etwas verloren habe: »All mein Gut habe ich bei mir.« (19) Sieh, welch ein tapferer und starker Mann! Selbst seines Feindes Sieg hat er besiegt. »Ich habe nichts verloren«, sagte er: So hat er jenen gezwungen, daran zu zweifeln, ob er gesiegt habe. »All das Meine habe ich bei mir«: Gerechtigkeit, Tugend, Klugheit und eben diesen Grundsatz, nichts als ein Gut zu betrachten, was entrissen werden kann. Wir bewundern manche Tiere, die ohne Schaden für ihren Körper mitten durch das Feuer hindurchgehen: Um wieviel bewundernswerter ist der Mann, der durch Waffen, Trümmer und Feuer hindurch unverletzt und unbeschädigt entkam! Du siehst, wieviel leichter es ist, ein ganzes Volk als einen Mann zu besiegen? Diesen Ausspruch hat er mit dem Stoiker gemeinsam: Ebenso trägt dieser seine Güter unversehrt durch eingeäscherte Städte. Er ist nämlich sich selbst genug: Innerhalb dieser Grenze beschreibt er sein Glück.

(20) Und damit du nicht glaubst, dass nur wir (Stoiker) mit so großartigen Worten um uns werfen: Sogar Stilpons Kritiker selbst, Epikur, hat eine ähnliche Äußerung getan, die du mir gutschreiben magst, auch wenn ich meine Schuld für diesen Tag schon beglichen habe. »Wem das Seinige nicht als alles umfassend erscheint«, sagt er, »der ist, wäre er auch Herr der ganzen Welt, dennoch unglücklich.« Oder, wenn es dir so besser ausgedrückt scheint – denn wir sollen uns nicht an den Wortlaut halten, sondern an den Sinn –: »Unglücklich ist, wer sich nicht für den Glücklichsten hält, und wenn er die ganze Welt beherrschte.« (21) Damit du aber weißt, dass diese Gedanken Allgemeingut sind, da doch von der Natur selbst vorgegeben, so wirst du bei einem Komödiendichter finden: »Nicht glücklich ist, wer nicht glaubt, dass er's sei.« Denn was liegt daran, wie dein Zustand ist, wenn er dir schlecht erscheint? (22) »Wie denn also«, sagst du, »wenn irgendeiner sich glücklich nennt, der unehrenhaft reich geworden ist und Herr über Viele, aber selbst Sklave von noch mehr,

wird er durch seine eigene Einschätzung glücklich werden?« Es kommt nicht darauf an, was er sagt, sondern was er fühlt, auch nicht, was er eben heute, sondern was er beständig fühlt. Du brauchst aber nicht zu befürchten, dass etwas so Bedeutendes an einen Unwürdigen gerät. Nur einem Weisen gefällt das Seine, jede Torheit leidet an Selbstüberdruss. Leb wohl!

Brief 10: Einsamkeit

Seneca grüßt seinen Lucilius

(1) So ist es, ich ändere meine Meinung nicht: Fliehe vor der Menge, fliehe vor den Wenigen, fliehe auch vor einem. Ich habe keinen, mit dem ich dich in Gemeinschaft setzen möchte. Und siehe, wie du in meinem Urteil stehst: Ich wage, dich dir selbst anzuvertrauen. Krates, ein Zuhörer eben des Stilpon, den ich in meinem vorigen Brief erwähnte, soll, als er einen einsam herumspazierenden Jüngling erblickte, gefragt haben, was er da so allein mache. »Ich spreche mit mir selbst«, antwortete der. Darauf erwiderte Krates: »Ich bitte dich, nimm dich in Acht und pass sorgfältig auf, du redest mit einem schlechten Menschen.« (2) Einen Trauernden und Furchtsamen pflegen wir zu überwachen, damit er in der Einsamkeit nichts Schlimmes tut. Unter den Unverständigen gibt es keinen, den man sich selbst überlassen darf. Dann schmieden sie böse Pläne, dann ersinnen sie künftige Gefahren für andere oder für sich selbst, dann lassen sie ihre verderblichen Begierden antreten, dann bringt der Geist alles, was er vorher aus Furcht oder Scham verborgen hat, zum Vorschein, dann schärft er die Kühnheit, reizt die Leidenschaft, stachelt den Jähzorn an. Schließlich geht der einzige Vorteil, den die Einsamkeit hat, keinem etwas anzuvertrauen und keinen Spitzel zu fürchten, für den Toren verloren: Er verrät sich selbst. Sieh daher, was ich von dir hoffe, nein, was ich mir verspreche – denn Hoffnung ist der Name eines un-

gewissen Gutes: Ich finde keinen, mit dem ich dich lieber zusammen sehen möchte als mit dir selbst.

(3) Ich erinnere mich noch, mit welch hoher Gesinnung du manche Worte vorgetragen hast, voll von großer Stärke. Da beglückwünschte ich mich sofort und sagte: »Das sind keine Lippenbekenntnisse, diese Worte stehen auf festem Grund. Dieser Mensch ist nicht einer aus dem großen Haufen, er trachtet nach seinem Heil.« (4) So sprich, so lebe; sieh zu, dass dich nichts niederdrückt! Deine früheren Wünsche magst du den Göttern erlassen, nimm andere von Neuem auf: Bitte um gute Gesinnung, Gesundheit der Seele, dann schließlich des Körpers. Warum solltest du diese Wünsche nicht oft äußern? Bitte kühn den Gott: Du wirst ihn um nichts Fremdes bitten.

(5) Aber um nach meiner Gewohnheit den Brief mit einem kleinen Geschenk abzuschicken, wahr ist, was ich bei Athenodoros gefunden habe: »Dann, sollst du wissen, bist du von allen Begierden befreit, wenn du dahin gekommen bist, dass du Gott um nichts anderes bittest, als du in aller Öffentlichkeit erbitten kannst.« Denn wie groß ist jetzt der Irrsinn der Menschen! Die schändlichsten Wünsche flüstern sie den Göttern zu. Wenn jemand lauscht, verstummen sie, und was kein Mensch wissen soll, erzählen sie dem Gott. Sieh daher zu, ob nicht dies heilsam empfohlen werden könnte: Lebe mit den Menschen so, als ob es ein Gott sähe, und sprich mit Gott so, als ob die Menschen es hörten. Leb wohl!

Brief 12: Das Altern

Seneca grüßt seinen Lucilius

(1) Wohin ich mich auch wende, erblicke ich Beweise meines hohen Alters. Ich war auf mein Gut vor der Stadt gekommen und klagte über die Kosten des baufälligen Gebäudes. Der Verwalter sagte, nicht seine Nachlässigkeit trage die Schuld

daran, er tue alles, aber das Landhaus sei eben alt. Dieses Landhaus aber ist unter meinen Händen emporgewachsen. Was soll aus mir werden, wenn Steine meines Alters schon so morsch sind? (2) Erzürnt auf ihn ergreife ich die nächste Gelegenheit, meinen Ärger auszulassen. »Es ist ganz offenbar«, sage ich, »dass diese Platanen vernachlässigt werden: Sie haben kein Laub. Wie knorrig und verdorrt sind die Äste, wie verkümmert und ungepflegt die Stämme! Das wäre nicht so, wenn jemand den Boden um sie herum auflockerte und sie bewässerte.« Er schwört bei meinem Schutzgeist, er tue alles, seine Sorgfalt fehle in keiner Hinsicht – aber sie seien eben alt. Unter uns gesagt: Ich selbst hatte sie gepflanzt, ich hatte ihr erstes Blatt gesehen. (3) Ich wende mich zur Tür: »Wer ist das dort?«, frage ich. »Dieser Altersschwache und mit Recht an die Türe gestellt, denn er schaut schon zu ihr hinaus.[7] Wo hast du den aufgetrieben? Wie konnte es dir Vergnügen machen, einen fremden Leichnam aufzunehmen?« Aber jener sagt: »Erkennst du mich nicht? Ich bin Felicio, dem du oft Figürchen mitgebracht hast. Ich bin der Sohn des Verwalters Philositus, dein kleiner Liebling.« »Der Mensch ist völlig verrückt«, sage ich, »noch als kleiner Junge ist er mein Liebling geworden?« – »Das kann wohl sein; es fallen ihm gerade die Zähne aus.«

(4) Das verdanke ich meinem Landgut, dass mir, wohin ich mich auch wandte, mein Greisenalter vor die Augen trat. Wir wollen es umarmen und lieben. Es ist voller Freude, wenn man es zu nutzen weiß. Am meisten schätzt man Obst, wenn seine Zeit zu Ende geht. Die Kindheit hat ihren größten Liebreiz am Ende. Weinliebhaber erfreut der letzte Trunk am meisten, jener, der sie versinken lässt und den Rausch vollendet. (5) Das Schönste, was jede Lust in sich schließt, hebt sie für's Ende auf. Am angenehmsten ist das Lebensalter, das sich schon abwärts neigt, aber doch nicht jählings stürzt, und

7 Die Toten wurden mit dem Gesicht gegen die Haustür gekehrt im Atrium aufgebahrt.

auch das auf der letzten Stufe Stehende hat meines Erachtens noch seine Freuden. Oder es tritt eben dies an die Stelle der Freuden, keiner mehr zu bedürfen. Wie süß ist es, die Begierden ermüdet und hinter sich gelassen zu haben!

(6) »Es ist lästig«, sagst du, »den Tod vor Augen zu haben.« Erstens muss diesen der Greis genauso wie der Jüngling vor Augen haben, denn wir werden nicht nach Altersklassen abberufen. Sodann ist niemand so sehr Greis, dass es ungehörig wäre, noch auf einen weiteren Tag zu hoffen. Ein Tag aber ist eine Stufe des Lebens. Die ganze Lebenszeit besteht aus Teilen und hat Kreise, von denen die größeren die kleineren umschließen. Einer ist es, der alle umfasst und einschließt: Er zieht sich vom Geburts- bis zum Todestag. Ein zweiter schließt die Jugendjahre ein; ein anderer umspannt mit seinem Umfang die ganze Kindheit. Schließlich das Jahr als solches, das alle Zeitabschnitte in sich fasst, aus deren Vervielfachung das Leben sich zusammensetzt. Der Monat wird von einem engeren Kreis umgürtet und den engsten Ring hat der Tag, doch auch dieser geht von Anfang bis Ende, vom Aufgang bis zum Untergang. (7) Daher sagt Heraklit, dem die Dunkelheit seiner Sprache seinen Beinamen (›Der Dunkle‹) gegeben hat: »Ein Tag ist jedem gleich.« Das hat der eine so, der andere anders verstanden. Der eine sagt nämlich, er sei gleich an Stunden, und damit liegt er nicht falsch. Denn wenn ein Tag die Zeitspanne von 24 Stunden hat, müssen notwendig alle Tage einander gleich sein, weil die Nacht enthält, was der Tag verloren hat. Ein anderer sagt, ein Tag sei allen anderen gleich durch die Ähnlichkeit, denn auch die längste Zeitspanne enthält nichts, was man nicht auch in einem Tag finden könnte, Licht und Dunkelheit. Und auch hinsichtlich der abwechselnden Weltperioden verhält er sich vergleichbar, einmal kürzer, ein andermal länger.[8]

(8) Daher hat man jeden Tag so einzurichten, als ob er die ganze Reihe beschließt und das Leben vollendet und

8 Die Stelle ist nicht eindeutig, da unvollständig überliefert.

erfüllt. Pacuvius, der sich Syrien durch Ausbeutung zu eigen gemacht hat, wurde, wenn er sich selbst mit Wein und Leichenschmaus ein Totenopfer dargebracht hatte, so von der Speisetafel in das Schlafzimmer gebracht, dass unter Beifall seiner Lustknaben mit Musikbegleitung Folgendes gesungen wurde: *βεβίωται, βεβίωται* (›Ich habe gelebt, ich habe gelebt‹). An jedem Tag ließ er sich zu Grabe tragen. (9) Das, was jener mit schlechtem Gewissen tat, wollen wir guten Gewissens tun und bevor wir schlafen gehen fröhlich und heiter sagen: »Ich habe gelebt und den vom Schicksal bestimmten Lauf vollendet.« (Vergil) Fügt Gott noch den morgigen Tag hinzu, so lass ihn uns freudig annehmen. Der ist der glücklichste und sorgenfreieste Besitzer seiner selbst, der das Morgen ohne Unruhe erwartet. Jeder, der gesagt hat: »Ich habe gelebt«, steht täglich zu seinem Gewinn auf.

(10) Aber schon muss ich den Brief abschließen. »So wird er ohne Zugabe bei mir ankommen?«, sagst du. Hab' keine Angst, er bringt etwas mit. Warum sagte ich »etwas«? Viel! Denn was ist herrlicher als dieser Ausspruch, den ich ihm übergebe, ihn dir zu bringen: »Schlimm ist es, unter Zwang zu leben, doch nichts zwingt uns, unter Zwang zu leben.« (Epikur) Wieso nichts? Überall öffnen sich Wege zur Freiheit, viele, kurze und leichte. Danken wir Gott, dass niemand im Leben festgehalten werden kann. (11) »Epikur«, erwiderst du, »hat es gesagt: Warum ziehst du Fremdes heran?« Was wahr ist, ist mein. Ich werde dabei bleiben, dir Epikur nahezubringen, damit die Leute, die auf Worte schwören und nicht, was gesagt wird, schätzen, sondern von wem, wissen: Das Beste ist Allgemeingut! Leb wohl!

Brief 13: Mittel gegen die Furcht

Seneca grüßt seinen Lucilius

(1) Ich weiß, dass du viel Mut hast, denn auch schon bevor du dich in heilsame und Widrigkeiten überwindende Lehren

vertieft hast, warst du dem Schicksal gegenüber mit dir hinreichend zufrieden und noch viel mehr, nachdem du dich mit ihm angelegt und deine Kräfte erprobt hast, die nie ein sicheres Selbstvertrauen gewähren können, außer wenn da und dort viele Schwierigkeiten erschienen und bisweilen tatsächlich näher gerückt sind. So bewährt sich der wahre Mut, der nie unter fremde Willkür kommen wird; das ist seine Feuerprobe. (2) Kein Athlet kann großen Kampfgeist zum Wettkampf mitbringen, der noch niemals grün und blau geschlagen worden ist: Der aber, der sein Blut gesehen hat, dessen Zähne krachten unter Faustschlägen, der niedergeworfen die ganze Last des Gegners trug und zu Boden geschleudert den Mut nicht verlor, der, so oft er fiel, trotziger wieder aufstand, der schreitet mit großer Zuversicht zum Kampf. (3) Also, um diesen Vergleich weiter zu verfolgen, oft schon lag das Schicksal über dir und doch ergabst du dich nicht, sondern sprangst auf und stelltest dich noch beherzter wieder auf. Denn herausgeforderte Tapferkeit steigert sich. Doch nimm, wenn es dir gefällt, von mir einige Hilfsmittel entgegen, durch die du dich schützen kannst.

(4) Zahlreicher, mein Lucilius, sind die Dinge, die uns schrecken, als die, welche uns tatsächlich niederhalten, und öfter leiden wir unter der Einbildung als unter der Wirklichkeit. Ich rede mit dir nicht in der Sprache der Stoiker, sondern in einer abgemildeteren. Wir (Stoiker) sagen nämlich: Alles das, was Seufzer und Gestöhne abnötigt, ist unbedeutend und nicht beachtenswert. Wir wollen diese großen, aber – ihr guten Götter – wahren Worte beiseitelassen. Nur dies rate ich dir: Sei nicht unglücklich vor der Zeit, weil das, was dich geängstigt hat, als stünde es unmittelbar bevor, vielleicht niemals eintreten wird, sicher aber noch nicht eingetreten ist. (5) Einiges also quält uns mehr, als es sollte, anderes früher, als es sollte, wieder anderes, was uns überhaupt gar nicht quälen sollte. Wir vergrößern entweder den Schmerz oder nehmen ihn voraus oder bilden ihn uns ein. Jener erste Punkt möge, weil die Sache noch strittig und der

Prozess noch im Gange ist, für den Augenblick vertagt sein. Du wirst behaupten, was ich unbedeutend nenne, sei das Schlimmste. Ich weiß, dass einige unter Geißelhieben lachen und andere bei einer Ohrfeige jammern. Wir werden später sehen, ob diese Dinge durch eigene Kraft oder durch unsere Schwäche stark sind.

(6) Das versprich mir, dass du, sooft Leute um dich herumstehen, die dir einreden wollen, du seist unglücklich, nicht bedenkst, was du hörst, sondern was du empfindest, und dass du mit deiner Gelassenheit überlegst und dich selbst befragst, der du doch das Deine am besten kennst: »Was ist der Grund, dass diese Leute mich beklagen, was ist der Grund, dass sie so unruhig sind, dass sie sogar die Berührung mit mir fürchten, als ob das Unglück auf sie überspringen könnte? Ist wirklich etwas Schlimmes daran? Oder ist die Sache mehr verrufen als schlimm?« Frage dich selbst: »Quäle und gräme ich mich etwa ohne Grund und mache zum Übel, was keines ist?«

(7) »Wie«, fragst du, »soll ich erkennen, ob das, was mich ängstigt, nichtig oder wahr ist?« Übernimm dafür diese Regel: Wir werden entweder von Gegenwärtigem oder von Zukünftigem oder von beidem gequält. Über das Gegenwärtige ist das Urteil leicht: Ist dein Körper frei, ist er gesund und gibt es keinen Schmerz wegen eines Unrechts, dann sehen wir, was in der Zukunft kommt. Heute bringt es noch keine Schwierigkeiten. (8) »Aber es wird kommen!« Fürs Erste finde heraus, ob es sichere Zeichen für ein drohendes Übel gibt, denn meistens plagen wir uns mit bloßen Vermutungen ab, und das Gerücht treibt ein Spiel mit uns, das gelegentlich einen Krieg anzettelt, viel mehr jedoch jeden Einzelnen durcheinanderbringt. So ist es, mein Lucilius, schnell schließen wir uns einem Vorurteil an, wir widerlegen nicht, was uns in Furcht versetzt, wir vertreiben es nicht, sondern zittern und wenden ihm den Rücken zu, gleich solchen, die eine von einer Viehherde aufgewirbelte Staubwolke aus dem Feldlager treibt oder die irgendeine ohne Gewährsmann verbreitete Geschichte in Schrecken versetzt. (9) Ich weiß nicht,

wie es kommt, dass Eingebildetes uns mehr verwirrt. Wahres nämlich hat sein Maß. Alles, was ungewissen Quellen entspringt, ist der Vermutung und Beliebigkeit eines ängstlichen Gemüts überlassen. Keine Ängste sind daher so verderblich, so unheilbar, wie die eines Wahnsinnigen, denn alle anderen sind grundlos, diese sind sinnlos.

(10) Untersuchen wir also die Sache genauer. Es ist wahrscheinlich, dass irgendein Übel eintreten wird, deshalb aber ist es nicht gleich wirklich. Wievieles ist unerwartet gekommen! Wieviel Erwartetes niemals erschienen! Und auch wenn es wirklich bevorsteht, was nützt es, seinem Schmerz entgegenzulaufen? Schnell genug wirst du leiden, wenn er da ist. Unterdessen versprich dir Besseres. (11) Was du dadurch gewinnen wirst? Zeit! Vieles wird dazwischenkommen, was eine nahe oder dicht herangekommene Gefahr aufhält oder beseitigt oder auf einen anderen ablenkt. Die Feuersbrunst lässt einen Fluchtweg, ein Sturz hat manche sanft aufkommen lassen, manchmal wurde das Richtschwert noch über dem Nacken zurückgerufen, mancher überlebte seinen Henker. Auch das Unglück ist wankelmütig. Vielleicht wird es eintreten, vielleicht auch nicht; bis jetzt ist es noch nicht da. Stell dir also Besseres vor. (12) Zuweilen, ohne dass Anzeichen erscheinen, die irgendein Unglück ankündigten, schafft sich die Seele falsche Bilder: Entweder wendet sie ein Wort von zweifelhafter Bedeutung ins Schlechtere oder stellt sich den Ärger eines andern größer vor, als er ist, und bedenkt nicht, wie erzürnt jener (tatsächlich) ist, sondern wozu ein Zorniger (überhaupt) fähig ist. Es gibt aber keinen Grund weiterzuleben und kein Maß des Elends, wenn man sich fürchtet, so viel man kann. Da muss die Klugheit helfen, dort weise durch Geistesstärke auch eine erklärliche Furcht zurück. Wo nicht, so vertreibe den einen Fehler durch einen anderen Fehler und mäßige die Furcht durch die Hoffnung. Unter allem, was gefürchtet wird, ist nichts so gewiss, dass es nicht noch gewisser wäre, dass das Gefürchtete ausbleibt, das Gehoffte enttäuscht wird.

(13) Also prüfe Hoffnung und Furcht, und so oft alles ungewiss ist, sei dir zugeneigt und glaube, was dir lieber ist. Selbst wenn mehr Stimmen auf der Seite der Furcht sind, so wende dich nichtsdestoweniger deiner Seite zu und höre auf, dich zu beunruhigen. Erwäge immer wieder, dass der größere Teil der Menschen, auch wenn weder irgendein Übel da noch sicher zu erwarten ist, sich aufregt und hin und her rennt. Denn niemand leistet sich selbst Widerstand, wenn er einmal angefangen hat, aufgeregt zu sein, noch bringt er seine Furcht auf den Boden der Wahrheit zurück. Niemand sagt: »Ein Schwätzer ist mein Gewährsmann; entweder hat er's erfunden oder blind geglaubt.« Ein Windhauch trägt uns fort; wir zittern vor dem Ungewissen, als wäre es gewiss; wir halten kein Maß in den Dingen, sofort wird die Besorgnis zur Furcht.

(14) Ich schäme mich, so mit dir darüber zu sprechen und dich mit so gelinden Heilmitteln aufzurichten. Ein anderer mag sagen: »Vielleicht wird es nicht so kommen.« Du sage: »Was weiter, wenn es so kommt? Wir werden sehen, wer von beiden siegen wird. Vielleicht kommt es zu meinen Gunsten, und dieser Tod macht meinem Leben Ehre.« Ein Schierlingsbecher hat Sokrates groß gemacht. Entwinde dem Cato sein Schwert[9], den Wahrer seiner Freiheit, und du hast ihm einen großen Teil seines Ruhmes entzogen.

(15) Doch schon zu lange rede ich dir zu, wo bei dir doch mehr eine Erinnerung als eine Ermunterung nötig ist. Wir (Stoiker) führen dich nicht in eine deiner Natur entgegengesetzte Richtung: Du bist geboren zu dem, wovon wir sprechen. Um so mehr steigere und vervollkommne dein Gutes.

(16) Doch schon will ich den Brief beenden, wenn ich ihm sein Siegel aufgedrückt habe, das heißt ihm auftrage, dir irgendein großartiges Wort zu überbringen. »Unter sonstigen Übeln besitzt die Dummheit auch dieses: Sie beginnt immer wieder aufzuleben.« (Epikur) Überlege, was dieses Wort bedeutet, mein allerbester Lucilius, wie schmählich

9 Mit dem er sich das Leben genommen hat.

der Leichtsinn der Menschen ist, die täglich für ihr Leben neue Fundamente legen und auch angesichts des Todes neue Hoffnungen zu schöpfen beginnen. (17) Schau dir rings um dich jeden Einzelnen an: Es werden dir Greise begegnen, die sich intensiv auf ihre Karriere, auf Reisen, auf Geschäfte vorbereiten. Was aber ist schimpflicher als ein Greis, der nun zu leben beginnt? Ich würde den Autor dieses Wortes nicht hinzufügen, wenn es nicht weniger bekannt wäre und zu Epikurs verbreiteten Aussprüchen gehörte, die zu loben und anzunehmen ich mir erlaubt habe. Leb wohl!

Brief 16: Der Wert der Philosophie

Seneca grüßt seinen Lucilius

(1) Es ist dir klar, Lucilius, ich weiß es, dass niemand glücklich leben kann, nicht einmal erträglich, ohne das Streben nach Weisheit und dass man ein glückliches Leben nur durch vollendete Weisheit erlangen kann, im Übrigen ein erträgliches durch die ersten Schritte zur Weisheit. Aber das, was klar ist, muss gefestigt und durch tägliches Nachdenken tiefer verankert werden. Es bedarf mehr Mühe, Vorsätze einzuhalten, als sich ehrenwerte Ziele vorzunehmen. Man muss ausdauernd sein und in hartnäckigem Streben die Kraft steigern, bis zu einer guten Geisteshaltung wird, was guter Wille ist. (2) Daher hast du bei mir keine weiteren Worte oder eine lange Versicherung nötig: Ich erkenne, dass du große Fortschritte gemacht hast. Ich weiß, woher das kommt, was du schreibst: Es ist nicht phrasenhaft und nicht schöngefärbt. Dennoch will ich sagen, was ich empfinde: Ich setze bereits Hoffnung in dich, aber noch kein festes Vertrauen. Ich möchte, dass auch du es ebenso machst: Es gibt keinen Grund, dass du dir schnell und leichtfertig vertraust. Prüfe dich, erforsche dich auf vielfache Weise und beobachte dich. Sieh vor allem darauf, ob du in der Philosophie oder im Leben selbst Fortschritte gemacht hast.

(3) Die Philosophie ist keine Wissenschaft fürs Volk, noch geeignet, zur Schau gestellt zu werden. Sie zeigt sich nicht in Worten, sondern im Handeln. Sie lässt sich nicht dazu gebrauchen, mit einigem Vergnügen den Tag rumzubringen, um dem Müßiggang die Langeweile zu nehmen. Sie formt und prägt den Geist, ordnet das Leben, leitet die Handlungen, zeigt, was zu tun und zu lassen ist, sitzt am Steuer und lenkt den Kurs durch die Gefahren der Fluten. Ohne sie kann niemand furchtlos leben, niemand sorgenfrei. Zahllose Dinge ereignen sich in jeder einzelnen Stunde, die Rat erfordern, den man sich bei ihr holen muss. (4) Jemand wird sagen: »Was nützt mir die Philosophie, wenn es ein Schicksal gibt? Was nützt sie, wenn Gott der Lenker ist? Was nützt sie, wenn der Zufall herrscht? Das Gewisse kann nämlich nicht geändert werden und gegen das Ungewisse kann man keine Vorkehrungen treffen, denn entweder ist Gott meinem Plan zuvorgekommen und hat bestimmt, was ich tun soll, oder der Zufall überlässt nichts meiner Entscheidung.« (5) Was immer davon zutrifft, Lucilius, oder wenn alles zutrifft, man muss philosophieren. Sei es, dass das Schicksal uns an ein unabänderliches Gesetz fesselt, sei es, dass Gott als Gebieter des Universums alles eingerichtet hat, sei es, dass der Zufall ohne Plan die menschlichen Dinge vor sich hertreibt und durcheinanderwürfelt, die Philosophie muss uns schützen. Diese wird uns ermahnen, dem Gott gern zu gehorchen, dem Schicksal unbeugsam. Sie wird dich lehren, Gott zu folgen, den Zufall zu ertragen.

(6) Aber wir wollen jetzt nicht dazu übergehen zu erörtern, was in unserer Macht liegt, wenn die Vorsehung herrscht oder wenn die Reihe von Schicksalsfügungen uns an sie gekettet mitzieht oder wenn plötzliche und unvermutete Ereignisse am Werk sind. Ich komme jetzt darauf zurück, dich zu ermahnen und zu ermuntern, dass dein innerer Schwung nicht erlahmt und erkaltet. Bewahre und festige ihn, damit zu einer Seelenhaltung wird, was jetzt Aufschwung ist.

(7) Schon von Anfang an wirst du dich, wenn ich dich gut kenne, umgeschaut haben, was dieser Brief als kleines

Geschenk mitbringt. Durchsuche ihn, und du wirst es finden! Es gibt keinen Grund für dich, mich wegen meines Geistesreichtums zu bewundern. Immer noch bin ich freigebig mit fremdem Eigentum. Warum aber sage ich »fremdes«? Alles, was irgendjemand gut gesagt hat, ist mein. Dies ist auch wieder ein Satz Epikurs: »Wenn du der Natur gemäß lebst, wirst du nie arm sein, wenn nach bloßen Einbildungen, nie reich«. (8) Wenig verlangt die Natur, die Einbildung Unermessliches. Man überhäufe dich mit dem, was viele Reiche besessen haben. Die Gunst des Schicksals trage dich über das Maß eines Privatvermögens hinaus, bedecke dich mit Gold, kleide dich in Purpur, bringe dich zu einem solchen Maß an Luxus und Reichtum, dass du die Erde unter Marmor verbirgst. Es sei dir vergönnt, nicht bloß Reichtümer zu besitzen, sondern darauf zu treten. Dazu mögen noch Statuen und Gemälde kommen und was sonst noch irgendeine Kunst um des Prunks willen hervorgebracht hat: Größeres zu begehren, wirst du davon lernen.

(9) Natürliche Bedürfnisse sind begrenzt; was falscher Einbildung entspringt, weiß nicht, wo es endet, denn das Falsche hat keine Grenze. Wer einen Weg geht, für den gibt es etwas als Ziel, das Herumirren ist endlos. Daher ziehe dich zurück vom Nichtigen, und wenn du wissen willst, ob das, was du begehrst, auf einem natürlichen oder blinden Verlangen beruht, so überlege, ob es irgendwo haltmachen kann. Wenn dir, nachdem du schon weit vorangekommen bist, noch immer ein längeres Stück übrigbleibt, dann wisse, dass es nicht naturgemäß ist. Leb wohl!

Brief 23: Wahre Freude

Seneca grüßt seinen Lucilius

(1) Meinst du, ich werde dir schreiben, wie gut es der Winter mit uns gemeint hat, der sowohl mild als kurz war, wie unfreundlich der Frühling ist, wie unzeitig die Kälte, und

andere Albernheiten von Leuten, die nicht wissen, was sie sagen sollen? Ich will vielmehr etwas schreiben, das sowohl mir als dir nützen kann. Was aber wird das sonst sein, als dass ich dich zu einer rechten Geisteshaltung ermuntere? Was deren Grundlage sei, fragst du? Erfreue dich nicht an Nichtigkeiten. Grundlage sei dies, sagte ich: Es ist der Gipfel. (2) Das Höchste hat erreicht, wer weiß, worüber er sich freut, wer sein Glück nicht fremder Herrschaft unterworfen hat. Besorgt und unsicher über sich selbst ist, wen irgendeine Hoffnung reizt, läge sie auch zur Hand, mag sie leicht zu erreichen sein, mögen ihn auch seine Hoffnungen noch nie betrogen haben. (3) Das mache vor allem, mein Lucilius: Lerne, dich zu freuen. Glaubst du, ich entziehe dir viele Freuden, der ich das Zufällige entferne, der ich die Hoffnungen, die süßesten Ergötzungen, gemieden wissen will? Im Gegenteil, ich will, dass es dir nie an Freude fehle. Ich will, dass sie dir zu Hause erwachse, und sie erwächst auch, wenn sie in dir selbst wohnt. Die übrigen Erheiterungen erfüllen nicht das Herz, sie glätten nur die Stirn, sind oberflächlich, wenn du nicht etwa meinst, es freue sich, wer lacht. Der Geist soll rege, voller Zuversicht und über alles erhaben sein.

(4) Glaube mir, wahre Freude ist eine ernste Sache. Oder meinst du, dass einer mit entspannter und, wie diese Lebenskünstler so sagen, locker vergnüglicher Miene den Tod verachtet, der Armut sein Haus öffnet, seine Begierden im Zaum hält, sich im Ertragen von Schmerzen übt? Wer solches bei sich erwägt, der lebt in großer Freude, aber wenig schmeichelnder. Den Besitz dieser Freude wünsche ich dir; nie wird sie versagen, wenn du einmal gefunden hast, woher sie zu gewinnen ist. (5) Wertlose Metalle werden an der Oberfläche geschürft. Die wertvollsten sind die, deren Ader in der Tiefe verborgen ist, sie werden den Wünschen des beharrlich Grabenden reichhaltiger entsprechen. Woran sich die Menge ergötzt, das gewährt nur ein seichtes und oberflächliches Vergnügen, und jede Freude, die von außen kommt, entbehrt der Grundlage. Diejenige aber, von der ich

spreche und zu der ich dich hinzuführen versuche, ist festgegründet und erstreckt sich weiter nach innen.

(6) Tue, ich bitte dich, mein teuerster Lucilius, was allein glücklich machen kann: Wirf weg und zertrete das, was äußerlich glänzt, was dir von einem anderen oder aus einem anderen Besitz versprochen wird. Schau nach dem wahren Gut und erfreue dich an dem Deinen. Was heißt aber »an dem Deinen«? An dir selbst und dem besten Teil von dir. Auch diesen armseligen Körper halte, selbst wenn nichts ohne ihn geschehen kann, mehr für eine notwendige als für eine wichtige Sache. Er gewährt nur nichtige Genüsse, kurze, zu bereuende und, wenn sie nicht mit großer Selbstbeherrschung gemäßigt werden, ins Gegenteil umschlagende. So sage ich: Die Lust neigt sich kopfüber dem Schmerz zu, wenn sie nicht Maß gehalten hat. Schwer aber ist es, Maß zu halten in dem, was man für ein Gut halten mag. Gefahrlos ist das Verlangen nach dem wahren Gut. (7) Du fragst, was dieses sein soll und woher es kommt? Ich will es dir sagen: aus einem guten Gewissen, aus ehrenwerten Entschlüssen, aus richtigen Handlungen, aus der Verachtung des Zufälligen, aus dem ruhigen und stetigen Gang eines immer ein und denselben Weg verfolgenden Lebens. Denn die, die von einem Vorsatz zum andern springen oder nicht einmal springen, sondern von irgendeinem Zufall mitgerissen werden, wie können die, schwebend und schwankend, irgend etwas Sicheres und Bleibendes haben? (8) Wenige gibt es, die sich und das Ihrige nach einem festen Plan ordnen. Die übrigen, wie Dinge, die im Fluss herumschwimmen, gehen nicht, sondern lassen sich treiben. Von ihnen hat manche eine schwächere Woge erfasst und sanfter getragen, andere eine heftigere fortgerissen, die einen hat sie bei nachlassender Strömung nahe dem Ufer abgesetzt, die anderen hat eine reißende Flut ins Meer gespült. Daher müssen wir bestimmen, was wir wollen, und dabei bleiben.

(9) Hier ist nun der Ort, meine Schulden zu begleichen. Ich kann dir nämlich einen Ausspruch deines Epikurs zukommen lassen und damit den Brief freikaufen: »Beschwer-

lich ist es, das Leben immer neu anzufangen«, oder, wenn der Sinn so besser ausgedrückt werden kann: »Schlecht leben die, die immer neu zu leben beginnen«. (10) »Warum?«, fragst du, dieser Satz erfordert nämlich eine Erklärung. Weil für jene Leute das Leben immer unvollkommen ist. Nicht aber kann für den Tod bereit sein, wer gerade angefangen hat zu leben. Darauf müssen wir hinarbeiten, genug gelebt zu haben. Das kann niemand schaffen, der eben gerade zu leben beginnt. (11) Du brauchst nicht zu glauben, das seien wenige: Fast alle sind es. Manche fangen wirklich erst dann an, wenn es aufzuhören gilt. Wenn du das für verwunderlich hältst, will ich etwas hinzufügen, worüber du dich noch mehr wundern wirst: Manche haben aufgehört zu leben, bevor sie begonnen haben. Leb wohl!

Brief 28: Über das Reisen

Seneca grüßt seinen Lucilius

(1) Du glaubst, das sei dir allein begegnet, und wunderst dich darüber, als wäre es etwas Neues, dass du durch eine so lange Reise und so häufigen Ortswechsel dennoch deinen Trübsinn und deine Schwermut nicht vertrieben hast. Deine Einstellung musst du wechseln, nicht die Himmelsgegend. Magst du das weite Meer überqueren, mögen dir, wie unser Vergil sagt, »Länder und Städte entschwinden«: Deine Fehler werden dir folgen, wo immer du hinkommst. (2) Zu jemandem, der sich über dasselbe beklagte, sagte Sokrates: »Was wunderst du dich, dass dir deine Reisen nichts nützen, wenn du dich mit herumschleppst? Dich bedrückt derselbe Grund, der dich fortgetrieben hat.« Was kann dir die Neuheit der Länder helfen? Was die Bekanntschaft mit Städten und Gegenden? Das Hin und Her führt zu nichts. Du fragst, warum dir so eine Flucht nichts hilft? Du fliehst mit dir. Die Last der Seele musst du ablegen. Nicht eher wird dir irgendein

Ort gefallen. (3) Denk daran, dass dein jetziger Zustand so ist, wie ihn unser Vergil als den der Seherin (Sibylle von Cumae) darstellt, die schon erregt und verzückt ist und vollkommen ergriffen von einem Geist, der nicht der Ihrige ist: »Rasend tobt die Seherin, ob sie nicht den mächtigen Gott aus ihrer Brust austreiben könne.« Du wanderst dahin und dorthin, um die drückende Last abzuwerfen, die doch gerade durch dieses Umhertragen unerträglicher wird, so wie auf einem Schiff die fest vertäute Ladung eine kleinere Gefahr darstellt, bei ungleicher Zusammenballung aber die Seite, auf die sie sich verlagert, schneller zum Sinken bringt. Was du auch tust, tust du gegen dich, und gerade durch die Unruhe schadest du dir, denn du rüttelst einen Kranken.

(4) Wenn du dich aber genau dieses Übels entledigt hast, dann wird jeder Ortswechsel angenehm sein. Magst du in die entlegensten Länder vertrieben sein, magst du in irgendeinem Winkel des Barbarenlandes ausgesetzt sein, gastlich wird dir der Wohnsitz vorkommen, wie immer er aussehen mag. Es kommt mehr darauf an, als wer du kommst, als wohin du kommst, und daher dürfen wir unser Herz an keinen Ort hängen. Man muss nach der Überzeugung leben: Nicht für einen Winkel bin ich geboren, mein Vaterland ist die ganze Welt. (5) Wäre dir dies klar, würdest du dich nicht darüber wundern, dass dir der Wechsel der Gegenden, die du immer wieder aus Überdruss an den früheren durchwanderst, nichts bringt: Schon die erste würde dir gefallen haben, wenn du jede für die deinige hieltest. Nun aber reist du nicht, sondern irrst umher, treibst dich herum und wechselst ständig den Ort, obwohl das, was du suchst, glücklich zu leben, an jedem Ort zu finden ist.

(6) Kann es irgendwo so viel Trubel geben wie auf dem Marktplatz? Auch da kann man ruhig leben, wenn es notwendig ist. Doch wenn man frei über sich verfügen kann, würde ich auch schon dem Anblick und der Nachbarschaft des Marktes weit entfliehen. Denn wie ungesunde Orte auch die stärkste Gesundheit angreifen, so gibt es auch einige, die

einer zwar guten, aber noch nicht vollkommenen und genesenden Gemütsverfassung wenig zuträglich sind. (7) Ich bin nicht einverstanden mit denen, die sich mitten in die Fluten stürzen und, ein stürmisches Leben vorziehend, täglich mit den Schwierigkeiten der Umstände wagemutig ringen. Der Weise wird solches ertragen, aber nicht aufsuchen, und lieber im Frieden leben als im Kampf. Es nützt nicht viel, die eigenen Fehler abgeschüttelt zu haben, wenn man sich mit fremden herumschlagen muss. (8) »Dreißig Tyrannen«, heißt es, »standen um den Sokrates herum und konnten seinen Mut nicht brechen.« Was spielt es für eine Rolle, wie viele Herren es sind? Die Knechtschaft ist nur eine; wer sie verachtet, ist unter einer noch so großen Schar von Herrschenden frei.

(9) Es ist Zeit aufzuhören, aber nur, wenn ich vorher meinen Wegzoll beglichen habe. »Der Anfang der Heilung ist die Kenntnis der Verfehlung.« Das scheint mir ein ausgezeichneter Ausspruch Epikurs zu sein: denn wer nicht weiß, dass er fehlgeht, will nicht verbessert werden. Du musst dich selbst ertappen, bevor du dich bessern kannst. (10) Manche rühmen sich ihrer Laster. Glaubst du, dass die auch nur etwas an ein Heilmittel denken, die ihre Schwächen zu den Tugenden zählen? Darum klage dich selbst an, so sehr du kannst, dringe in dich, übernimm zuerst die Rolle des Anklägers, dann des Richters, zuletzt des Verteidigers. Nimm gelegentlich Anstoß an dir. Leb wohl!

Brief 32: Ein zurückgezogenes Leben

Seneca grüßt seinen Lucilius

(1) Ich forsche dir nach und erkundige mich bei allen, die aus der Gegend kommen, wie es dir geht, wo und mit wem du deine Zeit verbringst. Du kannst mir nichts vormachen: Ich bin bei dir. Lebe so, als ob ich hörte, was du tust, vielmehr, als ob ich es sähe. Du fragst, was mir von allem, was ich von dir

höre, die meiste Freude macht? Dass ich nichts von dir höre, dass die meisten von denen, die ich befrage, nicht wissen, was du treibst. (2) Das ist heilsam, mit Unähnlichen, die ganz andere Ziele verfolgen, nicht zu verkehren. Ich bin jedenfalls zuversichtlich, dass du nicht abgelenkt werden kannst und bei deinem Vorsatz bleiben wirst, auch wenn ein Schwarm von Verführern dich umringt. Was also dann? Ich fürchte nicht, dass sie dich umstimmen, ich fürchte, dass sie dich behindern. Viel aber schadet auch, wer uns aufhält, zumal bei dieser Kürze des Lebens, das wir durch Unbeständigkeit noch kürzer machen, indem wir es immer wieder mit etwas anderem neu anfangen. Wir zerreißen es in kleine Teile und zerstückeln es.

(3) Beeile dich also, teuerster Lucilius, und denke daran, wie sehr du an Geschwindigkeit zulegen würdest, wenn der Feind dir hinterherstürmte, wenn du ahntest, dass die Reiterei heranrückt und sich an die Fersen der Flüchtenden heftet. Das geschieht wirklich; man setzt dir nach. Mach schneller und entwische, bring dich in Sicherheit und bedenke immer wieder, was für eine schöne Sache es ist, sein Leben vor dem Tod zu vollenden und dann den Rest seiner Zeit ruhig zu erwarten, nichts für sich selbst (zu erwarten), bereits im Besitz des glücklichen Lebens, das nicht glücklicher wird, wenn es länger währt.

(4) O, wann wirst du jene Zeit erleben, wo du einsehen wirst, dass die Zeit dich nichts angeht, wo du ruhig und zufrieden sein wirst, dich um das Morgen nicht kümmerst, in vollkommener Selbstgenügsamkeit? Willst du wissen, was die Menschen so begierig nach dem Zukünftigen macht? Niemand gehört sich selbst. Daher haben dir deine Eltern anderes gewünscht. Ich dagegen wünsche dir Geringschätzung alles dessen, wovon sie dir eine Menge (wünschten). Ihre Gelöbnisse (für dich) plündern viele aus, um dich zu bereichern. Was immer sie dir zuwenden, muss einem andern weggenommen werden. (5) Ich wünsche dir freie Verfügung über dich selbst, damit der von umherschweifenden Gedanken umgetriebene Geist Ruhe und Sicherheit findet, damit

er an sich selbst Gefallen hat und nach Erkenntnis der wahren Güter, die man besitzt, sobald man sie erkannt hat, einer Zugabe an Lebenszeit nicht bedarf. Der endlich ist über alle Notwendigkeit hinaus, aus der Dienstbarkeit entlassen und frei, wer lebt, nachdem er sein Leben vollendet hat. Leb wohl!

Brief 38: Philosophischer Unterricht

Seneca grüßt seinen Lucilius

(1) Mit Recht dringst du darauf, dass wir diesen Briefwechsel unter uns häufiger führen. Am meisten nützt ein Gespräch, weil es in kleinen Schritten in die Seele eindringt. Vorbereitete und ausschweifende Vorträge vor einer Zuhörermenge machen mehr Getöse und sind weniger vertraulich. Philosophie ist ein guter Rat: Einen Rat gibt niemand lautstark. Zuweilen muss man sich auch jener, um mich so auszudrücken, Volksreden bedienen, wo es einen Unschlüssigen anzuspornen gilt. Wo es sich aber nicht darum handelt, dass einer erst lernen will, sondern dass er lernt, muss man auf leisere Worte zurückkommen. Sie sind eingängiger und bleiben besser haften, denn es bedarf dann nicht vieler, aber wirksamer. (2) Sie müssen wie Samen ausgestreut werden, der, wie klein er auch sei, wenn er geeigneten Boden gefunden hat, seine Kräfte entwickelt und aus kleinsten Anfängen sich zu größtem Wachstum verbreitet. Dasselbe schafft die Vernunft: Wenn du sie ansiehst, erstreckt sie sich nicht weit, sie wächst beim Wirksamwerden. Weniges ist es, was gesagt wird, doch wenn der Geist es richtig aufgenommen hat, erstarkt es und wächst empor. Es ist, sage ich, bei den Lehren genauso wie beim Samen: Sie bewirken viel und sind im Kleinen angelegt. Nur muss sie, wie ich schon bemerkte, ein geeigneter Geist erfassen und in sich aufnehmen. Vieles wird er dann seinerseits selbst erzeugen und mehr wiedergeben, als er empfangen hat. Leb wohl!

Brief 39: Das rechte Maß

Seneca grüßt seinen Lucilius

(1) Den Überblick, den du möchtest, sorgfältig geordnet und knapper gefasst, will ich freilich zusammenstellen, doch sieh zu, ob nicht die übliche Art (der Darlegung) mehr Gewinn bringt als die, die man jetzt gemeinhin als »breviarium« (Abriss) bezeichnet, früher aber, als wir noch gut Lateinisch sprachen, »summarium« (Zusammenfassung) nannte. Jene Art (die Darlegung) ist mehr für den Lernenden nötig, diese (der Abriss) für den Wissenden; jenes nämlich lehrt, dieses ruft in Erinnerung. Doch ich werde dir beides zur Verfügung stellen. Du darfst von mir nicht diesen oder jenen (Philosophen) verlangen: Wer eine Autorität angibt, ist selbst unbekannt.

(2) Ich schreibe also, was du willst, aber auf meine Weise. In der Zwischenzeit hast du viele, deren Schriften vermutlich nicht übersichtlich genug sind. Nimm ein Verzeichnis der Philosophen zur Hand: Dies allein schon wird dich zwingen zu erwachen, wenn du siehst, wie viele für dich gearbeitet haben. Du wirst begehren, auch selbst einer von ihnen zu sein. Es hat nämlich ein edles Gemüt dieses Beste in sich, dass es sich für das Sittlichgute begeistern lässt. Keinen hochgesinnten Mann erfreut das Niedrige und Verächtliche. Der Anblick großartiger Dinge zieht ihn an und erhebt ihn. (3) Wie sich eine Flamme stets gerade in die Höhe erhebt, nicht seitwärts liegen und niedergehalten werden, ebensowenig ruhen kann, so ist unser Geist in Bewegung, und desto rühriger und tätiger, je energischer er ist. Glücklich aber, wer diesen Drang auf das Bessere gerichtet hat: Er stellt sich außerhalb von Recht und Macht des Schicksals. Glückliches wird er mäßigen, Unglückliches mindern, und was andere bewundern, schätzt er gering. (4) Einem großen Geist kommt es zu, das Große zu verachten und Maßvolles dem Übermäßigen vorzuziehen, denn jenes ist nützlich und lebensförderlich, dieses aber schadet durch seinen Überfluss. So drückt allzu üppiges Wachstum die Saat zu Boden, so brechen Zweige unter zu großer

Last, so kommt allzu große Fruchtbarkeit nicht zur Reife. Dasselbe widerfährt auch den Menschen, die übermäßiges Glück zerbricht, indem sie davon nicht nur zum Schaden anderer, sondern auch zu ihrem eigenen Gebrauch machen.

(5) Welcher Feind war wohl je gegen jemanden so herabsetzend, wie es gegenüber manchen ihre Leidenschaften sind? Ihre Zügellosigkeit und wahnsinnigen Begierden könnte man ihnen nur aus einem Grund nachsehen, weil sie unter dem leiden, was sie taten. Und nicht zu unrecht quält sie dieser Wahn, denn notwendig muss eine Begierde ins Unermessliche ausufern, die das natürliche Maß überschritten hat. Dieses nämlich hat seine Grenze, Nichtiges und aus der Begierde Hervorgegangenes aber ist ohne Schranke. (6) Das Notwendige bemisst der Nutzen. Doch worauf willst du Überflüssiges beschränken? Daher versenken sie sich in Vergnügungen, auf die sie, zur Gewohnheit geworden, nicht verzichten können, und sind deshalb die Elendsten, weil sie so weit gekommen sind, dass ihnen notwendig geworden ist, was früher überflüssig war. So dienen sie denn ihren Lüsten, aber genießen sie nicht, und sie lieben ihre Übel – was das schlimmste aller Übel ist. Dann aber ist das Maß des Unglücks voll, wenn das Schändliche nicht nur ergötzt, sondern Zustimmung findet und es für Abhilfe da keinen Platz mehr gibt, wo, was Laster waren, gute Sitte geworden ist. Leb wohl!

Brief 41: Der Gott in uns

Seneca grüßt seinen Lucilius

(1) Du machst das Beste und für dich Heilsame, wenn du, wie du schreibst, beharrlich nach einer rechten Geisteshaltung strebst, die jedoch zu erbitten töricht ist, da du sie von dir selbst erlangen kannst. Nicht zum Himmel braucht man die Hände zu erheben, nicht den Tempelhüter anzuflehen, dass er uns zum Ohr des Götterbildes hintreten lasse, als könnten

wir so besser erhört werden: Nahe ist dir der Gott, bei dir ist er, in dir ist er. (2) So sage ich, Lucilius: Es wohnt in uns ein heiliger Geist, ein Beobachter und Wächter alles Guten und Schlechten in uns. Dieser behandelt uns so, wie wir ihn behandelt haben. Niemand aber ist ein guter Mensch ohne Gott. Oder kann jemand sich über sein Schicksal erheben ohne seine Hilfe? Er gibt große und erhabene Ratschläge. In einem jeden guten Mann »wohnt ein Gott, welcher Gott, ist ungewiss« (Vergil).

(3) Wenn dir ein Hain begegnet, mit vielen alten und ungewöhnlich hohen Bäumen, die den Blick auf den Himmel durch einander überdeckende Äste verbergen, so wird diese Erhabenheit des Waldes, das Geheimnisvolle des Ortes und die Verwunderung über den in der offenen Landschaft so dichten und ununterbrochenen Schatten in dir den Glauben an ein göttliches Walten aufkommen lassen. Wenn eine Grotte, tief in den Felsen eingedrungen, den Berg über sich schweben lässt, nicht von Menschenhand geschaffen, sondern durch natürliche Kräfte zu solcher Weite ausgehöhlt, wird sie deine Seele mit einer Art heiliger Ahnung erschüttern. Mächtiger Flüsse Quellen verehren wir; wo unvermittelt aus dem Verborgenen ein reißender Strom hervorbricht, stehen Altäre; man verehrt heiße Quellen, und manche Seen hat das Dunkel oder unergründliche Tiefe geheiligt.

(4) Wenn du einen Menschen siehst, unerschrocken in Gefahren, unberührt von Leidenschaften, im Unglück glücklich, in Stürmen gelassen, von einer höheren Ebene die Menschen betrachtend, auf gleicher die Götter – wird dich nicht Ehrfurcht vor ihm überkommen? Wirst du nicht sagen: »Ein solches Wesen ist größer und erhabener, als dass man glauben könnte, es sei diesem schwächlichen Körper, in dem es steckt, vergleichbar«? (5) Eine göttliche Kraft hat sich in ihm niedergelassen: Die Seele, überragend, maßvoll, alles, als wäre es gleichsam zu klein für sie, überschreitend, belächelnd, was immer wir fürchten und wünschen, bewegt eine himmlische Macht. So Großes kann ohne Mitwirkung der Gottheit

nicht bestehen, daher ist sie (die Seele) mit ihrem größeren Teil dort, von wo sie herabgestiegen ist. Wie die Sonnenstrahlen zwar die Erde berühren, aber dort sind, von wo sie ausgesandt werden, so verkehrt die Seele – groß, heilig und zu dem Zweck herabgesandt, dass wir das Göttliche näher erkennen – zwar mit uns, bleibt aber mit ihrem Ursprung verbunden. Von dort hängt sie ab, dorthin blickt sie, dorthin strebt sie. An unseren Dingen nimmt sie wie aus einer höheren Welt Anteil.

(6) Welcher Art ist also diese Seele? Einer solchen, die nur durch eigene Güter glänzt. Denn was ist törichter, als an einem Menschen ihm Fremdes zu loben? Was unsinniger als einer, der bewundert, was augenblicklich auf einen andern übergehen kann? Goldene Zügel machen ein Pferd nicht besser. Anders wird ein Löwe mit goldgeschmückter Mähne (in die Arena) geschickt, ermüdet davon, dass man ihn niederdrückte und zwang, sich geduldig den Zierrat anlegen zu lassen, anders ein ungeschmückter mit ungebrochenem Mut. Dieser nämlich, voll feurigen Ungestüms, wie die Natur ihn wollte, beeindruckend zu sehen in seiner Wildheit, dessen Schmuck ist, dass man ihn nicht ohne Furcht anschauen kann, wird jenem ermatteten und mit Goldflitter behangenen vorgezogen. (7) Niemand darf sich dessen rühmen, was nicht sein Eigen ist. Wir loben den Weinstock, wenn er die Zweige mit Frucht belastet, wenn er sogar die Stützen durch das Gewicht dessen, was er trägt, zu Boden drückt. Würde wohl jemand diesem einen Rebstock vorziehen, an dem goldene Trauben, goldene Blätter hingen? Die ihm eigene Tugend ist beim Weinstock die Fruchtbarkeit. Auch am Menschen ist nur zu loben, was sein Eigen ist. Er hat eine stattliche Dienerschaft und ein schönes Haus, viel sät er, viel Geld verleiht er: Nichts davon ist in ihm selbst, sondern nur um ihn herum. (8) Lobe an ihm, was ihm weder entrissen noch gegeben werden kann, was das Eigentliche des Menschen ist. Du fragst, was das sei? Die Seele und die in der Seele vollkommen ausgebildete Vernunft. Denn der

Mensch ist ein vernunftbegabtes Wesen, sein Gut wird daher vollendet, wenn er erfüllt, wozu er geboren wird. Was aber fordert diese Vernunft von ihm? Etwas ganz Leichtes: gemäß seiner Natur zu leben. Doch dies macht die allgemeine Torheit schwer: Wir stoßen uns gegenseitig in Fehler hinein. Wie aber können die auf den rechten Weg zurückgerufen werden, die niemand aufhält, die die Menge antreibt? Leb wohl!

Brief 44: Wahrer Adel

Seneca grüßt seinen Lucilius

(1) Abermals machst du dich ganz klein vor mir und sagst, zuerst habe dich die Natur, dann das Glück missgünstiger behandelt, obwohl du dich doch aus der Masse herausheben und zum höchsten Glück der Menschen emporarbeiten kannst. Wenn es an der Philosophie etwas Gutes gibt, dann dies, dass sie auf keinen Stammbaum sieht. Alle stammen, wenn man auf den ersten Ursprung zurückgeht, von den Göttern ab. (2) Du bist römischer Ritter, und in diesen Rang hat dich dein Fleiß gebracht. Aber, beim Herkules, vielen sind die vierzehn (Sitzreihen) verschlossen,[10] nicht alle lässt der Senat zu, auch das Militär wählt diejenigen, die es zu Strapazen und Gefahren aufnimmt, sorgfältig aus. Die richtige Geisteshaltung steht allen offen, wir alle sind im Hinblick darauf adlig. Weder weist die Philosophie jemanden zurück, noch wählt sie ihn aus; sie leuchtet allen. (3) Sokrates war kein Patrizier; Kleanthes schleppte Wasser und bot seine Arbeitskraft zur Bewässerung von Gartenland an; Platon hat die Philosophie nicht als Adligen aufgenommen, sondern ihn dazu gemacht. Welchen Grund hast du, die Hoffnung aufzugeben, diesen gleich werden zu können? Diese alle sind deine Vorfahren, wenn du dich ihrer würdig zeigst. Du wirst dies aber, wenn

10 Die im Theater bloß für die Ritter bestimmt waren.

du dich selbst gleich davon überzeugst, dass du an Adel von niemandem übertroffen wirst. (4) Wir alle haben gleich viele Ahnen vor uns, jedermanns Ursprung liegt jenseits der Erinnerung. Platon sagt, kein König stamme nicht von Sklaven ab, kein Sklave nicht von Königen. All das hat ein langer Wechsel vermischt und das Schicksal drunter und drüber gekehrt.

(5) Wer also ist edel? Der von der Natur zur Tugend gut veranlagt ist. Nur darauf muss man sehen. Im Übrigen, wenn man sich aufs Alter beruft, stammt jeder aus einer Zeit, vor der es nichts gibt. Vom Anbeginn der Welt bis heute hat uns eine abwechselnde Reihe von Vornehmen und Niedrigen geführt. Nicht macht ein Atrium mit rauchgeschwärzten Ahnenbildern zum Adeligen. Niemand hat für unsern Ruhm gelebt, und was vor uns war, ist nicht unser Eigentum. Der Geist adelt, er vermag es, sich aus jeder Lage über das Schicksal zu erheben. (6) Stell dir daher vor, du seist kein römischer Ritter, sondern ein Freigelassener: Du kannst erreichen, dass du der einzige Freie unter Freigeborenen bist. »Wie?«, fragst du. Wenn du Schlechtes und Gutes nicht nach Maßgabe der Menge unterscheidest. Zu beachten ist nicht, woher es kommt, sondern wohin es führt. Wenn es etwas gibt, das das Leben glücklich machen kann, so ist dies mit vollem Recht ein Gut, denn es kann nicht ins Schlechte ausarten.

(7) Was ist es also, worin man sich irrt, obwohl doch alle ein glückliches Leben wünschen? Dass man die Mittel dazu für es selbst hält und, während man ihm nachstrebt, vor ihm flieht. Denn während das Wesentlichste eines glücklichen Lebens tiefe Seelenruhe und unerschütterliches Vertrauen sind, sammelt man sich Gründe für Unruhe zusammen und trägt auf dem gefahrvollen Lebensweg nicht nur seine Last, sondern schleppt sich damit ab. So entfernt man sich immer weiter von der Verwirklichung dessen, was man erstrebt, und je mehr Mühe man aufgewandt hat, desto mehr behindert man sich und fällt zurück. Dasselbe geschieht denen, die in einem Labyrinth hastig werden: Gerade ihre Eile führt sie in die Irre. Leb wohl!

Brief 47: Über den Umgang mit Sklaven

Seneca grüßt seinen Lucilius

(1) Gerne habe ich von denen, die von dir kommen, erfahren, dass du mit deinen Sklaven freundlich umgehst. Das gehört sich für deine Klugheit, für deine Bildung. »Es sind Sklaven.« Nein, Menschen. »Es sind Sklaven.« Nein, Hausgenossen. »Es sind Sklaven.« Nein, vielmehr Freunde niederen Standes. »Es sind Sklaven.« Nein, unsere Mitsklaven, wenn du bedenkst, dass dem Schicksal gegen uns und sie gleich viel erlaubt ist. (2) Daher lache ich über solche Leute, die es für eine Schande halten, mit ihren Sklaven zu speisen. Wieso sie das tun? Doch deshalb, weil eine überaus hochmütige Gewohnheit den Herrn beim Speisen mit einer Schar stehender Sklaven umgeben hat. Er isst mehr, als er reinkriegen kann, und mit unglaublicher Gier überlastet er den gedehnten und seiner eigentlichen Aufgabe entwöhnten Magen, so dass er mit größerer Mühe alles wieder herauswürgt, als er es reingestopft hat.

(3) Doch den unglücklichen Sklaven ist nicht einmal erlaubt, die Lippen zum Sprechen zu bewegen. Mit der Rute wird jedes Murmeln unterbunden, und selbst Unbeabsichtigtes wie Husten, Niesen, Schluckauf bleibt nicht von Schlägen ausgenommen. Mit schwerer Strafe büßt man die Unterbrechung des Schweigens durch irgendeinen Laut. Die ganze Nacht hindurch stehen sie nüchtern und stumm da. (4) So kommt es, dass die über ihren Herrn sprechen, die nicht vor ihm sprechen dürfen. Aber diejenigen, die nicht nur in Gegenwart ihres Herrn, sondern mit ihm selbst ein Gespräch führen durften, denen der Mund nicht gestopft wurde, waren bereit, für den Herrn den Nacken hinzuhalten, eine drohende Gefahr auf ihr Haupt zu lenken. Bei Tisch redeten sie, unter der Folter schwiegen sie.

(5) Zudem führt man ein Sprichwort an, das vom gleichen Hochmut zeugt: Es gebe ebenso viele Feinde wie Sklaven. Wir haben sie nicht zu Feinden, wir machen sie dazu. An-

dere Grausamkeiten und Unmenschlichkeiten übergehe ich einstweilen, dass wir sie nicht einmal wie Menschen, sondern wie Lasttiere missbrauchen. Wenn wir uns zu Tisch gelegt haben, wischt einer die Spucke weg, ein anderer sammelt unter die Liege gebückt die Hinterlassenschaft der Betrunkenen auf. (6) Einer zerlegt teures Geflügel; durch Brust und Keulen führt er mit sicheren Schnitten die geübte Hand und schneidet Bissen heraus. Der Unglückliche, der für diese eine Sache lebt, Mastgeflügel kunstvoll zu zerlegen, wenn nicht der elender ist, der es um des Genusses willen lehrt, als der, der gezwungen ist, es zu lernen. (7) Ein anderer, der Mundschenk, nach Frauenart gekleidet, ringt mit seinem Alter. Er kann dem Knabenalter nicht entkommen, man holt ihn zurück. Der Statur nach schon reif für den Militärdienst, durchwacht er mit glatter Haut, die Haare sind abgeschabt oder ausgezupft, die ganze Nacht, die er zwischen Trunksucht und Wollust seines Herrn teilt, und ist im Schlafzimmer Mann, beim Gastmahl ein Knabe. (8) Ein anderer, dem die Begutachtung der Gäste übertragen ist, steht unglücklich herum und beobachtet, wen Schmeichelei oder Unmäßigkeit des Schlundes oder der Zunge für den nächsten Tag empfiehlt. Füge die Einkäufer für die Küche hinzu, die über eine subtile Kenntnis des herrschaftlichen Gaumens verfügen, die wissen, wessen Geschmack ihn begeistert, welcher Anblick ihn erfreut, durch welche neue Spezialität er bei Übelkeit wieder angeregt werden kann, was ihm allein schon wegen Übersättigung zuwider ist, worauf er an diesem Tag Appetit hat. Mit diesen zu speisen erträgt er nicht und hält es für eine Minderung seiner Würde, sich mit seinem Sklaven an denselben Tisch zu begeben. Da mögen die Götter vor sein! Wie viele von ihnen hat er als Herren!

(9) Vor der Türschwelle des Callistus sah ich seinen ehemaligen Herrn stehen und er, der ihm das Täfelchen angeheftet hatte, der ihn unter den unbrauchbaren Sklaven aufgestellt hatte, wurde abgewiesen, während die anderen eintraten. Dank abgestattet hat ihm jener Sklave, den er unter die erste

Zehnergruppe versetzt hatte, an der der Auktionator seine Stimme erprobt.[11] Auch er hat ihn nun seinerseits zurückgewiesen, auch er hat ihn seines Hauses für unwürdig befunden. Der Herr hat Callistus verkauft, doch wie viele für seinen Herrn Callistus.[12] (10) Du sollst bedenken, der, den du deinen Sklaven nennst, ist aus dem gleichen Samen entstanden, erfreut sich desselben Himmels, atmet gleich, lebt gleich, stirbt gleich! Du kannst ihn genauso als Freigeborenen ansehen wie er dich als Sklaven. Durch die Niederlage des Varus hat das Schicksal viele von glänzender Herkunft, die sich durch den Militärdienst den Rang eines Senators erhofften, tief fallen lassen: Den einen von ihnen machte es zum Hirten, den anderen zum Wächter einer Hütte. Verachte nun einen Menschen solchen Schicksals, in das du geraten kannst, noch während du ihn verachtest.

(11) Ich will mich auf ein so überaus umfängliches Thema nicht im Einzelnen einlassen und die Behandlung von Sklaven erörtern, gegen die wir so hochmütig, so grausam und verachtend sind. Das jedoch ist der Hauptinhalt meiner Richtlinien: Gehe so mit Unterstellten um, wie du wünschst, dass ein Höhergestellter mit dir umgeht. Sooft dir in den Sinn kommt, wieviel du dir gegen deinen Sklaven herausnehmen darfst, komme dir auch in den Sinn, dass ebensoviel deinem Herrn dir gegenüber erlaubt ist. (12) »Aber ich«, sagst du, »habe keinen Herrn«. Du bist noch jung; vielleicht wirst du einen haben. Weißt du nicht, in welchem Alter Hecuba versklavt wurde, wann Krösus, wann die Mutter von Dareius, wann Platon, wann Diogenes? (13) Gehe mild mit dem Sklaven um, auch freundlich, beteilige ihn am Gespräch, an der

11 Den Sklaven wurde bei der Versteigerung auf dem Markt ein Täfelchen mit ihren Eigenschaften umgehängt. Die ›wertlosesten‹ Sklaven kamen unter den ersten zehn zum Aufruf, sie mussten besonders laut angepriesen werden.

12 Gemeint ist wohl, dass Callistus für Kaiser Claudius Vergünstigungen an Bittsteller verkaufte.

Beratung, am Mahl. An dieser Stelle wird der ganze Haufen der feinen Leute mir zurufen: »Nichts ist erniedrigender, nichts schändlicher als das!« Dieselben Leute werde ich dabei erwischen, wie sie die Hand fremder Sklaven küssen. (14) Seht ihr nicht einmal, wie unsere Vorfahren den Herren alle Gehässigkeit, den Sklaven jede Schmähung weggezogen haben? Den Herrn haben sie Hausvater genannt, die Sklaven, was in den Possenaufführungen immer noch so ist, Hausgenossen. Sie haben einen Festtag eingerichtet, nicht, damit nur an diesem die Herren mit den Sklaven speisten, sondern damit sie es durchaus tun. Sie gestatteten ihnen, Ämter im Haus auszuüben und Recht zu sprechen, und waren der Ansicht, das Haus sei ein Staat im Kleinen.

(15) »Was nun? Alle Sklaven werde ich an meinen Tisch holen?« Genausowenig wie alle Freien. Du irrst, wenn du meinst, ich würde einige wegen ihrer gleichsam zu schmutzigen Arbeit zurückweisen, denke z.B. an irgend so einen Maultiertreiber oder irgendeinen Rinderhirten. Ich werde sie nicht nach ihren Diensten einschätzen, sondern nach ihrem Charakter: Den Charakter gibt sich jeder selbst, die Dienstleistung bestimmt der Zufall. Manche sollen mit dir speisen, weil sie es wert sind, manche, auf dass sie es seien. Wenn nämlich aufgrund eines niedrigen Umgangs etwas Sklavisches an ihnen ist, wird es das Zusammensein mit ehrenwerteren Menschen vertreiben. (16) Es besteht kein Grund, mein Lucilius, einen Freund nur auf dem Forum oder in der Kurie zu suchen. Wenn du aufmerksam darauf achtest, wirst du ihn auch zu Hause finden. Oft liegt gutes Material brach ohne den Künstler: Versuch es und mach die Erfahrung. Wie der dumm ist, der ein Pferd kaufen will und nicht es selbst ansieht, sondern nur die Satteldecke und das Zaumzeug, so ist derjenige der Dümmste, der den Menschen nach der Kleidung einschätzt oder nach dem sozialen Stand, der uns wie ein Kleid umgibt.

(17) »Er ist ein Sklave«: Aber vielleicht geistig frei! »Er ist ein Sklave«: Soll ihm das schaden? Zeige mir einen, der es

nicht ist: Der eine ist Sklave der Wollust, ein anderer der Habsucht, wieder ein anderer des Ehrgeizes, alle der Hoffnung, alle der Furcht. Ich werde dir einen ehemaligen Konsul zeigen, der einem alten Weib, einen Reichen, der einer Dienstmagd sklavisch ergeben ist, und ich führe dir junge Männer aus dem besten Adel an, die Sklaven von Schauspielern sind. Keine Sklaverei ist schimpflicher als eine freiwillige. Daher gibt es keinen Anlass, dass dich diese aufgeblasenen Wichtigtuer davon abhalten, dich deinen Sklaven heiter zu zeigen und nicht hochmütig als ein Höherstehender. Sie sollen dich lieber verehren als fürchten.

(18) Nun wird man sagen, ich riefe zur Befreiung der Sklaven auf und stieße die Herren von ihrem Sockel herab, weil ich gesagt habe, »sie sollen ihren Herrn lieber verehren als fürchten«. »Genau so, meint er, sollen sie ihn verehren wie Klienten, wie die, die ihm am Morgen ihre Aufwartung machen?« Wer so spricht, wird vergessen, dass für einen Herrn nicht zu wenig ist, was dem Gott genug ist. Wer verehrt wird, wird auch geliebt. Liebe kann nicht mit Furcht vermischt sein. (19) Daher meine ich, dass du sehr richtig handelst, wenn du von deinen Sklaven nicht gefürchtet werden willst, wenn du sie nur mit Worten zurechtweist. Mit Schlägen treibt man das stumme Vieh an. Nicht alles, was uns ärgert, verletzt uns auch, aber die Verwöhntheit zwingt uns, in Jähzorn zu geraten, so dass alles, was nicht nach Wunsch geschieht, die Wut anstachelt. (20) Wir haben die Haltung von Tyrannen angenommen, denn auch sie, vergessend die eigene Macht und die Schwäche der anderen, entbrennen so, wüten so, als ob sie ein Unrecht erlitten hätten, eine Gefahr, vor der sie doch die Höhe ihrer Stellung vollkommen sicher macht. Und das wissen sie sehr wohl, aber indem sie sich beklagen, ergreifen sie die Gelegenheit, Schaden zuzufügen: Sie haben ein Unrecht erlitten, um eines zu begehen.

(21) Länger will ich dich nicht aufhalten. Du hast nämlich eine Ermahnung nicht nötig. Ein guter Charakter hat neben anderem dies an sich: Er ist zufrieden mit sich selbst, er ist

beständig. Launenhaft ist die Schlechtigkeit, sie wandelt sich oft, nicht zum Besseren, sondern zu anderem. Leb wohl!

Brief 65: Ursache und Materie

Seneca grüßt seinen Lucilius

(1) Den gestrigen Tag teilte ich mit meiner Krankheit: Den Vormittag nahm sie für sich in Anspruch, den Nachmittag überließ sie mich mir. Daher erprobte ich meinen Geist zuerst mit Lektüre; danach, als er diese aufgenommen hatte, wagte ich es, ihm etwas zuzumuten oder vielmehr zu gestatten. Ich schrieb etwas, und zwar mit größerer Anstrengung als ich sonst pflege, da ich mit einem schwierigen Stoffe kämpfte und mich nicht von ihm besiegen lassen wollte, bis einige Freunde dazwischen kamen, die mich nötigten und mich wie einen unbesonnenen Kranken in die Schranken wiesen. (2) An die Stelle des Schreibgriffels trat jetzt das Gespräch, aus dem ich dir den Teil berichten will, der strittig blieb. Dich haben wir zum Schiedsrichter ernannt. Du bekommst mehr Arbeit damit, als du denkst: Die Sache hat drei Seiten.

Unsere Stoiker sagen, wie du weißt, es gebe in der Natur der Dinge zwei Prinzipien, aus denen alles entstehe, Ursache und Materie. Die Materie liegt untätig da, etwas, für alles aufnahmebereit, aber ruhend, wenn sie niemand in Bewegung setzt. Die Ursache aber, das heißt die Vernunft, gestaltet die Materie, wendet sie, wohin immer sie will, und bringt aus ihr verschiedenartige Werke hervor. Es muss also etwas da sein, woraus etwas entsteht, dann etwas, wodurch es entsteht: Dieses ist die Ursache, jenes die Materie. (3) Alle Kunst ist Nachahmung der Natur; übertrage daher das, was ich vom Weltganzen sagte, auf das, was vom Menschen geschaffen werden muss. Eine Statue hatte Materie, die sich vom Künstler bearbeiten ließ, und einen Künstler, der der Materie Gestalt gab. So war also bei der Statue die Materie das Erz, die Ursache der Werkmeister. Ebenso verhält es sich mit allen Dingen: Sie bestehen aus dem, was gestaltet wird, und aus dem, was gestaltet.

(4) Die Stoiker nehmen an, dass es nur eine Ursache gibt, das, was gestaltet. Aristoteles glaubt, man spreche von der Ursache in dreifachem Sinne. Die erste, sagt er, ist die Materie selbst, ohne die nichts hervorgebracht werden kann, die zweite der Werkmeister, die dritte die Form, die einem jeden Werk gegeben wird, wie etwa der Statue, denn diese nennt Aristoteles *eidos* (Gestalt). Zu diesen, meint er, kommt noch eine vierte hinzu, die Absicht des ganzen Werkes. (5) Was das sein soll, will ich jetzt auseinandersetzen. Das Erz ist die erste Ursache der Statue, denn nie wäre sie entstanden, wenn nicht das vorhanden gewesen wäre, woraus sie gegossen oder geformt wurde. Die zweite Ursache ist der Künstler, denn jenes Erz hätte nicht zur Gestalt einer Statue geformt werden können, wenn nicht kunsterfahrene Hände hinzugekommen wären. Die dritte Ursache ist die Form, denn jene Statue würde nicht »Doryphoros« (›der Speerträger‹) oder »Diadumenos« (›der sich bekränzende Sieger‹) heißen, wenn ihr nicht diese Gestalt gegeben worden wäre. Die vierte Ursache ist die Absicht ihrer Verfertigung, denn hätte es diese nicht gegeben, so wäre sie eben nicht gefertigt worden. (6) Was ist denn nun die Absicht? Was den Künstler veranlasst hat, was er bei der Herstellung verfolgte. Das ist entweder das Geld, wenn er sie für den Verkauf hergestellt, oder der Ruhm, wenn er gearbeitet hat, um sich einen Namen zu machen, oder Religiosität, wenn er eine Weihgabe für einen Tempel vorgesehen hat. Also auch dies ist eine Ursache, um dessentwillen etwas geschieht. Oder glaubst du nicht, dass unter die Ursachen eines geschaffenen Werkes das zu zählen ist, ohne das es nicht entstanden wäre?

(7) Platon fügt zu diesen noch eine fünfte hinzu, das Urbild, das er selbst »*idea*« nennt; das ist nämlich, worauf schauend der Künstler anfertigte, was er sich vornahm. Es kommt aber

nicht darauf an, ob er außerhalb das Urbild hat, auf das er seinen Blick richtet, oder in sich (eines), das er dort selbst geschaffen und sich vorgenommen hat. Diese Urbilder aller Dinge hat der Gott in sich, und er hat die Zahlen von allem, was getan werden muss, und die Maße mit seinem Geist umfasst. Er ist voll von jenen Gestalten, die Platon »Ideen« nennt, unsterblich, unveränderlich, unerschöpflich. So vergehen zwar die Menschen, aber die Menschheit selbst, nach der der Mensch geschaffen wird, dauert fort, und während die Menschen sich abmühen und untergehen, erleidet sie nichts.

(8) Es gibt also fünf Ursachen, wie Platon sagt: das, aus dem, das, von dem, das, in dem, das, auf das hin, und das, weswegen; zuletzt das, was aus diesen ist. So ist bei der Statue – weil wir von dieser zu sprechen begonnen haben – das »aus dem« das Erz, das »von dem« der Künstler, das »in dem« die Form, in die sie gebracht wird, das »auf das hin« das Urbild, das der Schaffende nachahmt, das »weswegen« des Schaffenden Absicht; was aus diesem allem entsteht, ist die Statue selbst.

(9) Alles dies hat, wie Platon sagt, auch das Weltall: den Schaffenden, das ist Gott; woraus es geschaffen wird, das ist die Materie; eine Form, das ist Zustand und Ordnung des Weltalls, das wir vor uns sehen; ein Urbild, wonach Gott die Großartigkeit des schönsten aller Werke geschaffen hat; die Absicht, weswegen er es geschaffen hat. (10) Du fragst, was für eine Absicht der Gott hatte? Das Gute. So jedenfalls sagt Platon: »Welche Ursache hatte Gott, die Welt zu schaffen? Er ist gut. Bei einem Guten aber findet sich kein Neid wegen irgendeines Gutes. Daher schuf er so gut, wie er es vermochte.«

Fälle also nun als Schiedsrichter dein Urteil und verkünde, wer dir das Wahrscheinlichste zu sagen scheint, nicht, wer das Wahrste spricht; denn das steht so hoch über uns wie die Wahrheit selbst.

(11) Diese Menge von Ursachen, die Platon und Aristoteles aufstellen, umfasst entweder zu viel oder zu wenig. Denn wenn sie alles als Ursache des Schaffens ansehen, bei des-

sen Wegfall etwas nicht entstehen kann, haben sie zu wenig gesagt. Sie mögen dann die Zeit unter die Ursachen setzen, denn nichts kann ohne Zeit geschehen. Ebenso den Raum, denn wenn es nichts gibt, wo etwas geschehen kann, wird es überhaupt nicht geschehen. Ebenso die Bewegung: Nichts geschieht, nichts vergeht ohne sie; ohne Bewegung gibt es keine Kunst, keine Veränderung.

(12) Wir aber suchen jetzt die erste und allgemeine Ursache. Diese muss einfach sein, denn auch die Materie ist einfach. Wir fragen, was ist die Ursache? Natürlich die wirkende Vernunft, das heißt der Gott. Denn alles, was ihr da aufgezählt habt, sind nicht viele und einzelne Ursachen, sondern sie hängen von einer einzigen ab, von der, die wirkt.

(13) Die Form, sagst du, sei die Ursache? Diese gibt der Künstler dem Werk; sie ist ein Teil der Ursache, nicht die Ursache. Auch das Urbild ist nicht die Ursache, sondern ein für die Ursache nötiges Werkzeug. Das Urbild ist für den Künstler so notwendig wie der Meißel, die Feile. Ohne diese kann seine Kunst nicht vorankommen, dennoch sind sie nicht deren Teile oder Ursachen. (14) »Die Absicht des Künstlers«, heißt es, »weswegen er daran geht, etwas zu schaffen, ist Ursache.« Mag sie eine Ursache sein, so ist sie doch nicht die wirkende Ursache, sondern eine hinzukommende. Diese aber sind unzählig: Wir fragen nach der allgemeinen Ursache. Das aber haben sie (Platon und Aristoteles) nicht mit ihrer gewohnten Genauigkeit formuliert, dass das ganze Weltall und das vollendete Werk eine Ursache sei. Es besteht nämlich ein großer Unterschied zwischen dem Werk und der Ursache des Werkes. (15) Hierüber gib entweder dein Urteil ab oder, was in solchen Dingen das Leichtere ist, erkläre, die Sache sei dir noch nicht klar, und befehle uns umzukehren.

»Was macht es dir für Freude«, sagst du, »deine Zeit mit Dingen zuzubringen, die dich keiner Leidenschaft entreißen, keine Begierde verbannen?« Ich beschäftige mich durchaus mit jenen wichtigeren Dingen und befasse mich mit dem, wodurch die Seele zur Ruhe kommt, und erforsche zuerst mich selbst, dann diese Welt. (16) Aber selbst jetzt vergeude ich meine Zeit nicht, wie du meinst. Denn alle diese Untersuchungen, wenn sie nicht zerstückelt und zu dieser unnützen Spitzfindigkeit zerstreut werden, erheben und erleichtern die Seele, die, von schwerer Last bedrückt, sich loszumachen und zu dem zurückzukehren strebt, zu dem sie einst gehörte. Dieser Körper nämlich ist eine Last und Strafe für die Seele. Unter seinem Druck ist sie bedrängt und in Fesseln, wenn nicht die Philosophie hinzutritt, sie am Schauspiel der Natur aufzuatmen heißt und vom Irdischen zum Göttlichen entlässt. Dies ist ihre Freiheit, dies ist ihr Hinausschweifen. Sie entzieht sich zuweilen der Haft, in der sie gehalten wird, und stärkt sich durch das Himmlische. (17) So wie Künstler nach irgendeiner besonders feinen Arbeit, die durch Anstrengung die Augen ermüdet, wenn sie dabei ungünstiges und spärliches Licht haben, ins Freie gehen und an einem der Erholung des Volkes gewidmeten Ort ihre Augen am vollen Licht erfreuen, so sucht die in diese traurige und finstere Behausung eingeschlossene Seele, so oft sie kann, das Freie und erholt sich bei der Betrachtung der Natur. (18) Der Weise wie der Jünger der Weisheit ist zwar an seinen Körper gefesselt, aber mit seinem besten Teil ist er ihm fern und richtet seine Gedanken auf Erhabenes. Wie durch einen Fahneneid gebunden, hält er dieses Leben für einen Kriegsdienst und ist so eingestellt, dass er weder Liebe noch Hass gegen das Leben hegt, und erduldet das Sterbliche, obwohl er weiß, dass darüber hinaus Höheres vorhanden ist.

(19) Du untersagst mir die Untersuchung der Natur der Dinge, ziehst mich vom Ganzen ab und beschränkst mich auf einen Teil? Ich soll nicht fragen, was die Ursprünge von allem sind? Wer der Gestalter der Dinge ist? Wer alles voneinander geschieden hat, was in einem versunken und von untätiger Materie umschlossen war? Ich soll nicht fragen, wer der Baumeister dieser Welt ist? Auf welche Weise etwas so Großes zu Gesetz und Ordnung kam? Wer das Zerstreute gesammelt, das Vermischte getrennt, dem in einer einzigen Formlosig-

keit Daliegenden unterscheidende Gestalten verliehen hat? Woher so viel Licht entspringt? Ob es Feuer ist oder etwas Helleres als Feuer? (20) Nach all dem soll ich nicht fragen? Soll nicht wissen, woher ich abstamme? Ob ich dies einmal sehen oder öfter geboren werden soll? Wohin ich von hier aus gehen werde? Welcher Wohnsitz die Seele erwartet, losgelöst von den Gesetzen der menschlichen Knechtschaft? Du verbietest mir, am Himmel teilzuhaben, das heißt du befiehlst mir, mit gesenktem Haupt zu leben? (21) Ich bin größer und zu Größerem geboren, als um Sklave meines Körpers zu sein, den ich wahrlich nicht anders betrachte als eine meiner Freiheit angelegte Fessel. Daher gebe ich ihn dem Schicksal preis, damit es in ihm hängen bleibt, und lasse keine Wunde durch ihn hindurch zu mir dringen. Was an mir Schaden erleiden kann, ist er: In dieser preisgegebenen Behausung wohnt eine freie Seele. (22) Niemals wird mich dieses Fleisch in die Furcht treiben, nie zu einer eines Guten unwürdigen Verstellung verleiten, nie werde ich zugunsten dieses armseligen Körpers lügen. Wenn es mir angebracht erscheint, werde ich die Gemeinschaft mit ihm auflösen. Und auch jetzt, solange wir zusammenhängen, werden wir nicht gleichberechtigte Partner sein: Die Seele wird alles Recht für sich in Anspruch nehmen. Verachtung des eigenen Körpers ist sichere Freiheit.

(23) Um zum Thema zurückzukommen: Zu dieser Freiheit wird auch jene Untersuchung, von der wir eben sprachen, viel beitragen. Offenbar besteht das All aus Materie und Gott. Der Gott regiert das, was ihm, ihn umgebend, als Lenker und Führer folgt. Mächtiger aber und wertvoller ist, was wirkt, das heißt Gott, als die Materie, die sich dem Gott fügt. (24) Den Platz, den Gott in der Welt einnimmt, nimmt die Seele im Menschen ein. Was dort die Materie ist, ist bei uns der Körper. Es soll also das Geringere dem Besseren dienen. Seien wir tapfer gegenüber dem Schicksalhaften. Lass uns nicht vor Ungerechtigkeiten erzittern, nicht vor Wunden, nicht vor Fesseln, nicht vor Armut. Was ist der Tod? Entweder Ende oder Übergang. Weder fürchte ich mich zu

enden – das ist dasselbe wie nicht angefangen zu haben –, noch hinüberzugehen, weil ich nirgends so beengt sein werde. Leb wohl!

Brief 71: Das höchste Gut

Seneca grüßt seinen Lucilius

(1) Du fragst mich zuweilen wegen einzelner Dinge um Rat, ohne daran zu denken, dass ein weites Meer uns trennt. Da ein großer Teil des Rates vom rechten Zeitpunkt abhängt, lässt es sich nicht vermeiden, dass meine Ansicht über manche Dinge erst dann zu dir gelangt, wenn schon die entgegengesetzte besser ist. Ratschläge richten sich nämlich nach den Umständen. Unsere Umstände aber wechseln, ja verkehren sich. Der Ratschlag muss also am gleichen Tag entstehen. Und auch dies ist noch zu spät: Er muss, wie man zu sagen pflegt, unter der Hand entstehen. Wie er aber zu finden ist, will ich dir zeigen.

(2) Sooft du wissen willst, was zu meiden oder was zu erstreben ist, blicke auf das höchste Gut, das Ziel deines ganzen Lebens. Mit diesem muss nämlich übereinstimmen, was immer wir tun. Niemand wird das Einzelne richtig ordnen, wenn er nicht schon das höchste Ziel seines Lebens vor Augen hat. Niemand wird, auch wenn er die Farben bereit hat, Ähnlichkeit erzielen, wenn nicht schon feststeht, was er malen will. Deshalb verfehlen wir uns, weil wir alle über Teile des Lebens nachdenken, niemand aber über das ganze. (3) Wer einen Pfeil abschießen will, muss wissen, worauf er zielt, und dann mit der Hand das Geschoss ausrichten und lenken. Unsere Ratschläge irren, weil sie nichts haben, worauf sie ausgerichtet werden. Für einen, der nicht weiß, welchen Hafen er ansteuern soll, gibt es keinen günstigen Wind. Notwendigerweise spielt in unserem Leben der Zufall eine große Rolle, denn wir leben nach dem Zufall.

(4) Für manche aber trifft zu, dass sie etwas wissen, ohne sich dessen bewusst zu sein. Wie wir oft Leute suchen, neben denen wir stehen, so wissen wir meistens nicht, dass unser Ziel, das höchste Gut, nahe liegt. Weder wirst du mit vielen Worten noch mit langer Umschreibung zusammenfassen, was das höchste Gut ist. Mit dem Finger, sozusagen, muss man darauf zeigen, ohne sich in Einzelheiten zu verlieren. Denn was bringt es, es in kleine Teile zu zerlegen, wenn du sagen kannst: »Das höchste Gut ist, was sittlich vollkommen ist.« Und, worüber du dich noch mehr wundern wirst: »Das einzige Gut ist, was sittlich vollkommen ist, die übrigen Güter sind falsch und unecht.« (5) Wenn du davon überzeugt bist und die Tugend innig liebst – denn sie einfach zu lieben, ist zu wenig –, so wird alles, was dir durch sie zuteilwird, wie es auch immer andern erscheinen mag, Segen und Glück bringen. Auch gefoltert zu werden, wenn du nur seelenruhiger daliegst als der Folterer selbst, oder krank zu sein, wenn du dein Schicksal nicht verwünschst und der Krankheit nicht nachgibst. Schließlich wird alles, was andere für ein Übel halten, sich mildern und zum Guten wandeln, wenn du dich darüber erhebst. Das sei klar, nichts ist ein Gut außer dem sittlich Vollkommenen, und alle Beschwerlichkeiten werden mit vollem Recht Güter genannt, wenn nur die Tugend sie geadelt hat.

(6) Vielen scheinen wir Größeres zu versprechen, als die menschliche Verfassung es gestattet, und sie meinen dies nicht zu unrecht, denn auf den Körper sehen sie. An den Geist sollten sie sich wenden, schon werden sie den Menschen an der Gottheit messen. Erhebe dich, Lucilius, bester der Männer, und verlasse die Wortspielchen der Philosophen, die das Großartigste in Silben zerlegen, die den Geist, indem sie Unwichtiges lehren, niederdrücken und zermürben. Dann wirst du denen ähnlich sein, die selbst etwas entdeckt haben, nicht denen, die lehren und darauf aus sind, dass die Philosophie eher schwierig als bedeutend erscheint.

(7) Sokrates, der die ganze Philosophie auf die Ethik zurückgeführt hat und zur höchsten Weisheit erklärte, gut und

böse zu unterscheiden, sagte: »Folge jenen (die selbst entdecken), wenn ich einen Einfluss auf dich habe, damit du glücklich bist, und nimm es hin, dass dich jemand für töricht hält. Wer immer will, mag dir Schmach und Unrecht antun, du wirst dennoch nichts erleiden, wenn nur die Tugend mit dir ist.« Weiter sagt er: »Wenn du glücklich sein willst, wenn du aufrichtig ein guter Mann sein willst, nimm es hin, dass dich jemand verachtet.« Das wird niemand leisten, wenn er nicht vorher selbst alles verachtet hat, wenn er nicht alle Güter gleichgestellt hat, weil es kein Gut ohne das sittlich Vollkommene gibt und das sittlich Vollkommene in allen gleich ist.

(8) »Wie ist das? Gibt es keinen Unterschied, ob Cato Prätor wird oder unterliegt? Macht es keinen Unterschied, ob in der Schlacht bei Pharsalos Cato besiegt wird oder siegt? War diese seine Leistung, durch die er trotz Niederlage seiner Partei nicht besiegt werden kann, gleich jener Leistung, durch die er als Sieger hätte in die Heimat zurückkehren und Frieden stiften können?« Warum sollten sie nicht gleich sein? Denn durch dieselbe Tugend wird schlimmes Schicksal besiegt und gutes geregelt. Die Tugend aber kann nicht größer oder kleiner werden, sie hat nur eine Größe. (9) »Aber Gnaeus Pompeius wird sein Heer verlieren, aber jene herrlichste Zier des Staates, die Aristokraten, und die vorderste Reihe der Partei des Pompeius, der bewaffnete Senat, werden in einer einzigen Schlacht niedergestreckt werden, und der Untergang einer so großen Herrschaftsmacht wird auf den ganzen Erdkreis überspringen. Ein Teil von ihr wird in Ägypten, ein Teil in Afrika, ein Teil in Spanien untergehen. Nicht einmal dies wird dem unglückseligen Staat vergönnt sein, auf einmal zusammenzubrechen.« (10) Alles mag geschehen: Iuba mag in seinem Königreich die Ortskenntnis nicht helfen, nicht die beharrlichste Tapferkeit seines Volkes für ihren König, auch die Treue der Einwohner von Utica, vom Unglück gebrochen, mag versagen, und Scipio mag in Afrika vom Glück seines Namens verlassen werden – längst ist dafür gesorgt, dass Cato keinen Schaden erleidet. (11) »Be-

siegt ist er dennoch.« Und auch das zähle zu den Rückschlägen Catos: So wird er mit Großmut ertragen, dass sich ihm beim Sieg wie bei der Wahl zum Prätor etwas entgegenstellte. An dem Tag, an dem er in der Wahl unterlag, spielte er. In der Nacht, in der er sterben wollte, las er. Es galt ihm gleich, aus der Prätur wie aus dem Leben auszuscheiden. Er war überzeugt, dass man alles, was geschieht, ertragen müsse.

(12) Warum hätte er die Wandlung des Staatswesens nicht tapfer und gleichmütig ertragen sollen? Was denn ist von der Gefahr einer Veränderung ausgenommen? Nicht die Erde, nicht der Himmel, nicht dieses ganze Weltgefüge, obwohl es von Gottes Handeln geleitet wird. Nicht immer wird es diese Ordnung behalten, sondern irgendein Tag wird es einmal aus dieser Bahn werfen. (13) Alles verläuft nach bestimmten Zeiten: Es muss entstehen, wachsen, vergehen. Alles, was du über uns seine Bahn ziehen siehst, und dies, worauf wir gestützt und gestellt sind, als sei es vollkommen unerschütterlich, wird zertrümmert werden und vergehen. Nichts, das nicht die Zeit seines Endes hätte. In ungleichen Zeitspannen entlässt die Natur es an dasselbe Ziel. Alles, was ist, wird nicht mehr sein und nicht untergehen, aber aufgelöst werden.

(14) Für uns bedeutet aufgelöst zu werden unterzugehen. Wir schauen nämlich nur auf das Nächstliegende, weiter hinaus blickt unser stumpfsinniger Geist nicht, der sich dem Körper ergeben hat. Sonst würde er sein Ende und das der Seinigen standhafter ertragen, wenn er hoffte, wie all dies, so wechselten auch Leben und Tod aneinander ab, werde Verbundenes gelöst und Gelöstes verbunden, und dass in diesem Werk die ewige Kunst der alles ordnenden Gottheit walte. (15) Daher wird er, wie Marcus Cato sagen, wenn er die Lebenszeit in seinem Geist vorüberziehen ließ: »Jedes Menschengeschlecht, das gegenwärtige wie zukünftiges, ist zum Tode verurteilt. Bei allen Städten, die irgendwo zu Macht gelangen und fremder Reiche große Zierde sind, wird man einst fragen, wo sie waren, und sie werden auf verschiedene Weise ihren Untergang finden. Manche wird der Krieg zer-

stören, andere werden Müßiggang und ein Frieden, der sich zu Trägheit verkehrt, auszehren und eine für große Macht verderbliche Sache, der Luxus. Alle diese fruchtbaren Felder wird eine plötzliche Überschwemmung durch das Meer verschwinden lassen oder ein Erdrutsch in einen jäh entstandenen Abgrund reißen. Warum sollte ich also unwillig sein und Schmerz empfinden, wenn ich um einen kurzen Augenblick dem allgemeinen Verhängnis vorangehe?«

(16) Eine große Seele muss der Gottheit gehorchen und alles, was das Weltgesetz befiehlt, ohne Zögern ertragen. Sie wird entweder zu einem besseren Leben entlassen, um unter göttlichen Wesen erleuchteter und ruhiger zu weilen, oder sie wird gewiss ohne irgendein Ungemach fortdauern, wenn sie wieder mit der Natur vermischt wird und in das Ganze zurückkehrt. Also ist des Marcus Cato tugendhaftes Leben kein größeres Gut als sein tugendhafter Tod, da die vollkommene Tugend nicht gesteigert werden kann. Sokrates sagte, Wahrheit und Tugend seien dasselbe. So wie jene nicht wächst, so auch die Tugend nicht: Sie hat ihr Maß, sie ist vollständig.

(17) Du brauchst dich also nicht zu wundern, dass die Güter gleich sind, sowohl die, die mit Absicht zu wählen sind, als auch solche, die die Situation so mit sich gebracht hat. Denn wenn du die Ungleichheit anerkennst, so dass du tapferes Ertragen der Folter zu den geringeren Gütern zählst, wirst du es sogar zu den Übeln zählen und wirst sagen, Sokrates sei unglücklich im Kerker, unglücklich sei Cato, der seine Wunden beherzter, als er sie sich beibrachte, wieder aufriss, am elendsten von allen sei Regulus, der büßen musste für sein sogar den Feinden gegenüber gehaltenes Wort. Und doch hat niemand, nicht einmal der größte Schwächling, dies zu sagen gewagt. Sie bestreiten zwar, dass er glücklich sei, dennoch sagen sie nicht, er sei unglücklich.

(18) Die alten Akademiker geben zwar zu, dass man auch unter diesen Martern glücklich sein könne, aber nicht vollkommen und nicht vollständig, was man in keiner Weise so

gelten lassen kann. Wer nicht glücklich ist, ist nicht im Besitz des höchsten Gutes. Was das höchste Gut ist, hat keine Stufe über sich, wenn ihm nur die Tugend innewohnt, wenn sie keine Widrigkeiten schmälert, wenn sie auch bei zerschlagenem Körper unversehrt bleibt: Aber sie bleibt. Ich verstehe die Tugend als beherzt und überragend, und was sie bedroht, spornt sie an. (19) Diese Einstellung, die oft junge Männer von edlen Anlagen angenommen haben, die die Schönheit von etwas sittlich Erhabenem erschüttert hat, so dass sie alles Zufällige verachten, wird in der Tat die Weisheit einflößen und vermitteln. Sie wird davon überzeugen, dass einzig ein Gut ist, was sittlich vollkommen, was weder vermindert noch gesteigert werden kann, so wenig wie du einen Messstab biegen wirst, an dem man das Gerade zu prüfen pflegt. Alles, was man daran verändert, ist ein Verstoß gegen die Geradheit. (20) Dasselbe werden wir also über die Tugend sagen: Auch sie ist gerade und nimmt keine Beugung hin. Kann sie noch unbeugsamer gemacht werden? Sie kann nicht gesteigert werden. Sie urteilt über alles, nichts über sie. Wenn sie aber selbst nicht gerader werden kann, so ist auch von dem, was durch sie geschieht, nicht das eine gerader als das andere, ihr nämlich müssen sie entsprechen und sind somit gleich.

(21) »Wie also?«, sagst du. »Bei einem Gastmahl zu liegen und gefoltert zu werden, ist gleich?« Das scheint dir verwunderlich? Darüber magst du dich noch mehr wundern: Bei einem Gastmahl zu liegen, ist ein Übel, auf der Folterbank zu liegen, ist ein Gut, wenn jenes auf schimpfliche, dieses auf ehrenhafte Weise geschieht. Nicht die Sache macht solches zu Gütern oder Übeln, sondern die Tugend. Überall, wo diese erscheint, hat alles dasselbe Maß und denselben Wert.

(22) Da droht mir nun jemand mit der Faust vor den Augen, der die Gesinnung aller nach seiner eigenen einschätzt, weil ich behaupte, gleich seien die Güter des Mannes, der ehrenhaft richtet, und dessen, der ehrenhaft vor Gericht steht; weil ich behaupte, gleich seien die Güter dessen, der einen Triumph feiert, und dessen, der ungebeugten Geistes

vor dem Wagen hergeht.[13] Sie glauben nämlich, dass nicht geschieht, was sie nicht schaffen können; anhand der eigenen Schwäche urteilen sie über die Tugend. (23) Was wunderst du dich, wenn gebrannt, verwundet, niedergestreckt, gefesselt zu werden zusagt, manchmal sogar gefällt? Für einen Schwelger ist schon Mäßigkeit eine Strafe, für einen Faulen ist Arbeit wie ein Todesurteil, ein Verwöhnter bemitleidet einen Fleißigen, dem Trägen ist Anstrengung eine Qual. Ebenso halten wir das, wozu wir alle zu schwach sind, für hart und unerträglich und vergessen, für wie viele es eine Qual ist, auf Wein zu verzichten oder bei Sonnenaufgang geweckt zu werden. Dergleichen Dinge sind nicht von Natur aus schwer, wir aber sind schlaff und entnervt. (24) Große Dinge müssen auch mit hohem Sinn beurteilt werden, sonst erscheint als deren Fehler, was der unsrige ist. So bieten vollkommen gerade Dinge, wenn sie ins Wasser getaucht sind, dem Betrachter den Anschein, krumm und geknickt zu sein. Es kommt also nicht bloß darauf an, was man sieht, sondern wie man es sieht: Unser Geist ist blind dafür, das Wahre zu erblicken.

(25) Bring mir einen jungen Mann, unverdorben und von aufgewecktem Geist: Er wird sagen, dass ihm der glücklicher erscheine, der alle Lasten widriger Verhältnisse mit starkem Nacken trage und über dem Schicksal stehe. Es ist nicht verwunderlich, bei Ruhe nicht erschüttert zu werden. Das aber bewundere, wenn einer sich dort aufrichtet, wo alle niedergeschlagen sind, wenn er steht, wo alle zu Boden liegen. (26) Was ist denn das Üble bei Folterqualen und bei allem andern, was wir widrig nennen? Das, glaube ich, dass der Geist niedersinkt, gebeugt wird, unterliegt. Nichts davon kann einem weisen Mann widerfahren. Er steht aufrecht, unter welcher Last auch immer. Nichts macht ihn kleiner, nichts von dem, was man tragen muss, missfällt ihm. Denn er beklagt sich nicht, dass ihn getroffen hat, was immer den

13 Besiegte Feinde mussten bei einem Triumphzug vor dem Wagen des Siegers einhergehen.

Menschen treffen kann. Er kennt seine Kräfte und weiß, dass er eine Last tragen kann.

(27) Ich nehme den Weisen nicht aus der Zahl der Menschen heraus und halte nicht den Schmerz von ihm fern, wie von irgendeinem keiner Empfindung fähigen Felsen. Es ist mir bewusst, dass er aus zwei Teilen zusammengesetzt ist: Der eine ist vernunftlos, dieser wird verletzt, gebrannt, empfindet Schmerz; der andere ist vernünftig, dieser hat unerschütterliche Ansichten, ist unerschrocken und unbezwinglich. In ihm wohnt jenes höchste Gut des Menschen. Ehe es vollständig ist, herrscht noch ein unsicheres Schwanken des Geistes; ist es aber vollendet, besitzt er eine unerschütterliche Festigkeit. (28) Daher wird einer, der am Anfang steht und zum Höchsten voranschreitet, und der Verehrer der Tugend, wenn er auch dem vollendeten Gut nahe gekommen ist, aber noch nicht letzte Hand daran gelegt hat, bisweilen einen Rückschritt machen und in der Anstrengung des Geistes etwas nachlassen. Denn er hat das Unsichere noch nicht durchquert, er bewegt sich noch auf schlüpfrigem Boden. Der Glückliche aber und der Mann von vollendeter Tugend liebt sich dann am meisten, wenn er aufs Tapferste hin erprobt ist und das, was andern furchtbar ist, nicht nur erträgt, sondern willkommen heißt, wenn es irgendeiner sittlichen Pflicht wert ist, und will viel lieber hören: »um so viel besser« als: »um so viel glücklicher«.

(29) Ich komme nun auf das, wozu deine Erwartung mich aufruft. Damit es nicht scheint, als schwebe unsere Tugend außerhalb der Natur der Dinge: Der Weise wird zittern, Schmerz empfinden und erbleichen, denn das alles sind Empfindungen des Körpers. Wo also ist das Unglück, wo jenes wahre Übel? Dort natürlich, wo diese den Geist niederziehen, wenn sie ihn zum Eingeständnis der Unterwürfigkeit bringen, wenn sie ihn zur Reue über sich selbst bringen. (30) Der Weise freilich besiegt das Schicksal durch Tugend, dennoch haben sich viele, die sich zur Weisheit bekennen, bisweilen durch die geringfügigsten Drohungen schrecken

lassen. Hier ist der Fehler auf unserer Seite, da wir dasselbe von einem Weisen fordern wie von einem, der auf dem Weg ist. Bisher rede ich mir ein, was ich lobe, habe mich aber noch nicht überredet; und selbst wenn ich mich überredet hätte, hätte ich es nicht so bereit und eingeübt, dass es für alle Fälle verfügbar wäre. (31) Wie die Wolle manche Farben gleich auf das erste Mal annimmt, andere aber nur aufsaugt, wenn sie mehrmals eingeweicht und gekocht ist, so können begabte Naturen bei anderen Lehren, wenn sie sie aufgenommen haben, sofort etwas leisten, diese aber leistet nichts von dem, was sie versprochen hat, wenn sie nicht tief eingedrungen ist, sich lange festgesetzt und den Geist nicht bloß gefärbt, sondern vollkommen durchtränkt hat.

(32) Dies lässt sich schnell und mit sehr wenigen Worten vermitteln, wenn wir sagen: Das einzige Gut ist die Tugend, sicher gibt es keines ohne die Tugend, die Tugend selbst hat ihren Sitz in unserem besseren, das heißt vernünftigen Teil. Was wird diese Tugend sein? Ein wahres und unveränderliches Urteil, denn aus diesem werden die Antriebe des Geistes kommen, von ihm wird jede Vorstellung, die einen Antrieb hervorbringt, zur Klarheit gebracht. (33) Diesem Urteil wird entsprechen, alles, was mit der Tugend in Berührung gekommen ist, sowohl als Güter als auch als gleichwertig zu beurteilen. Güter des Körpers aber sind zwar für den Körper gut, aber im Ganzen gesehen sind sie keine Güter. Sie werden zwar einen gewissen Wert haben, im Übrigen aber keine Würde. Sie werden durch große Abstände voneinander getrennt sein, die einen werden kleiner, die anderen größer sein.

(34) Wir werden auch zugeben müssen, dass es selbst unter denen, die der Weisheit folgen, große Unterschiede gibt. Der eine ist schon so weit fortgeschritten, dass er die Augen gegen das Schicksal zu erheben wagt, aber nicht andauernd, sie senken sich nämlich, vom zu großen Glanz geblendet. Ein anderer ist so weit, dass er ihm von Angesicht zu Angesicht begegnen kann, wenn er nicht schon auf die höchste Stufe gelangt und voller Selbstvertrauen ist. (35) Unvollkommenes

muss notwendig schwanken und bald vorwärtsgehen, bald straucheln und niedersinken. Es wird aber straucheln, wenn es nicht beharrlich fortfährt, weiterzugehen und sich anzustrengen, wenn es an Eifer und zuverlässigem Streben nur etwas nachlässt, muss es rückwärtsgehen. Niemand findet den Fortschritt da, wo er aufgegeben hatte.

(36) Lass uns daher nicht nachlassen und beharrlich bleiben. Mehr, als wir schon bewältigt haben, ist noch übrig, aber ein großer Teil des Fortschritts ist es, fortschreiten zu wollen. Dessen bin ich mir sicher: Ich will und will von ganzem Herzen. Ich sehe, dass auch du mit Eifer dabei bist und mit großem Drang dem Schönsten zueilst. Lass uns eilen: So erst wird das Leben eine Wohltat sein. Sonst ist es nur ein Aufenthalt, und zwar ein schändlicher, wenn wir unter Abscheulichem verweilen. Sorgen wir dafür, dass die ganze Zeit unser sei. Sie wird es aber nicht sein, wenn wir nicht zuvor begonnen haben, uns selbst zu gehören. (37) Wann wird es gelingen, das Schicksal in beider Gestalt (Glück und Unglück) zu verachten? Wann wird es gelingen, nachdem alle Affekte unterdrückt und dem eigenen Urteil unterstellt sind, auszurufen: »Ich habe gesiegt«? Wen ich besiegt habe, fragst du? Nicht die Perser, nicht die ferngelegenen Meder und keine kriegerischen Völker jenseits der Daker, sondern die Habsucht, den Ehrgeiz, die Todesfurcht, die selbst über die Besieger der Völker siegt. Leb wohl!

Brief 75: Stufen der sittlichen Vervollkommnung

Seneca grüßt seinen Lucilius

(1) Du beklagst dich, dass du von mir zu wenig sorgfältig ausformulierte Briefe geschickt bekommst. Doch wer spricht ausformuliert, außer einer, der gekünstelt sprechen will? So wie meine Sprache wäre, wenn wir beisammensäßen oder spazieren gingen, mühelos und leicht, so will ich, dass mei-

ne Briefe sind, die nichts Gesuchtes und nichts Gekünsteltes haben. (2) Wenn es möglich wäre, würde ich lieber zeigen als aussprechen, was ich meine. Doch auch wenn ich etwas erörterte, würde ich weder mit dem Fuß aufstampfen noch mit der Hand gestikulieren oder die Stimme erheben, sondern würde dies den Rednern überlassen, zufrieden, dir meine Gedanken mitzuteilen, und würde sie weder ausschmücken noch einfach hinwerfen. (3) Das eine möchte ich dir ausdrücklich versichern, dass ich meine, was ich sage, und nicht nur meine, sondern liebe. Anders küsst man seine Freundin, anders seine Kinder. Dennoch zeigt sich auch in dieser reinen und maßvollen Umarmung deutlich das Gefühl. Beim Herkules, ich will nicht, dass es nüchtern und trocken ist, was über so wichtige Dinge gesagt wird – denn auch die Philosophie erteilt dem Geistreichen keine Absage –, dennoch darf man auf die Worte nicht viel Mühe verwenden. (4) Das sei das Wichtigste bei unserem Vorhaben: Was wir meinen zu sagen und was wir sagen zu meinen. Die Rede soll mit dem Leben übereinstimmen. Der hat sein Versprechen erfüllt, der derselbe ist, wenn du ihn siehst und wenn du ihn hörst. Wir werden sehen, wie er beschaffen ist, wie groß er ist: Er sei einer. (5) Nicht erfreuen sollen unsere Worte, sondern nützen. Wenn sich Beredsamkeit ohne Mühe einstellen kann, wenn sie entweder zur Hand ist oder wenig kostet, dann sei sie dabei und begleite die schönsten Inhalte. Sie sei dann so beschaffen, dass sie lieber die Sache als sich selbst herausstellt. Andere Wissenschaften beziehen sich nämlich in ihrer Gesamtheit auf den Verstand, hier geht es um die Seele. (6) Ein Kranker sucht keinen redegewandten Arzt, aber, wenn es sich so trifft, dass eben derselbe, der heilen kann, gefällig über das, was zu tun ist, sprechen kann, wird er es gutheißen. Dennoch braucht man sich nicht zu beglückwünschen, weil man an einen Arzt geraten ist, der auch redegewandt ist: Das ist nämlich so, als wenn ein erfahrener Steuermann auch schön ist. (7) Wozu wirst du meine Ohren kitzeln? Wozu mir die Zeit vertreiben? Um anderes geht es: Ich muss gebrannt, geschnitten, auf Diät gesetzt werden. Dazu bist du geholt worden: Du sollst eine alte Krankheit, schwer, verbreitet, behandeln. So viel Arbeit hast du wie bei der Pest ein Arzt. Mit Worten bist du beschäftigt? Sei doch schon froh, wenn du deiner Aufgaben Herr wirst. Wann willst du so viel lernen? Wann wirst du dir, was du gelernt hast, so einprägen, dass es dir nicht mehr entfallen kann? Wann wirst du es erproben? Es genügt nämlich nicht, wie beim übrigen, es dem Gedächtnis anvertraut zu haben, es muss im Handeln bewährt sein. Glücklich ist nicht der, der es weiß, sondern der es tut.

(8) »Wie aber? Gibt es keine Abstufungen unterhalb dessen? Unmittelbar neben der Weisheit ist ein Abgrund?« Ich glaube nicht. Wer fortschreitet, gehört zwar noch zur Zahl der Törichten, ist aber dennoch durch einen großen Abstand von ihnen getrennt. Auch unter den Fortschreitenden selbst gibt es große Unterschiede. Sie werden, wie manche annehmen, in drei Klassen geteilt.

(9) Die ersten sind die, die die Weisheit zwar noch nicht besitzen, aber schon in ihrer Nähe angelangt sind. Dennoch ist auch, was nahe ist, noch draußen. Du fragst, wer diese sind? Die schon alle Affekte und Fehler abgelegt haben, die gelernt haben, was zu erfassen war, aber ihr Selbstvertrauen ist noch nicht erprobt. Sie haben ihr Gut noch nicht in Gebrauch. Dennoch können sie in das, wovor sie geflohen sind, nicht wieder zurückfallen. Sie sind schon dort, von wo aus es keinen Rückschritt gibt, doch das ist ihnen für sich selbst noch nicht klar. Ich erinnere mich, das in einem Brief geschrieben zu haben: »Sie wissen nicht, dass sie wissen.« Es ist ihnen schon gelungen, ihr Gut zu genießen, aber noch nicht, darauf zu vertrauen. (10) Einige bestimmen diese Gruppe von Fortschreitenden, von denen ich bisher gesprochen habe, so, dass sie sagen, sie wären den Krankheiten der Seele bereits entkommen, aber nicht den Affekten, und ständen noch auf schlüpfrigem Boden, weil niemand außerhalb der Gefahr der Schlechtigkeit sei, außer wer sie schon ganz abgeschüttelt habe. Niemand aber habe sie abgeschüttelt, außer wer

statt ihrer die Weisheit in sich aufgenommen habe. (11) Welcher Unterschied zwischen Krankheiten der Seele und den Affekten besteht, habe ich schon oft gesagt. Auch jetzt will ich dich daran erinnern: Krankheiten sind verwurzelte und verhärtete Fehler, wie Habgier und Ehrgeiz. Sie haben die Seele allzu eng umschlungen und begonnen, deren beständiges Übel zu sein. Um es kurz zu bestimmen: Krankheit ist ein auf dem Verkehrten beharrendes Urteil, als ob sehr erstrebenswert sei, was nur wenig erstrebenswert ist. Oder, wenn du lieber willst, wollen wir es so bestimmen: allzu sehr wenig Erstrebenswertem oder gar nicht Erstrebenswertem nachzugehen oder Dinge wertzuschätzen, die nur wenig oder gar keinen Wert haben. (12) Affekte sind zu missbilligende, plötzliche und heftige Erregungen der Seele, die, treten sie häufig ein und bleiben unbeachtet, eine Krankheit erzeugen. Wie eine einzelne Erkältung, die noch nicht chronisch geworden ist, einen Husten verursacht, eine anhaltende und lange festsitzende aber die Schwindsucht. Daher sind die am weitesten Fortgeschrittenen von Krankheiten frei, doch Affekte empfinden auch die der Vollendung ganz nahe Stehenden.

(13) Die zweite Gruppe besteht aus denen, die sich zwar der größten Übel der Seele und der Affekte entledigt haben, jedoch so, dass sie noch nicht im sicheren Besitz ihrer Selbstsicherheit sind, denn sie können noch in denselben (früheren) Zustand zurückfallen.

(14) Die dritte Gruppe ist frei von vielen und großen Fehlern, aber nicht von allen. Der Habgier ist sie entkommen, verspürt aber noch Zorn. Sie wird nicht mehr von der Begierde aufgestachelt, aber auch jetzt noch vom Ehrgeiz. Schon begehrt sie nichts mehr, aber sie fürchtet sich noch, und bei dieser Furcht selbst ist sie zwar gegen einiges fest genug, doch vor manchem weicht sie zurück. Sie verachtet den Tod, vor dem Schmerz scheut sie zurück. (15) Über diesen Punkt lass uns etwas weiter nachdenken. Es ist gut um uns bestellt, wenn wir in diese Gruppe aufgenommen werden. Bei großem Glück hinsichtlich der natürlichen Veranlagung und

bei großer, anhaltender Anstrengung im Bemühen wird die zweite Stufe erreicht. Doch auch den dritten Grad darf man nicht verachten. Bedenke, wieviel Böses du um dich herum siehst, schau an, wie kein Frevel ohne Beispiel ist, wie die Verdorbenheit täglich voranschreitet, wieviel öffentlich und privat gesündigt wird, und du wirst einsehen, dass wir genug erreichen, wenn wir nicht zu den Schlechtesten gehören.

(16) »Ich aber«, sagst du, hoffe es auch zu einem höheren Rang zu bringen.« Ich möchte das für uns lieber wünschen als versprechen. Wir sind vorbelastet, wir streben nach Tugend, sind in Laster verstrickt. Ich schäme mich, das zu sagen: Wir pflegen das Sittlichgute, soweit wir gerade Zeit dafür haben. Aber was für ein großer Lohn erwartet uns, wenn wir uns von unseren Geschäften und den hartnäckigsten Übeln losreißen! (17) Nicht Begierde, nicht Furcht wird uns treiben. Unangefochten von Schrecken, unverdorben von Begierden, werden wir weder vor dem Tod noch vor den Göttern erschauern, wir werden erkennen, dass der Tod kein Übel ist und die Götter nicht böse sind. Ebenso schwach ist das, was schadet, wie der, der Schaden erleidet. Das Beste hat keine schädigende Macht. (18) Uns erwartet, sind wir einmal aus diesem Schlamm heraus zu jenem Erhabenen und Herausragenden entkommen, Seelenruhe und nach Verbannung aller Irrtümer vollkommene Freiheit. Du fragst, welche das ist? Nicht Menschen, nicht Götter zu fürchten. Weder Schändliches noch Unmäßiges zu wollen. Über sich selbst vollkommene Gewalt zu haben. Ein unschätzbares Gut ist es, sein Eigen zu werden. Leb wohl!

Brief 76: Das höchste Gut

Seneca grüßt seinen Lucilius

(1) Das Ende der Freundschaft kündigst du mir an, wenn du irgendetwas von dem, was ich täglich tue, nicht erfahren solltest. Sieh, wie offen ich mit dir umgehe: Auch Folgendes will

ich dir anvertrauen. Einen Philosophen höre ich, und es ist eben schon der fünfte Tag, an dem ich in seine Schule gehe und ab der achten Stunde seinen Vortrag höre. »Im richtigen Alter!«, sagst du. Warum nicht im richtigen? Was ist denn törichter als nicht zu lernen, nur weil man lange nicht gelernt hat. (2) »Was denn? Soll ich dasselbe tun wie die Lackaffen und jungen Leute?« Gut steht es mit mir, wenn einzig das meinem hohen Alter nicht ansteht. Menschen jeden Alters haben zu dieser Schule Zugang. »Sollen wir dazu alt werden, um jungen Leuten zu folgen?« Ins Theater werde ich als alter Mann gehen und mich in den Zirkus tragen lassen, und kein Gladiatorenpaar wird ohne mich einen Kampf austragen. Soll ich mich dann schämen, wenn ich zum Philosophen gehe? (3) Man muss solange lernen, wie man unwissend ist. Wenn wir dem Sprichwort glauben: solange man lebt. Und zu keiner Sache passt dies besser als dazu: Wie man leben soll, muss man solange lernen, wie man lebt. Dennoch lehre auch ich dort etwas. Was ich lehre?, fragst du. Dass auch ein alter Mann noch lernen muss.

(4) Ich schäme mich aber des menschlichen Geschlechts, sooft ich die Schule betrete. Wie du weißt, muss man unmittelbar am Theater von Neapel vorbeigehen, wenn man zum Haus von Metronax gelangen will. Das Theater freilich ist überfüllt, und mit ungeheurer Leidenschaft wird beurteilt, wer ein guter Flötenspieler ist, und auch ein griechischer Trompeter und ein Ausrufer haben Zulauf. Aber an dem Ort, wo gefragt wird, was ein guter Mensch ist und wie man lernt, ein guter Mensch zu sein, sitzen die wenigsten, und die scheinen den meisten keine sinnvolle Beschäftigung zu haben, der sie nachgehen. Man nennt sie Narren und Faulpelze. Ich lasse mir diesen Spott ruhig gefallen. Mit Gleichmut muss man die Schmähungen der Unwissenden anhören, und wer zu einer ehrenvollen Beschäftigung geht, muss eben die Verachtung selbst verachten.

(5) Mach weiter, Lucilius, und beeile dich, damit es dir nicht so geht wie mir, dass du als alter Mann noch lernen

musst. Beeile dich sogar noch mehr, weil du erst jetzt das in Angriff genommen hast, was du als alter Mann kaum zu Ende lernen kannst. »Wieweit werde ich vorankommen?«, fragst du. Soweit du es versuchst. (6) Worauf wartest du? Keiner ist aus Zufall weise geworden. Geld kann von selbst kommen, ein Ehrenamt angeboten werden, man wird dich vielleicht mit Ansehen und Ehren überschütten: Die Tugend wird dir nicht einfach zufallen. Man kann sie nicht einmal mit leichter Mühe oder geringer Anstrengung erkennen, aber es lohnt sich sehr, sich anzustrengen, wenn man alle Güter auf einmal erwerben will. Das einzige Gut ist nämlich, was sittlich vollkommen ist. In dem, was auch immer der Menge so gefällt, wirst du nichts Wahres, nichts Sicheres finden.

(7) Weshalb aber einzig ein Gut ist, was sittlich gut ist, werde ich dir sagen, weil du der Ansicht bist, ich sei in einem früheren Brief zu wenig darauf eingegangen, und glaubst, dieser Sachverhalt sei dir mehr gelobt als bewiesen worden, und ich will knapp zusammenfassen, was schon gesagt worden ist. (8) Alles beinhaltet sein eigenes Gut. Einen Weinstock zeichnen die Fruchtbarkeit und der Geschmack des Weins aus, den Hirsch die Schnelligkeit. Man fragt, wie stark der Rücken bei Lasttieren ist, deren einziger Nutzen darin besteht, Lasten zu tragen. Bei einem Hund kommt es in erster Linie auf den Spürsinn an, wenn er wilde Tiere aufspüren, auf das Laufvermögen, wenn er sie verfolgen, auf die Angriffslust, wenn er sie beißen und anfallen soll. Das muss bei jedem das Beste sein, wozu es geboren ist, wonach es beurteilt wird. (9) Was ist beim Menschen das Beste? Die Vernunft, durch sie steht er den Lebewesen voran und folgt den Göttern. Die vollendete Vernunft ist daher das ihm eigene Gut, das übrige hat er mit Tieren und Pflanzen gemeinsam. Er ist stark: Löwen auch. Er ist schön: Das sind auch die Pfauen. Er ist schnell: die Pferde auch. Ich sage nicht, dass er in all dem unterlegen ist, ich frage auch nicht, was in ihm am meisten ausgeprägt ist, sondern was nur ihm eigen ist. Er hat einen Körper: Bäume auch. Er hat einen Antrieb und willkürliche Bewegung: Tie-

re und Würmer auch. Er hat eine Stimme, aber eine wieviel lautere haben Hunde, eine schrillere Adler, eine dröhnendere Stiere, eine süßere und beweglichere Nachtigallen. (10) Was ist das dem Menschen Eigene? Die Vernunft: Diese, richtig und vollkommen, erfüllt das Glück des Menschen. Wenn also jede Sache, sobald sie ihr eigenes Gut zur Vollendung gebracht hat, lobenswert ist und zum Ziel ihrer Natur gelangt ist, für den Menschen aber das ihm eigene Gut die Vernunft ist, ist er lobenswert, wenn er sie vollendet hat, und er hat das Ziel seiner Natur erreicht. Diese vollendete Vernunft nennt man Tugend und, was dasselbe ist, sittliche Vollkommenheit. (11) Daher ist dies das einzige Gut im Menschen, das allein ein Gut des Menschen ist. Jetzt fragen wir nämlich nicht, was ein Gut ist, sondern was des Menschen Gut ist. Wenn es kein anderes (spezifisches) Gut des Menschen gibt als die Vernunft, wird diese sein einziges Gut sein, aber es wiegt alles auf. Angenommen, jemand ist schlecht, dann wird man ihn missbilligen, denke ich; wenn gut, denke ich, wird man ihn anerkennen. Dies ist also beim Menschen das Erste und Einzige, aufgrund dessen er sowohl anerkannt als auch missbilligt wird.

(12) Du zweifelst nicht, ob dies ein Gut ist; du zweifelst, ob es das alleinige Gut ist. Wenn jemand alles andere hätte, Gesundheit, Reichtum, eine lange Ahnengallerie, ein gut besuchtes Atrium,[14] wäre aber eingestandenermaßen schlecht, wirst du ihn missbilligen. Ebenso wenn jemand nichts von dem hätte, was ich aufgezählt habe, wenn es ihm an Geld mangelte, einer Klientenschar, an adliger Abstammung, an einer Reihe von Vorfahren und Vorvorfahren, aber unzweifelhaft gut wäre, wirst du ihn anerkennen. Also ist dies das einzige Gut des Menschen; wer es besitzt, auch wenn ihm anderes fehlt, muss gelobt werden, wer es nicht besitzt, wird trotz der Fülle an allem anderen verurteilt und zurückgewiesen.

14 Klienten erschienen morgendlich bei ihrem Patron, der somit ein hohes Ansehen genoss, wenn sich viele in seinem Atrium einfanden.

(13) Wie die Beschaffenheit bei den Dingen ist, so ist sie auch beim Menschen: Ein Schiff wird gut genannt, nicht, wenn es mit kostbaren Farben bemalt ist oder einen silbernen oder goldenen Schnabel hat oder dessen Schutzgottheit aus Elfenbein geschnitzt ist, und auch nicht, wenn es mit Geldkörben und königlichen Schätzen beladen ist, sondern wenn es stabil, fest und dicht ist, so dass seine Fugen das Wasser abweisen, wenn es stark genug ist, dem Ansturm des Meeres standzuhalten, dem Ruder gehorcht, schnell und unempfindlich gegen den Wind ist. (14) Ein Schwert wirst du gut nennen, nicht, weil es an einem goldenen Gürtel hängt und seine Scheide mit Edelsteinen geschmückt ist, sondern weil es eine tief schneidende Klinge hat und eine Spitze, die jeden Panzer durchstößt. Bei einer Messlatte fragt man nicht, wie schön, sondern wie gerade sie ist. Ein jedes wird für das gelobt, wofür es geschaffen ist, was seine spezifische Eigenart ist. (15) Also kommt es auch beim Menschen nicht darauf an, wieviel er beackert, wieviel er an Geld ausleiht, von wie vielen er begrüßt wird, wie kostbar das Bett ist, in dem er liegt, wie durchscheinend das Glas ist, aus dem er trinkt, sondern wie gut er ist. Er ist aber gut, wenn seine Vernunft entfaltet und recht und ihrem naturgemäßen Wollen angepasst ist. (16) Dies nennt man Tugend, dies ist sittliche Vollkommenheit und das einzige Gut des Menschen. Denn da allein die Vernunft den Menschen vollendet, macht ihn allein die Vernunft vollkommen glücklich. Das aber ist das einzige Gut, wodurch allein er glücklich wird. Wir sagen, dass auch jene Güter sind, die von der Tugend herkommen und verursacht werden, das heißt alle ihre Werke. Aber sie ist deshalb das einzige Gut, weil es ohne sie keines gibt.

(17) Wenn sich jedes Gut in der Seele befindet, ist alles, was sie stärkt, aufrichtet, erhöht, ein Gut. Stärker, erhabener, bedeutender aber macht die Tugend die Seele. Denn die übrigen Dinge, die unsere Begierden reizen, drücken auch die Seele nieder und schwächen sie, und wo sie sie emporzuheben scheinen, blähen sie sie nur auf und treiben ein Spiel

mit ihr mit vielerlei Nichtigkeiten. Also ist einzig das ein Gut, wodurch die Seele besser wird. (18) Alle Handlungen des ganzen Lebens werden gemessen hinsichtlich des sittlich Guten und Schlechten. Danach richtet sich die Überlegung, etwas zu tun oder nicht zu tun. Was das heißt, will ich sagen: Ein guter Mann wird tun, was nach seiner Überzeugung sittlich gut getan werden wird, auch wenn es mühevoll sein wird; wird es tun, auch wenn es für ihn schädlich sein wird; wird es tun, auch wenn es gefährlich sein wird. Andererseits wird er, was sittlich schlecht ist, nicht tun, auch wenn es Geld, auch wenn es Lust, auch wenn es Macht bringt. Vom sittlich Guten wird er sich nicht abschrecken, zum sittlich Schlechten nicht verführen lassen. (19) Wenn er also durchwegs dem sittlich Guten folgen, durchwegs das sittlich Schlechte meiden und bei jeder Handlung des Lebens diese beiden beachten will und wenn es weder ein anderes Gut als das sittlich Gute noch ein anderes Übel als das sittlich Schlechte gibt, wenn einzig die Tugend unverdorben ist und allein in ihrer Haltung verbleibt, ist das einzige Gut die Tugend, der nicht zustoßen kann, dass sie kein Gut mehr ist. Der Gefahr einer Veränderung entgeht sie: Dummheit rafft sich zur Weisheit auf, die Weisheit fällt nicht in die Dummheit zurück.

(20) Ich habe gesagt, wenn du dich vielleicht erinnerst, viele hätten von der Menge begehrte und gefürchtete Dinge aus einem unbesonnenen Antrieb heraus mit Füßen getreten. Es fand sich einer, der seinen Reichtum wegwarf, es fand sich einer, der die Hand in die Flammen hielt, dessen Lachen der Folterknecht nicht unterbrochen hat, der beim Begräbnis seiner Kinder keine Träne vergoss, der dem Tod ohne Furcht entgegentrat. Liebe, Zorn, Begierden haben Gefahren herausgefordert. Was eine kurze Standhaftigkeit der Seele vermag, von irgendeinem Reiz ausgelöst, wieviel mehr (vermag) die Tugend, die nicht aus einem Drang heraus oder plötzlich, sondern gleichmäßig stark ist und andauernde Kraft hat? (21) Daraus folgt: Was von Unbedachten oft verachtet wird, von Weisen immer, das ist weder gut noch schlecht. Daher ist

das einzige Gut die Tugend selbst, die zwischen diesem und jenem Schicksal (Glück und Unglück) stolz einhergeht, mit großer Verachtung für beides. (22) Wenn du so eine Meinung übernimmst, dass irgendetwas ein Gut sei außer dem sittlich Guten, wird jede Tugend in Schwierigkeiten kommen. Keine nämlich kann bestehen, wenn sie etwas außerhalb ihrer selbst gelten lässt. Wenn dies der Fall ist, widerspricht es der Vernunft, aus der die Tugenden stammen, und der Wahrheit, die ohne Vernunft nicht existiert. Jede Ansicht aber, die im Widerspruch zur Wahrheit steht, ist falsch.

(23) Du musst zugeben, dass ein guter Mann voll von höchster Ehrfurcht gegenüber den Göttern ist. Daher wird er, was immer ihm zustößt, mit Gleichmut ertragen. Er wird nämlich wissen, dass ihm dies nach göttlichem Gesetz widerfahren ist, nach dem alles geschieht. Wenn das so ist, wird für ihn allein ein Gut sein, was sittlich gut ist. Darin ist nämlich begründet, sowohl den Göttern zu gehorchen als auch bei plötzlichen Ereignissen nicht aufzubrausen und sein Los nicht zu beklagen, sondern das Geschick geduldig anzunehmen und das Befohlene zu tun. (24) Wenn irgendetwas anderes ein Gut ist als das Sittlichgute, wird uns die Lebensgier verfolgen, die Gier nach Dingen, die das Leben ausstatten, was unerträglich, endlos, unstet ist. Deshalb ist allein das Sittlichgute, das ein Maß hat, ein Gut.

(25) Wir haben gesagt, das Leben der Menschen werde glücklicher sein als das der Götter, wenn das wirklich Güter sind, wofür die Götter keine Verwendung haben, wie Geld, Ehren. Nimm nun hinzu, dass, wenn nur die Seelen vom Körper losgelöst fortbestehen, sie sich in einem glücklicheren Zustand befinden als während sie im Körper verweilen. Wenn allerdings die Dinge, die wir mit unserem Körper benutzen, Güter sind, wird es den (aus dem Körper) entlassenen Seelen schlechter gehen, was gegen die Glaubwürdigkeit verstößt, da sie eingeschlossen und beengt glücklicher sein sollen als frei und dem Universum übergeben. (26) Auch das hatte ich gesagt, dass, wenn die Dinge Güter sind, die

genauso dem Menschen wie auch den stummen Tieren zukommen, auch stumme Tiere ein glückliches Leben führen werden; was aber in keiner Weise eintreffen kann. Alles muss man für das Sittlichgute erdulden; das müsste man nicht tun, wenn es irgendein anderes Gut gäbe als das Sittlichgute.

Obwohl ich das in einem früheren Brief ausführlicher dargelegt habe, habe ich es zusammengefasst und bin es kurz durchgegangen. (27) Niemals aber wird dir eine solche Ansicht als wahr erscheinen, wenn du nicht deine Seele erhebst und dich selbst befragst, ob die Sache es erfordert, dass du für das Vaterland stirbst und das Wohl aller Bürger mit deinem eigenen erkaufst und deinen Nacken nicht nur geduldig, sondern auch gern darbieten willst. Wenn du das tun willst, gibt es kein anderes Gut. Du lässt nämlich alles hinter dir, um dieses zu besitzen. Sieh, wie groß die Kraft des Sittlichguten ist: Du wirst für den Staat sterben, auch wenn du es sofort tun sollst, sobald du weißt, dass du es tun musst.

(28) Zuweilen gewinnt man aus einer sehr schönen Sache große Freude, auch in begrenzter und kurzer Zeit, und obwohl kein Gewinn für die vollbrachte Tat den Verstorbenen und den menschlichen Dingen Entrückten mehr erreicht, so erfreut ihn dennoch selbst die Betrachtung der künftigen Tat. Und ein tapferer und gerechter Mann, wenn er sich den Lohn für seinen Tod vor Augen führt, die Freiheit des Vaterlandes, das Wohl aller, für die er mit seinem Leben bezahlt hat, erfährt höchste Freude und genießt seine Gefahr. (29) Aber auch derjenige, dem auch diese Freude entrissen wird, die die Ausführung der größten und letzten Tat gewährt, wird ohne zu zögern in den Tod springen, zufrieden damit, richtig und pflichtbewusst zu handeln. Halte jenem auch jetzt noch vieles entgegen, was davon abrät, sage: »Deiner Tat wird baldiges Vergessen und kaum dankbare Würdigung deiner Bürger folgen.« Er wird dir antworten: »All das hat mit meiner Tat nichts zu tun, ich betrachte nur sie selbst. Ich weiß, dass sie sittlich gut ist, daher gehe ich dahin, wohin auch immer sie führt und ruft.«

(30) Dies ist also das einzige Gut, das nicht nur die vollkommene Seele, sondern auch eine edelmütige und gut veranlagte empfindet, die übrigen sind flüchtig, veränderlich. Daher besitzt man sie nur mit Sorgen. Auch wenn sie durch die Gunst des Schicksals auf einen gehäuft sind, lasten sie schwer auf ihren Besitzern und bedrücken sie ständig und treiben zuweilen ihr Spiel mit ihnen. (31) Niemand von denen, die du in Purpur gekleidet siehst, ist glücklich, genauso wenig wie einer von denen, denen die Stücke auf der Bühne ein Zepter und einen Königsmantel zuteilen. Während sie vor den Zuschauern großspurig und auf Kothurnen daherschreiten, ziehen sie, sobald sie abgetreten sind, ihre Schuhe aus und kehren zu ihrer normalen Gestalt zurück. Niemand von denen, die Reichtum und Ehrenämter in einen höheren Rang versetzen, ist groß. Warum erscheint er also groß? Weil man ihn mit seinem Sockel misst. Ein Zwerg ist nicht groß, mag er auch auf einem Berg stehen. Ein Riese behält seine Größe, auch wenn er in einer Grube steht. (32) Dies ist der Irrtum, unter dem wir leiden, so beeindruckt man uns, damit wir niemanden danach einschätzen, was er ist, sondern ihm auch noch zurechnen, womit er geschmückt ist. Wenn du vielmehr die wahre Beurteilung eines Menschen vornehmen und wissen willst, wie er ist, betrachte ihn nackt. Er lege sein Vermögen ab, er lege seine Ehrenämter und andere Täuschungen des Schicksals ab, selbst des Körpers entledige er sich. Die Seele betrachte, wie sie beschaffen ist, groß aus fremdem oder eigenem Vermögen. (33) Wenn er blitzenden Schwertern mit festem Blick entgegensieht, und wenn er weiß, dass es für ihn gleichgültig ist, ob die Seele durch den Mund oder durch die Kehle entweicht,[15] nenne ihn glücklich. Ebenso wenn er ihm angekündigte körperliche Qualen, sowohl solche, die vom Zufall herrühren, als auch solche, die vom Unrecht eines Mächtigeren kommen, wenn

15 Nach einer Enthauptung kann die Seele nicht mehr, wie sonst angenommen, durch den Mund den Körper verlassen.

er Fesseln, Verbannungen und nichtige Schreckgespenster des menschlichen Geistes ohne Sorge hört und sagt: »Kein Bild von Mühsal, o Jungfrau (Sibylle von Cumae), steigt neu oder unerwartet in mir auf, alles nahm ich vorweg und erwog es in der Seele mit mir selbst.« (Vergil) »Du kündigst dies heute an. Ich habe es mir immer angekündigt und den Menschen vorbereitet auf Menschliches.«

(34) Der Schlag eines vorherbedachten Übels kommt sanft. Aber den Dummen und Schicksalsgläubigen erscheint jede Gestalt der Ereignisse neu und unerwartet. Zum großen Teil liegt das bei Unerfahrenen an der Neuheit des Übels. Du musst wissen, das, was sie für hart gehalten haben, ertragen sie tapferer, wenn sie sich daran gewöhnt haben. (35) Deshalb gewöhnt sich der Weise an zukünftige Übel und was andere durch langes Erdulden leicht machen, macht er leicht durch langes Nachdenken. Wir hören zuweilen die Stimmen von Unerfahrenen, die sagen: »Ich wusste, das steht mir bevor.« Der Weise weiß, dass ihm alles bevorsteht. Was auch immer geschehen ist, er sagt: »Ich wusste es.« Leb wohl!

Brief 89: Die Einteilung der Philosophie

Seneca grüßt seinen Lucilius

(1) Du wünschst dir eine nützliche und für einen nach Weisheit Strebenden notwendige Sache, dass die Philosophie unterteilt und ihr gewaltiger Körper gegliedert werde. Denn leichter lassen wir uns durch die Teile zur Kenntnis des Ganzen heranführen. Könnte doch, wie die ganze Gestalt der Welt zur Anschauung kommt, so auch die Philosophie uns als Ganze begegnen, ein dem Weltall ähnlichster Anblick! Denn er würde tatsächlich alle Sterblichen zu ihrer Bewunderung hinreißen, hinter sich lassend, was wir jetzt aus Unkenntnis des Großen für groß halten. Doch weil dies nicht gelingen kann, müssen wir sie so betrachten, wie die abgesonderten

Teile der Welt betrachtet werden. (2) Der Geist des Weisen freilich umfasst ihre ganze Masse und überblickt sie nicht weniger schnell als unser Blick den Himmel. Uns aber, die noch das Dunkel durchbrechen müssen und deren Sehvermögen (schon) für das Nächste nicht ausreicht, können die Einzelheiten leichter dargelegt werden, da wir das Ganze noch nicht zu erfassen vermögen. Ich will also tun, was du verlangst, und die Philosophie in Teile, nicht in Stücke zerlegen. Denn es ist nützlich, sie einzuteilen, nicht sie zu zerschneiden, da es ebenso schwer ist, das sehr Große wie das sehr Kleine zu erfassen. (3) Das Volk wird in Tribus eingeteilt, das Heer in Zenturien. Alles, was zu einer gewissen Größe gewachsen ist, wird leichter erkannt, wenn es in Teile zerlegt wird, die, wie ich eben sagte, nicht unzählig und winzig sein dürfen. Eine gar zu weitgehende Unterteilung hat den gleichen Nachteil wie gar keine. Was bis zu Pulver zerklopft ist, gleicht einem Wirrwar.

(4) Zuerst also will ich, wenn es dir recht ist, sagen, was für ein Unterschied zwischen Weisheit und Philosophie besteht. Die Weisheit ist das vollendete Gut des menschlichen Geistes, die Philosophie ist die Liebe zur Weisheit und das Streben nach ihr. Diese will dorthin kommen, wo jene angelangt ist. Woher der Begriff der Philosophie stammt, ist klar, denn schon durch den Namen selbst bekennt sie, was sie liebt. (5) Einige haben die Weisheit so definiert, dass sie sagten, sie sei die Wissenschaft von den göttlichen und menschlichen Dingen. Andere wieder so: Weisheit ist die Kenntnis der göttlichen und menschlichen Dinge und ihrer Ursachen. Dieser Zusatz aber scheint mir überflüssig zu sein, weil die Ursachen der göttlichen und menschlichen Dinge ein Teil des Göttlichen sind. Auch die Philosophie hat man mal so, mal anders definiert: Die einen sagten, sie sei das Streben nach der Tugend, andere, sie sei das Streben nach Verbesserung des Geistes. Einige nannten sie das Verlangen nach vollendeter Vernunft. (6) Das steht gewissermaßen fest, dass es einen Unterschied gibt zwischen Philosophie und Weisheit, denn es

kann unmöglich, was angestrebt wird und was anstrebt, dasselbe sein. Gleich wie ein großer Unterschied ist zwischen Habsucht und Geld, da jene begehrt, dieses begehrt wird, so zwischen Philosophie und Weisheit. Denn diese ist das Ergebnis und der Lohn von jener; jene ist auf dem Weg, zu dieser geht man hin. (7) Weisheit ist, was die Griechen *sophia* nennen. Dieses Wort benutzten auch die Römer, wie sie jetzt ›Philosophie‹ verwenden. Dies beweisen dir sowohl die alten römischen Nationalschauspiele als auch die Inschrift auf dem Grabmal des Dossennus: »Fremder bleib stehen und lies die Sophia des Dossennus.«

(8) Einige der unsrigen haben, obwohl die Philosophie das Streben nach Tugend ist und diese erstrebt wird, jene danach strebt, dennoch nicht geglaubt, dass man die beiden trennen kann. Denn es gibt weder eine Philosophie ohne Tugend noch eine Tugend ohne Philosophie. Die Philosophie ist das Streben nach Tugend, aber vermöge der Tugend selbst. Es kann aber weder eine Tugend geben ohne das Streben nach ihr noch ein Streben nach der Tugend ohne sie selbst. Denn es ist hier nicht wie bei denen, die aus der Entfernung etwas zu treffen versuchen, wo sich der Zielende an einem andern Ort befindet als das Ziel; und nicht wie bei Straßen, die zu einer Stadt führen, aber außerhalb liegen. Zur Tugend gelangt man nur durch sie selbst. Philosophie und Tugend sind miteinander verbunden.

(9) Die meisten und bedeutendsten Autoren haben gesagt, dass die Philosophie drei Teile habe: Ethik, Naturphilosophie und Logik. Der erste formt die Seele; der zweite erforscht die Natur der Dinge; der dritte untersucht die Eigenart der Begriffe, ihre Verknüpfung und die Beweisgründe, damit sich nicht Falsches statt Wahrem einschleicht. Übrigens finden sich auch einige, die die Philosophie in weniger, andere, die sie in mehr Gebiete einteilen.

(10) Einige Peripatetiker fügten als viertes Teilgebiet die Politik hinzu, weil sie ein eigenes Studium erfordere und sich mit einem andern Gegenstand beschäftige. Manche füg-

ten diesem noch einen Teil bei, den sie Ökonomie nennen, die Wissenschaft, das Hauswesen zu verwalten. Einige haben auch einen besonderen Abschnitt über die Lebensformen ausgegliedert. Aber all das findet sich im Teilgebiet der Ethik.

(11) Die Epikureer glaubten, es gebe nur zwei Teile der Philosophie, Naturphilosophie und Ethik; die Logik ließen sie weg. Da sie sich aber schließlich durch die Gegenstände selbst gezwungen sahen, Zweideutiges auszuscheiden und das Falsche, das sich unter dem Schein des Wahren verbirgt, aufzudecken, so führten auch sie einen Abschnitt ein, den sie »Über Urteil und Richtschnur« nennen, die Logik also unter anderem Namen. Sie betrachten ihn aber nur als Anhang zum Teilgebiet der Naturphilosophie.

(12) Die Kyrenaiker hoben die Naturphilosophie und Logik auf und begnügten sich mit der Ethik, aber auch diese führen auf andere Weise wieder ein, was sie beseitigen. Sie gliedern die Ethik nämlich in fünf Teile, so dass der eine von dem handelt, was zu meiden und was zu erstreben ist, der zweite von den Affekten, der dritte von den Handlungen, der vierte von den Ursachen, der fünfte von den Beweisgründen. Die Ursachen der Dinge gehören aber zum Teilgebiet der Naturphilosophie, die Beweisgründe zur Logik.

(13) Ariston von Chios behauptete, Naturphilosophie und Logik seien nicht nur überflüssig, sondern ständen auch im Gegensatz zueinander. Selbst die Ethik, die er als Einzige übrigließ, beschnitt er. Denn das Gebiet, das die Ermahnungen enthält, entfernte er und behauptete, dies sei Sache des Erziehers, nicht des Philosophen. Als ob der Weise etwas anderes sei als ein Erzieher des Menschengeschlechts.

(14) Da also die Philosophie dreigeteilt ist, wollen wir zuerst mit der Einteilung der Ethik beginnen. Man hielt es für richtig, diese wiederum in drei Teile zu gliedern, so dass an erster Stelle die Untersuchung steht, die jedem das Seine zuweist und einschätzt, wieviel ein jedes wert ist, eine sehr nützliche (Untersuchung), denn was ist so nötig, wie den Wert der Dinge zu bestimmen? Der zweite handelt von den

Antrieben, der dritte von den Handlungen. Das erste nämlich ist, dass du beurteilst, wieviel etwas wert sei; das zweite, dass du den Antrieb geordnet und maßvoll darauf ausrichtest, das dritte, dass zwischen deinem Antrieb und den Handlungen Einklang besteht, damit du in dem allen mit dir selbst übereinstimmst. (15) Fehlt irgendeines von den dreien, stört es auch die übrigen. Denn was nützt es, alles untereinander bewertet zu haben, wenn du in deinem Antrieb überziehst? Was nützt es, den Antrieb unterdrückt und die Begierden in seiner Gewalt zu haben, wenn man beim Handeln selbst die rechte Zeit verkennt und nicht weißt, wann, wo und wie ein jedes zu geschehen hat? Es ist nämlich das eine, den Rang und den Wert der Dinge zu kennen, ein anderes, den rechten Augenblick, und wieder ein anderes, die Antriebe zu zügeln und zum Handeln zu schreiten, nicht loszustürzen. Dann also ist das Leben mit sich im Einklang, wenn die Handlung die Triebkraft nicht fehlen lässt und der Antrieb dem Rang einer Sache entspricht, demnach zurückhaltender oder heftiger ist, je nachdem, wie diese verdient begehrt zu werden.

(16) Der naturphilosophische Teil der Philosophie gliedert sich in zwei Bereiche, das Körperliche und das Unkörperliche; jeder der beiden wird wieder unterteilt in eigene sozusagen Stufen. Der Bereich des Körperlichen zuerst in das, was wirkt, und in das, was daraus erzeugt wird, erzeugt aber werden die Elemente. Der Abschnitt über die Elemente selbst ist, wie einige glauben, einheitlich, nach andern wird er unterteilt in die Materie, in die alles bewegende Ursache und die Elemente.

(17) Es bleibt noch übrig, dass ich die Logik als Teilgebiet der Philosophie untergliedere. Jede Rede ist entweder fortlaufend oder in Fragen und Antworten unterteilt. Das zum Letzteren Gehörende wird üblicherweise ›Dialektik‹, das zum Ersteren Gehörende ›Rhetorik‹ genannt. Die Rhetorik beschäftigt sich mit den Worten, ihrem Sinn und ihrer Anordnung. Die Dialektik wird unterteilt in zwei Bereiche, in

Worte und Bedeutungen, das heißt in die Dinge, die benannt werden, und in die Wörter, mit denen man benennt. Hierauf folgt eine endlose Weiterungergliederung beider. Daher will ich hier schließen und »nur die wichtigsten Dinge weiter verfolgen« (Vergil), sonst wird daraus, wenn ich Teile der Teile machen wollte, ein wissenschaftliches Buch.

(18) Dergleichen zu lesen, mein bester Lucilius, will ich dich nicht abschrecken, wenn du nur, was du liest, sofort zur Lebensführung in Beziehung setzt. Beherrsche diese, sporne deine Trägheit an, festige Haltloses, zähme Widerspenstiges, züchtige deine eigenen und die allgemeinen Begierden, so sehr du kannst. Und denen, die fragen: »Wie lange noch immer dasselbe?«, antworte: (19) »Ich müsste sagen: ›Wie lange noch werdet ihr immer dieselben Fehler begehen?‹ Wollt ihr, dass die Heilbehandlung eher aufhört als die Fehler? Ich aber werde umso mehr sagen und, weil ihr euch weigert, nicht aufhören. Dann beginnt die Medizin zu wirken, wenn an einem gefühllosen Körper eine Berührung Schmerz hervorgerufen hat. Ich werde euch auch gegen euren Willen Nützliches sagen. Irgendwann einmal wird eine Stimme, ohne zu schmeicheln, zu euch dringen, und weil ihr die Wahrheit einzeln nicht hören wollt, hört sie öffentlich.

(20) Wieweit werdet ihr die Grenzen eurer Besitztümer noch ausdehnen? Das Land, das ein Volk getragen hat, ist für einen einzelnen Herrn zu eng. Wie weit werdet ihr eure Landwirtschaft noch ausdehnen, nicht einmal zufrieden, wenn das Ausmaß eurer Landgüter die Fläche ganzer Provinzen umfasst. Der Lauf berühmter Flüsse führt durch privates Land und große Ströme, Grenzen großer Völker, sind von der Quelle bis zur Mündung in eurer Hand. Auch das ist zu wenig, wenn ihr mit euren Ländereien nicht Meere umfasst habt, wenn euer Verwalter nicht jenseits des Adriatischen, Ionischen und Ägäischen Meeres herrscht, wenn nicht Inseln, die Wohnsitze großer Feldherren, zu den wohlfeilsten Dingen gezählt werden. Besitzt, soviel ihr wollt, mag ein Landgut sein, was einst ein Reich genannt wurde, macht euch zu ei-

gen, was ihr könnt, solange es überhaupt noch etwas gibt, das einem anderen gehört.

(21) Jetzt spreche ich mit euch, deren Verschwendungssucht ebenso ausgreifend ist wie die Habgier jener. Euch sage ich: Wie lange noch und es wird keinen See geben, den nicht die Giebel eurer Villen überragen? Keinen Fluss, dessen Ufer nicht eure Bauten säumen? Überall dort, wo Warmwasserquellen hervorsprudeln, werden neue Herbergen des Luxus emporschießen. Überall, wo sich die Küste zu einer Bucht krümmt, werdet ihr sofort Fundamente legen, und nicht zufrieden mit dem Boden, wenn ihr ihn nicht künstlich geschaffen habt, werdet ihr das Meer zurückdrängen. Jeder Ort mag von euren Häusern erstrahlen, hier auf Berge gesetzt mit weitem Ausblick auf Länder und Meer, dort von der Ebene aus bis in Bergeshöhe hingeführt, dennoch bleibt ihr, obwohl ihr viel gebaut habt, obwohl riesig, dennoch ein einzelner Körper und winzig. Was nützen viele Schlafgemächer? Ihr liegt in einem einzigen. Euch gehört nichts, wo ihr gerade nicht seid.

(22) Zu euch gehe ich sodann über, deren tiefer und unersättlicher Rachen bald die Meere, bald die Länder durchwühlt, den einen (Tieren) mit Haken, den anderen mit Schlingen, den nächsten mit verschiedenen Arten von Netzen mit großer Mühe nachstellt: Für kein Tier gibt es Frieden, außer wenn ihr dessen überdrüssig seid. Wie wenig von diesen Gerichten, die von so vielen Händen zubereitet sind, kostet ihr mit eurem der Genüsse schon müde gewordenen Mund? Wie wenig von diesem unter Gefahren gefangenen Wild kostet der Herr, mit verdorbenem Magen an Übelkeit leidend? Wie wenig von so vielen Austern, von so weit herbeigeschafft, gleiten in diesen unersättlichen Magen? Unglückliche, begreift ihr denn nicht, dass euer Hunger größer ist als euer Bauch?«

(23) Dies sag den anderen, damit du es selbst hörst, während du sprichst. Schreib es auf, damit du es liest, während du schreibst, und beziehe alles auf deine Lebensführung und

darauf, das Rasen der Affekte zu besänftigen. Bemühe dich, nicht um mehr Wissen, sondern um besseres. Leb wohl!

Brief 93: Das Ziel des Lebens

Seneca grüßt seinen Lucilius

(1) In dem Brief, in dem du den Tod des Philosophen Metronax beklagtest, so als ob er länger hätte leben können und sollen, habe ich deinen Sinn für Gerechtigkeit vermisst, der dir bei jeder Person und bei jedem Geschäft eigen ist und nur bei einer Sache fehlt, bei der er allen abgeht. Ich habe viele gefunden, die den Menschen gegenüber gerecht sind, aber keinen, der es den Göttern gegenüber ist. Wir hadern täglich mit dem Schicksal: »Warum wurde dieser mitten aus der Lebensbahn gerissen, warum wird jener nicht dahingerafft? Weshalb zieht sich sein Greisenalter hin, das ihm und andern eine Last ist?«

(2) Ich bitte dich, was hältst du für gerechter, dass du der Natur gehorchst oder die Natur dir? Was aber spielt es für eine Rolle, wie schnell du von da weggehst, von wo du doch einmal weggehen musst? Nicht dass wir lange leben, soll unsere Sorge sein, sondern zufriedenstellend. Denn um lange zu leben, bedarf es des Schicksals, um zufriedenstellend zu leben, der Geisteshaltung. Lang ist das Leben, wenn es erfüllt ist; erfüllt aber wird es, wenn die Seele in das ihr eigene Gut eingekehrt ist und sich die Herrschaft über sich übertragen hat. (3) Was helfen jenem Menschen seine achtzig Jahre, in Untätigkeit hingebracht? Er hat nicht gelebt, sondern nur im Leben verweilt, und ist nicht spät, sondern lange gestorben. »Er hat achtzig Jahre gelebt.« Es kommt darauf an, von welchem Tag an du seinen Tod rechnest. (4) »Aber jener ist jung gestorben.« Aber er hat die Pflichten eines guten Bürgers, eines guten Freundes, eines guten Sohnes erfüllt. Er hat in keiner Hinsicht etwas versäumt. Mag auch sein Lebensalter

unvollendet geblieben sein, sein Leben ist vollendet. »Er hat achtzig Jahre gelebt.« Nein, achtzig Jahre ist er dagewesen, wenn du nicht vielleicht in dem Sinne von ihm sagst, er habe gelebt, wie man von Bäumen sagt, sie leben.

Ich beschwöre dich, Lucilius, darauf wollen wir hinarbeiten, dass unser Leben gleich einem Kleinod nicht viel Raum einnimmt, aber viel wiegt. Bemessen wir es nach der Leistung, nicht nach der Dauer. Willst du wissen, welcher Unterschied besteht zwischen einem tatkräftigen Mann, der das Schicksal verachtet, allen Pflichten des menschlichen Lebens nachgekommen ist und sich zu dessen höchstem Gut erhoben hat, und einem, dem viele Jahre verflossen sind? Der eine lebt auch nach seinem Tod noch, der andere ist schon vor seinem Tod gestorben. (5) Lass uns also den preisen und unter die Zahl der Glücklichen zählen, der die Zeit, die ihm beschieden war, mag sie noch so kurz gewesen sein, gut verwendet hat. Er hat nämlich das wahre Licht erblickt; er war nicht einer von den vielen; er hat gelebt und gewirkt. Manchmal zeigte sich heiterer Himmel, manchmal leuchtete, wie es vorkommt, nur ein Schimmer des mächtigen Gestirns durch die Wolken. Was fragst du, wie lange er gelebt hat? Er lebt. Er ist auf die Nachwelt übergegangen und hat sich dem Gedächtnis überliefert.

(6) Ich würde es deshalb nicht ablehnen, noch einige Jahre dazu zu bekommen. Dennoch würde ich sagen, dass mir nichts zu einem glücklichen Leben gefehlt habe, wenn seine Dauer beschnitten würde. Denn ich habe mich nicht auf den Tag eingestellt, den mir eine begierige Hoffnung als den letzten versprochen hatte, sondern habe jeden als den letzten betrachtet. Wozu fragst du mich, wann ich geboren bin, ob ich noch zu den Jüngeren zähle? Ich habe das Meine. (7) Wie ein Mensch auch bei kleinerer Statur vollkommen sein kann, so kann auch das Leben bei kürzerer Dauer vollkommen sein. Das Alter gehört zu den äußerlichen Dingen. Wie lange ich lebe, hängt nicht von mir ab, dass ich wirklich lebe, solange ich bin, liegt bei mir. Das verlange von mir,

dass ich nicht gleichsam im Dunkeln eine unrühmliche Zeit durchmesse, dass ich mein Leben führe, nicht bloß hindurchgetragen werde.

(8) Du fragst, was die weiteste Lebensspanne ist? Bis zur Weisheit zu leben. Wer bis zu ihr gelangt ist, hat nicht das entfernteste, aber das höchste Ziel erreicht. Der aber mag sich kühn rühmen und den Göttern danken und neben ihnen sich selbst und der Natur anrechnen, dass er gelebt hat. Denn mit Recht wird er es ihr anrechnen: Er hat ihr ein besseres Leben zurückgegeben, als er erhalten hat. Er hat das Beispiel eines guten Mannes aufgestellt, er hat gezeigt, wie und wie groß er ist. Wenn er noch etwas hinzugefügt hätte, wäre es dem Vorherigen ähnlich gewesen.

(9) Und dennoch: Wohin führt unser Leben? Wir haben die Kenntnis aller Dinge genossen. Wir wissen, aus welchen Ursprüngen die Natur sich entfaltet, wie sie die Welt ordnet, durch welche Wechsel sie das Jahr wieder neu beginnen lässt, wie sie alles, was jemals sein wird, in sich einschließt und sich selbst zu ihrem Zweck gemacht hat. Wir wissen, dass die Sterne aus eigenem Antrieb ihre Bahn ziehen, dass außer der Erde nichts still steht, das übrige in unablässiger Geschwindigkeit dahineilt. Wir wissen, wie der Mond an der Sonne vorbeizieht, warum er, der langsamere, die schnellere hinter sich lässt, auf welche Weise er Licht bekommt oder verliert, welche Ursache die Nacht herbeiführt, welche den Tag wieder zurückbringt. Dorthin muss man gehen, wo man diese Dinge näher betrachten kann.

(10) »Nicht mit dieser Hoffnung«, sagt unser Weiser, »gehe ich zuversichtlicher von hier, weil ich meine, dass mir der Weg zu meinen Göttern offensteht. Verdient habe ich es mir freilich, zugelassen zu werden, und ich habe mich schon unter ihnen befunden und meine Seele dorthin geschickt und jene hatten ihre zu mir gesandt. Aber nimm an, ich würde einfach verschwinden, und nach dem Tod bliebe nichts vom Menschen übrig: Ich behalte die gleiche Seelengröße, auch wenn ich sterbe und niemals irgendwohin gehen werde.«

(11) Er (Metronax) hat nicht so viele Jahre gelebt, wie er könnte. Auch aus wenigen Zeilen kann ein Buch bestehen, und ein lobenswertes und nützliches. Du kennst die Annalen des Tanusius, wie gewichtig sie sind und wie man sie nennt. In der Weise ist das Leben mancher Menschen lang, und zwar, weil es den Annalen des Tanusius folgt. (12) Hältst du etwa den für glücklicher, der am letzten Tag seiner Arbeit getötet wird, als den, der mittendrin getötet wird? Meinst du irgendjemand sei so dumm lebensgierig, dass er lieber im Spolarium abgeschlachtet werden will als in der Arena. In keinem größeren Abstand gehen wir einer dem anderen voraus. Der Tod kommt zu allen; wer stirbt, folgt einem Gestorbenen. Das Unbedeutendste ist, worüber man sich am meisten beunruhigt. Was aber spielt es für eine Rolle, wie lange du dem ausweichst, dem du nicht entgehen kannst? Leb wohl!

Glossar

Der Eintrag bei Personennamen behandelt die Person, auf die sich Seneca in seinem Text bezieht.

Achilles, Sohn des Peleus und der Thetis, war der stärkste Krieger des griech. Heeres vor Troja. Die Bemerkung von Seneca in *Über die Seelenruhe* bezieht sich auf *Ilias* 24, 10f. *S. 44*

Ädil, röm. Beamter mit der Aufsichtsfunktion über Straßen, Märkte, Bäder und Bordelle. *S. 8*

Akademie, von Platon in einem Hain bei Athen ca. 387 v. Chr. gegründete Schule. Zur alten Akademie zählt man die Zeit von der Gründung bis 265 v. Chr. Es folgten die mittlere und die neuere Akademie. *S. XIV, 164*

Alexandria war unter den Ptolemäern die Hauptstadt Ägyptens und ein reiches Handelszentrum. Ihre berühmte Bibliothek war eine der größten in der Antike und Mittelpunkt wissenschaftlicher Studien. 48 v. Chr. geriet sie während der Kämpfe, die Caesar um Alexandria führte, in Brand. *S. 56*

Antiochus, Antiochus III. (um 240–187 v. Chr.) stellte durch Feldzüge bis Indien und nach Ägypten die alte Macht des Seleukidenreiches wieder her. Sein weitergehendes Ausgreifen nach Westen führte aber zum Konflikt mit Rom, dem er schließlich unterlag. *S. 100*

Antonius, Iullus Antonius (45–2 v. Chr.) soll der Liebhaber von Julia, der Tochter des Augustus gewesen sein, die sich gegen ihren Vater verschworen hatte. Antonius beging Selbstmord, Julia wurde verbannt. Antonius war der Sohn von Marcus Antonius, der zusammen mit seiner Gattin Kleopatra gegen Augustus gekämpft und verloren hatte. Darauf spielt die Bemerkung in *De brevitate vitae* 4(6) an. *S. 80*

Apicius, Marcus Gavius Apicius war ein bekannter Feinschmecker zur Zeit Senecas und Verfasser eines Kochbuches. Er soll 100 Millionen Sesterzen für seine Gastmähler ausgegeben haben, und als ihm nur noch 10 Millionen übrigblieben, wählte er den Freitod, da ihm diese für ein angemessenes Leben zu wenig erschienen. *S. 13*

Arcesilaos (3. Jh. v. Chr.), Begründer der sog. Mittleren Akademie, die eine skeptische Richtung der Philosophie vertrat. *S. 72*

Areopag, ursprünglich der oberste Gerichtshof und Staatsrat in Athen. Seine Befugnisse wurden im Laufe der Zeit beschnitten und z.T. anderen Institutionen übertragen. *S. 49*

Ariston von Chios war im 3. Jh. v. Chr. ein Schüler Zenons von Kition, des Begründers der Stoa. *S. 185*

Aristophanes (um 450 – ca. 380 v. Chr.), griech. Komödiendichter, der Sokrates in den *Wolken* (423 v. Chr. aufgeführt) verspottet, wo er ihn als faselnden Sophisten auftreten lässt. *S. 33*

Aristoteles (384–322 v. Chr.), Schüler Platons und neben diesem der bedeutendste Philosoph der klassischen griech. Zeit. Er war Erzieher von Alexander dem Großen und gründete 335 v. Chr. in Athen eine eigene Philosophenschule. Aristoteles' Werk ist von universaler Breite und beinhaltet den Versuch einer systematischen Begründung der Wissenschaften. *S. 34, 73, 75, 96, 155–157*

Asinius Pollio (74 v. – 4. n. Chr.), 40 v. Chr. Konsul, bedeutender Redner und Schriftsteller. *S. 71*

Athenodoros von Tarsos (ca. 75 v. – 7 n. Chr.), Stoiker, philosophischer Lehrer des Kaisers Augustus und Freund Ciceros. *S. 45, 47, 125*

Attalos, stoischer Philosoph im 1. Jh. n. Chr. und ein Lehrer Senecas. *S. XVII, 119*

Atticus, Titus Pomponius Atticus (110–32 v. Chr.), erfolgreicher Geschäftsmann und gebildeter Literat, verhielt sich in den politischen Wirren der Zeit neutral und unterstützte als enger Freund Cicero nach dessen Verbannung. *S. 81*

Augurenstab, Auguren hatten die Aufgabe, den Willen der Götter anhand von Zeichen (z.B. des Vogelflugs) zu erkunden. Ihr Kennzeichen war ein oben gekrümmter Stab. *S. 62*

Augustus, Gaius Julius Cäsar Octavianus Augustus (63 v. – 14 n. Chr.) war der Adoptivsohn und Erbe Cäsars. Augustus ging aus den Machtkämpfen nach der Ermordung Cäsars als Sieger hervor und war ab 31 v. Chr. Alleinherrscher. Er begründete mit dem Prinzipat eine neue Staatsform, die formell die Republik wiederherstellen sollte, de facto aber den Übergang zum Kaisertum darstellte. Nach dem Ende der Bürgerkriege konnte Augustus für eine lange Zeit den Frieden bewahren. *S. 79*

Aventinhügel, der Aventin ist der südlichste der sieben Hügel des antiken Rom. Er gehörte nicht zum eigentlichen Stadtgebiet (*pomerium*), sondern zum ebenfalls bebauten Umland. Der Sage nach soll bei der Gründung der Stadt Romulus dem Palatin, Remus dem Aventin den Vorzug gegeben haben. Eine Vogelschau brachte dann die Entscheidung zugunsten von Romulus, der damit auch das Recht hatte, die Stadtgrenzen zu ziehen. Mit dem Auszug auf den Aventin wollten die Plebejer in der Frühzeit der Republik Forderungen gegenüber den Patriziern nach mehr Mitbestimmung Nachdruck verleihen. Unter Kaiser Claudius wurde der Aventin in das Stadtgebiet einbezogen. *S. 94*

Bion von Borysthenes, einflussreicher Popularphilosoph (3. Jh. v. Chr.), bekannt für seine pointierten und ironischen Formulierungen. *S. 53, 68*

Bocchus, Bocchus I. war König von Mauretanien und stellte sich im Krieg gegen Jugurtha (111–105 v. Chr.) am Ende auf die Seite Roms. *S. 93*

Bruttium, antike Bezeichnung für den südlichsten Zipfel Italiens, entspricht heute in etwa Kalabrien. *S. 44*

Caepio, Fannius Caepio, gehörte zusammen mit Murena im Jahr 23 v. Chr. der Verschwörung gegen Augustus an. *S. 80*

Caligula, Gaius Julius Cäsar Germanicus (12–41 n. Chr.), röm. Kaiser (ab 37 n. Chr.), machte sich durch seine zunehmend willkürliche Herrschaft und die Durchsetzung seiner Verehrung als Gottkaiser unbeliebt, so dass er einer Verschwörung zum Opfer fiel. *S. VIIIf., XXVI, 62f., 66, 101, 103, 111*

Callistus, Gaius Julius Callistus war ein ehemaliger Sklave von Kaiser Caligula und kam als Freigelassener unter dessen Nachfolger Claudius zu großem Einfluss. *S. 150f.*

Campanien, um den Golf von Neapel gelegene, fruchtbare Ebene mit Capua als antikem Hauptort. *S. 44*

Canus Julius, die Person ist unbekannt. *S. 66f.*

Catilina, Lucius Sergius Catilina (ca. 108–62 v. Chr.) plante einen Staatsstreich, der von Cicero 63 v. Chr. verhindert wurde. *S. 80*

Cato, Marcus Porcius Cato der Jüngere (95–46 v. Chr.), Urenkel des als sittenstreng berühmten ›älteren Cato‹ und selbst der stoischen Tradition verpflichtet, geriet als überzeugter Republikaner in Gegensatz zu Cäsar. Nach dessen Sieg im Bürgerkrieg nahm er sich das Leben. *S. 21, 24, 53, 69–72, 114, 132, 162–164*

Cato Censorius, Marcus Porcius Cato der Ältere (234–49 v. Chr.) gilt als der Inbegriff altröm. Sittenstrenge. Als Censor übte er sein Amt mit energischem Einsatz aus, so dass er die Staatseinnahmen deutlich erhöhen konnte. Dem zunehmenden Einfluss griech. Kultur in Rom stemmte er sich vehement entgegen. *S. 24*

Chaerea, Cassius Chaerea war Prätorianertribun und 41 n. Chr. an der Ermordung Caligulas beteiligt, weswegen er im gleichen Jahr hingerichtet wurde. *S. 111*

Chrysippos von Soloi (ca. 281–208 v. Chr.) war der Nachfolger des Kleanthes in der Schulleitung der Stoa und vollendete deren systematischen Aufbau. *S. 39, 121*

Cicero, Marcus Tullius Cicero (106–43 v. Chr.), bedeutender Staatsmann, Redner und Autor, dessen Schriften für das ›klassische‹ Latein stilbildend waren. Er fiel den Machtkämpfen und Verfolgungen nach Caesars Tod zum Opfer. *S. XXVI, 60, 69, 80f.*

Clodius, Publius Clodius Pulcher (um 92–52 v. Chr.), röm. Politiker, der in eine jahrelange Fehde mit Cicero verwickelt war. *S. 80*

Coruncanius, Titus Coruncanius galt als gewissenhafter Staatsmann und wurde 252 v. Chr. als Erster aus dem Stand der Plebejer *pontifex maximus* (›oberster Priester‹). *S. 24*

Crassus, Marcus Licinius Crassus (115–53 v. Chr.) war im Jahr 60 v. Chr. zusammen mit Cäsar und Pompeius im ersten Triumvirat. Crassus galt als reichster Römer seiner Zeit. Er kam als Feldherr bei der vernichtenden Niederlage gegen die Parther ums Leben. *S. 24, 80, 111*

Curius, Manius Curius Dentatus (3. Jh. v. Chr.), Feldherr und Politiker, galt als Vorbild altröm. Tugenden und als Inbegriff von Bescheidenheit und Unbestechlichkeit. *S. 24, 50, 93*

Daker, Volksstamm der Antike, der in etwa das Gebiet des heutigen Rumäniens besiedelte. *S. 169*

Dareius III., Perserkönig, der nach der Schlacht bei Issos (333 v. Chr.) fiel, worauf seine Familie in Kriegsgefangenschaft geriet. *S. 151*

Demetrios, kynischer Philosoph des 1. Jh. n. Chr., von Seneca mehrfach wegen seiner Bedürfnislosigkeit gerühmt. *S. 21*

Demetrios Poliorketes (ca. 336–283 v. Chr.), Sohn des makedon. Königs Antigonos I. und später selbst König. Er belagerte zahlreiche Städte und eroberte 307 v. Chr. Megara, die Heimatstadt Stilpons. *S. 123*

Demetrius Pompeianus, Freigelassener des Pompeius, berühmt durch seinen Reichtum. *S. 54*

Demokrit (um 460–370 v. Chr.), Naturphilosoph und Mitbegründer der Atomlehre. *S. 34, 42, 64, 68, 96, 115*

Denar, röm. Standardsilbermünze, entsprach vier Sesterzen. *S. 26*

Diodorus, die Erwähnung in *Vom glücklichen Leben* bezieht sich auf einen ansonsten nicht bekannten Epikureer. *S. 21*

Diogenes von Sinope (ca. 400 – ca. 325 v. Chr.), kynischer Philosoph, der durch den Verzicht auf alle nicht lebensnotwendigen Güter Unabhängigkeit zu erreichen suchte. *S. 54f., 151*

Dossennus, eine Figur des Possenspiels (›der Fresssack‹), zu der Seneca eine fingierte Grabinschrift zitiert. *S. 184*

Duilius, Gaius Duilius (260 v. Chr. Konsul) gewann im ersten Punischen Krieg die erste Seeschlacht für Rom. *S. 93*

Egnatius, Marcus Egnatius Rufus gehörte im Jahr 19 v. Chr. einer Verschwörung gegen Augustus an. *S. 80*

Ephoros von Kyme (4. Jh. v. Chr.) schrieb die erste, nur noch in Fragmenten erhaltene Universalgeschichte der Griechen. *S. 51*

Epikur (341–271 v. Chr.) war der Begründer der nach ihm benannten Philosophenschule der Epikureer. Grundlage der ethischen Überlegungen Epikurs ist die Erfahrung, dass jeder Mensch nach Lust strebt und Schmerz vermeidet. Glückseligkeit als höchstes Gut besteht daher darin, einen dauerhaft lustvollen und schmerzfreien Zustand zu erreichen, und zwar körperlich wie geistig. Das Optimum der Lust ist erreicht, wenn die natürlichen und notwendigen Bedürfnisse befriedigt sind und der Geist frei von Unruhe und Ängsten ist. Epikur empfiehlt daher ein Leben in Einfachheit und Zurückgezogenheit, weil die Beschaffung überflüssiger Güter wegen des Aufwandes und der Ängste um den eigenen Besitz mehr Unlust erzeuge als ihr Konsum an Genuss verschaffen könne. Dies ist ein Grund, warum Seneca sich meist positiv auf Epikur bezieht, obwohl die Lust eine zentrale Rolle in dessen Ethik spielt. *S. XIV, XVII, XX, 14f., 20f., 34, 95, 107, 112, 115, 117f., 120, 122f., 128, 132f., 135, 137, 140, 185*

Fabianus, Papirius Fabianus (1. Jh. n. Chr.), Rhetor und Philosoph, dessen Werk von Seneca hoch geschätzt wurde. *S. 87, 95*

Fasces sind Rutenbündel mit Beil, die den höchsten Magistraten als Zeichen ihrer Amtsgewalt vorangetragen wurden. *S. 39, 84*

Forum war das Zentrum einer röm. Stadt. Hier bündelte sich das religiöse, politische, wirtschaftliche und kulturelle Leben. *S. 8, 39f., 46, 48, 51, 61, 81f., 84, 103, 110, 152*

Gallio, Senecas älterer Bruder Lucius Annaeus Novatus wurde als Erwachsener vom Rhetor Junius Gallio adoptiert und hieß danach Lucius Junius Gallio Annaeanus. Er ging in die Apostelgeschichte ein, weil er als Statthalter in Griechenland die Klage gegen den Apostel Paulus abwies (Apg. 18, 12–17). *S. XX, 1*

Gracchen, Tiberius Sempronius (162–133 v. Chr.) und Gaius Sempronius (153–121 v. Chr.) Gracchus waren Volkstribunen, die sich für eine Agrarreform einsetzten, nach der öffentliches Land an Kleinbauern verteilt werden sollte. Der Widerstand innerhalb des Senats (auch aufgrund der z.T. verfassungswidrigen Durchsetzung der Reform) war erheblich. Tiberius wurde ermordet, Gaius ließ sich nach der Verfolgung seiner Anhänger von seinem Sklaven töten. *S. 81*

Hannibal (247–183 v. Chr.), karthagischer Feldherr, löste durch die Einnahme der mit Rom verbündeten Stadt Sagunt (Spanien) den 2. Punischen Krieg aus (218–201 v. Chr.). Hannibal errang zunächst vernichtende Siege gegen die Römer und brachte einen großen Teil von deren italischen Bundesgenossen auf seine Seite. Den endgültigen Sieg verspielte er, indem er darauf verzichtete, Rom selbst einzunehmen. Die entscheidende Schlacht verlor er 202 v. Chr. gegen Publius Cornelius Scipio bei Zama. *S. 100*

Harmodius unternahm in Athen ein Attentat auf den Tyrannen Hipparchos, bei dem er 514 v. Chr. ums Leben kam. *S. 50*

Hecuba, der Überlieferung nach die Mutter des Priamos, die nach dem Fall Trojas versklavt wurde. *S. 151*

Hekaton von Rhodos (2. Jh. v. Chr.), bedeutender stoischer Philosoph und Schüler von Panaitios. *S. 119*

Heraklit von Ephesos (6. Jh. v. Chr.) galt bereits in der Antike wegen seiner schwer verständlich formulierten Aussagen als der ›dunkle Philosoph‹. In allem Sein waltet der eine *logos* (›Weltvernunft‹), der aber für den Menschen schwer zu erkennen ist. Die Welt zeigt sich in beständiger Veränderung begriffen, die aus der dynamischen Spannung von Gegensätzen hervorgeht. *S. 68, 127*

Herkules, Halbgott (Sohn des Zeus und der Alkmene), der für seine Heldentaten, aber auch für seine Unbeherrschtheit bekannt war. Ein vergiftetes Hemd, das er übergezogen hatte, bereitete ihm solche Schmerzen, dass er sich auf einem Scheiterhaufen verbrennen ließ, von wo er in den Olymp entrückt wurde. *S. 14, 18, 40f., 63, 69, 147, 170*

Hippokrates von Kos (um 460–370 v. Chr.) gilt als Begründer der wissenschaftlichen Medizin. *S. 75*

Homer gilt als der Verfasser der ältesten Epen des Abendlandes, der *Ilias* und der *Odyssee* (etwa 8. Jh. v. Chr.). Es ist umstritten, ob hinter dem Namen tatsächlich eine historische Person steht. *S. 44*

Ilias, dem Homer (ca. 8 Jh. v. Chr.) zugeschriebenes Epos, das vom Trojanischen Krieg handelt. *S. 92*

Isokrates (436–338 v. Chr.) war einer der berühmtesten griech. Rhetoriklehrer. Er entwickelte neue literarische Formen und ein eigenes Bildungskonzept. Die von ihm gegründete Schule vermittelte eine umfassende Bildung und zielte auf deren praktische Umsetzbarkeit im gesellschaftlichen Leben. *S. 51*

Iuba, mit Pompeius verbündeter Numiderkönig, der Cäsar 46 v. Chr. unterlag. *S. 162*

Jugurtha (ca. 160–104 v. Chr.), König von Numidien, führte lange Zeit Krieg mit Rom, bis er besiegt und hingerichtet wurde. *S. 62*

Jupiter war der oberste röm. Gott (entsprechend dem griech. Zeus). Er war im Innern Garant für die rechtlich-soziale Ordnung und nach Außen für die Macht Roms gegenüber anderen Völkern. *S. 32, 98, 100, 122*

Karneades von Kyrene (214/213–229/228 v. Chr.) vertrat als Leiter der Platonischen Akademie deren skeptische Ausrichtung in ihrer mittleren Phase. *S. 95*

Karthago, im 9. Jh. v. Chr. als phöniz. Kolonie in Nordafrika gegründet, wurde Karthago zu einer mächtigen Handelsstadt. Mit den Römern gab es zunächst Handelsverträge, im Zuge der Expansion Roms jedoch zunehmend Rivalität um die Vorherrschaft im Mittelmeer, die in drei Kriege (sog. Punische Kriege) mündete und 146 v. Chr. zur Zerstörung und Eingliederung der Stadt ins röm. Imperium führte. *S. 100*

Keryx war bei den Griechen der Überbringer von Botschaften (Herold). Er wirkte bei vielen bedeutenden religiösen und staatlichen Akten mit. *S. 48*

Kleanthes von Assos (gest. ca. 232 v. Chr.) war Schüler von Zenon und dessen Nachfolger in der Leitung der stoischen Schule. *S. 39, 147*

Konsul / Konsulat, das höchste und ursprünglich mächtigste Amt in Rom. Es wurden jeweils zwei Konsuln für ein Jahr gewählt. In der Kaiserzeit noch das höchste Ehrenamt. *S. 48, 81, 100, 103, 153*

Kothurn, hoher Stiefel, der bei Theateraufführungen als Fußbekleidung der Tragödienschauspieler eine sehr hohe Sohle erhielt, die mit der Zeit fast Stelzen glich. *S. 181*

Krates von Theben (3./4. Jh. v. Chr.), Kyniker und Schüler des Diogenes von Sinope. *S. 124*

Krösus (ca. 595 – nach 541 v. Chr.), König von Lydien, dessen Reichtum sprichwörtlich ist. Der Legende nach soll er vom Scheiterhaufen gerettet worden sein, weil er den siegreichen König Kyros an die Worte Solons erinnerte, dass niemand vor einem plötzlichen Umschwung des Schicksals sicher sei. *S. 62, 151*

Kyniker, eine philosophische Richtung in der Antike, die Bedürfnislosigkeit propagierte und die üblichen Zielvorstellungen der Gesellschaft kritisierte, was auch in einer dem entsprechenden provozierenden Lebensweise zum Ausdruck gebracht wurde. *S. 21, 95*

Kyrenaiker, Mitglieder einer antiken Philosophenschule, die von Aristippos von Kyrene (ca. 435–355 v. Chr.) gegründet wurde. Erkenntnis beruht auf den subjektiven Sinneswahrnehmungen, über die Dinge selbst lässt sich nichts Sicheres sagen. Höchstes Ziel des Strebens ist die Lust, wobei Klugheit dazu beiträgt, dieses Ziel zu erreichen. *S. 185*

Laelius, Gaius Laelius (2. Jh. v. Chr.) war Politiker und beschäftigte sich intensiv mit Philosophie, was ihm den Beinamen ›der Weise‹ einbrachte. Er war befreundet mit Scipio dem Jüngeren. *S. 114*

Lepidus, Marcus Aemilius Lepidus der Jüngere gehörte im Jahr 31 v. Chr. einer Verschwörung gegen Augustus an. *S. 80*

Lepidus, Marcus Aemilius Lepidus (6–39 n. Chr.) war verheiratet mit Caligulas Schwester Drusilla und wurde von diesem wegen einer angeblichen Verschwörung hingerichtet. *S. 111*

Liber, der frühröm. Gott Liber wird mit dem griech. Bakchos (Dionysos) gleichgesetzt. Bei den Festzügen zu seinen Ehren trat er auf einem von Panthern gezogenen Wagen in Erscheinung. Der griech. Stadt Theben ist Bakchos durch seine Mutter, die Königstochter Semele, verbunden. *S. 30, 72*

Livius, Titus Livius (59 v. – 17 n. Chr.), röm. Geschichtsschreiber. Bekannt wurde er durch das umfangreiche, nur zum Teil erhaltene Werk *Ab urbe condita*, das die Geschichte Roms von der Gründung an erzählt. *S. 56*

Livius Drusus, Marcus Livius Drusus der Jüngere (um 124–91 v. Chr.) wollte als Volkstribun Reformen zur Verbesserung der Versorgung des Volkes durchsetzen und setzte sich für die Verleihung des Bürgerrechts an die Bundesgenossen ein. Er fiel einem Mordanschlag zum Opfer. *S. 81*

Lucilius (um 10 n. Chr. geboren) ist der Adressat der *Epistolae morales* und ein jüngerer Freund Senecas. Aus einfachen Verhältnissen stammend, stieg er in Sizilien bis zum Prokurator auf. Er war sehr gebildet und verfasste selbst Gedichte. *S. XIV, XXIV, 105–192*

Lukanien, historische Region im Süden Italiens, die im Westen ans Tyrrhenische Meer und im Osten an den Golf von Tarent angrenzt, im Süden schließt das antike Bruttium an. *S. 44*

Lukrez, Titus Lucretius Carus (ca. 97 – ca. 55 v. Chr.). Sein naturphilosophisches Lehrgedicht *De rerum natura* ist eine der Hauptquellen zur Philosophie Epikurs. *S. 45*

Marius, Gaius Marius (156–86 v. Chr.) war der gefeierte Sieger über Kimbern und Teutonen und wurde sieben Mal Konsul. *S. 100*

Metellus, Lucius Caecilius Metellus (Konsul 251 und 247 v. Chr.) besiegte 250 v. Chr. die Karthager und führte die erbeuteten Elefanten im Triumphzug vor. *S. 94*

Metronax, stoischer Philosoph, dessen Vorlesungen Seneca in Neapel hörte. *S. 174, 189, 192*

Mithridates, König von Armenien, von Caligula inhaftiert, durch Claudius 42 n. Chr. wiedereingesetzt, schließlich von Galba 68 hingerichtet (die Angabe von Seneca ist ungenau). *S. 63*

Murena, Aulus Terentius Varro Murena gehörte zusammen mit Caepio im Jahr 23 v. Chr. der Verschwörung gegen Augustus an. *S. 80*

Nomentanus, vermutlich ein auch bei Horaz als Beispiel für Verschwendungssucht erwähnter Schlemmer. *S. 13*

Odyssee, dem Homer (ca. 8 Jh. v. Chr.) zugeschriebenes Epos, das von der 10 Jahre dauernden Heimkehr des Odysseus nach Ithaka handelt. *S. 92*

Odysseus, König von Ithaka und Held der *Odyssee*. Durch seine List gelingt den Griechen nach 10 Jahren Belagerung die Einnahme Trojas. Seine eigene Heimkehr verzögert sich aufgrund zahlreicher Abenteuer und der Missgunst Poseidons um 10 Jahre. *S. 92*

Panaitios von Rhodos (um 185 – um 110 v. Chr.) ist der Begründer der sog. mittleren Phase der Stoa. Panaitios war bemüht, den ethischen Rigorismus der altstoischen Lehre zu mildern und lebenspraktischen Erfahrungen und Erfordernissen Rechnung zu tragen. Mit ihm begann die Stoa zur wichtigsten philosophischen Strömung in Rom zu werden. *S. XVI*

Patrizier, Angehörige des alten Adels in Rom, denen ursprünglich die politische Macht vorbehalten war. Im Laufe der Zeit erkämpfte sich die nicht-adlige Bevölkerung (Plebejer) ihre Teilhabe an den politischen Ämtern. *S. 62, 147*

Paulinus, der Adressat der Schrift *Von der Kürze des Lebens* ist nicht eindeutig zu identifizieren. Nach den Hinweisen im Text war er als Verwalter der staatlichen Getreideversorgung tätig (*praefectus annonae*), eine verantwortungsvolle Tätigkeit, da dieser für die Kontrolle, den Transport und die Verteilung der Lieferungen aus den Provinzen zuständig war. *S. XXIII, 74, 100*

Peripatetiker, Angehörige der Schule des Aristoteles. *S. XIV, 184*

Phalaris von Akragas (6. Jh. v. Chr.), Prototyp eines grausamen Tyrannen. *S. 66*

Pharsalos, in der Schlacht bei Pharsalos besiegte Cäsar im Jahr 48 v. Chr. Pompeius und die anderen Feldherren der Senatspartei (darunter Cato) und entschied so den Bürgerkrieg für sich. *S. 162*

Phidias (5. Jh. v. Chr.), berühmter Bildhauer, der u.a. die Zeus-Statue in Olympia und die Athena Parthenos auf der Akropolis geschaffen hat. *S. 119*

Platon (427–347 v. Chr.) ist neben Aristoteles der bedeutendste Philosoph der klassischen Antike. Er gründete um 386 v. Chr. seine eigene Philosophenschule, die Akademie. In den meisten seiner in Dialogform geschriebenen Werke tritt sein Lehrer Sokrates als Gesprächspartner auf. Der Kern von Platons Metaphysik ist die Annahme eines eigenen, rein geistigen Reichs der Ideen, die die Urformen alles Seienden darstellen. Als apriorische Vorstellungen sind sie für den Menschen die Voraussetzung wahrer Erkenntnis. *S. 20, 34, 53, 73, 147f., 151, 155–157*

Pompeius, Gnaeus Pompeius Magnus (106–48 v. Chr.), bedeutender Politiker und Feldherr. Nachdem er zunächst gemeinsam mit Caesar und Crassus das sog. Erste Triumvirat gebildet hatte, geriet er zunehmend in Gegnerschaft zu Caesar und unterlag diesem im Bürgerkrieg. Er floh nach Alexandria, wo er sich Aufnahme erhoffte, wurde aber auf Geheiß des jungen Königs ermordet. *S. 54, 69, 80f., 93, 111*

Pomponius, möglicherweise Lucius Pomponius, ein Dichter im 1. Jh. v. Chr. *S. 109*

Prätor, Prätoren waren die höchsten röm. Beamten nach den Konsuln, zu deren Entlastung gewählt. *S. X, 2, 65, 162f.*

Prytane, höchstes Amt in vielen griech. Städten. In Athen die Mitglieder der die Staatsgeschäfte führenden Ratsversammlung. *S. 48*

Ptolemäus (ca. 5 v. – 40 n. Chr.), Sohn Jubas II., letzter König von Mauretanien, von Caligula hingerichtet (die Angabe von Seneca ist ungenau). *S. 62*

Publilius, Publilius Syrus (1. Jh. v. Chr.), röm. Dichter von sog. Mimen (volkstümlichen Possenspielen), der für seine treffenden Sentenzen bekannt war. *S. 61, 118*

Purpurtoga, die Toga hoher Beamter war mit einem breiten Purpursaum versehen. *S. 29, 103*

Pythagoras von Samos (6 Jh. v. Chr.) gründete in Kroton (Unteritalien) eine philosophische Schule, deren Mitglieder eine quasi religiöse Gemeinschaft bildeten und sich strengen Lebensregeln unterwarfen. Pythagoras gilt als bedeutender Mathematiker (›Satz des Pythagoras‹) und Musiktheoretiker. Die Pythagoreer engagierten sich auch politisch, was zu Konflikten zwischen Anhängern und Gegnern der Gemeinschaft führte. *S. 96*

Quintilian, Marcus Fabius Quintilian (um 35–95 n. Chr.) war einer der bedeutendsten röm. Rhetoriker. Er war der erste staatlich besoldete Rhetoriklehrer Roms. Sein Werk *Institutio oratoria* verbindet das gesamte Gebiet der Redekunst mit einem umfassenden Bildungskonzept und war bis in die Neuzeit hinein einflussreich. *S. XXVI*

Quintius, Lucius Qin(c)tius Cincinnatus wurde zweimal (458 und 439 v. Chr.) in einer Notlage vom Pflug weggeholt und zum Diktator ernannt. Das erste Mal soll er das Amt nach 16 Tagen niedergelegt haben. *S. 100*

Regulus, Marcus Atilius Regulus war Feldherr im 1. Punischen Krieg. Nach der Gefangennahme durch die Karthager wurde er 250 v. Chr. zu Verhandlungen nach Rom geschickt. Nachdem er selbst dazu geraten hatte, den Karthagern nirgends nachzugeben, kehrte er wie versprochen dennoch nach Karthago zurück und wurde grausam getötet. *S. 70, 164*

Remus, zusammen mit seinem Bruder Romulus im Jahr 753 v. Chr. sagenhafter Gründer Roms. Der Legende nach wurden die Brüder ausgesetzt und von einer Wölfin genährt. Romulus soll Remus beim Streit um die Grenzziehung der Stadt erschlagen haben. *S. 94*

Rutilius, Publius Rutilius Rufus (um 158–78 v. Chr.) war Schüler des Stoikers Panaitios. Um 94 v. Chr. war er Legat der Provinz Asia und geriet dort wegen seiner strengen Steuerpolitik in Konflikt mit den Steuerpächtern. Wegen angeblichen Amtsmissbrauchs von einem parteiischen Gericht verurteilt, ging er ins Exil. *S. 21, 69*

Scipio, gemeint ist entweder Publius Cornelius Scipio Africanus (235–183 v. Chr.) oder Publius Cornelius Scipio Aemilianus Africanus (185–129 v. Chr.). Beide waren erfolgreiche Feldherren im 2. bzw. 3. Punischen Krieg. *S. 71*

Scipio, Publius Cornelius Scipio Africanus (235–183 v. Chr.) siegte im 2. Punischen Krieg gegen Hannibal bei Zama und später gegen den Seleukidenkönig Antiochos III. *S. 100*

Scipio, gemeint ist Quintus Caecilius Metellus Pius Scipio (ca. 100–46 v. Chr.). Er kämpfte im Bürgerkrieg an der Seite von Pompeius. In der Schlacht bei Thapsus in Afrika unterlag er endgültig Cäsar und wählte den Freitod. Die Anspielung bezieht sich auf den Beinamen ›Africanus‹, den seine Vorfahren durch Siege in den Punischen Kriegen erworben hatten. *S. 162*

Sejanus, Lucius Aelius Sejanus (14 v. – 31 n. Chr.) gelangte unter Kaiser Tiberius in hohe Ämter, bis er wegen einer angeblichen Verschwörung hingerichtet wurde. *S. 62*

Senat, zur Zeit der röm. Republik war der Senat das maßgebliche politische Organ. Die Senatoren wurden auf Lebenszeit gewählt und mussten bereits zuvor öffentliche Ämter bekleidet haben. Zu den Aufgaben gehörten die Kontrolle über wichtige Bereiche der Staatsverwaltung, der Finanzen und der Außenpolitik sowie die Vorbereitung der Gesetzesvorlagen für die Volksversammlung. In der Kaiserzeit büßte der Senat zunehmend seine tatsächliche politische Macht ein und erfüllte eine repräsentative Aufgabe. *S. 2, 33, 62, 72, 79, 104, 117, 147, 151, 162*

Serenus, Annaeus Serenus war ein jüngerer Freund und vermutlich Verwandter Senecas, der unter Nero ein Präfektenamt innehatte. Ihm sind drei Dialoge gewidmet. *S. XXIIf., 37, 41, 47, 73*

Sesterz, röm. Silbermünze im Wert von ein Viertel Denar. *S. XXI, 24*

Sibylle von Cumae, eine Seherin, die an der genannten Stelle dem Troer Aeneas die Zukunft weissagen soll und sich dabei zunächst noch gegen das Ergriffensein von Apollon wehrt. *S. 139, 182*

Sistrum, eine Art Rassel, die dem Isis-Kult zugehörig ist. *S. 33*

Sokrates (469–399 v. Chr.), griech. Philosoph aus Athen. Sokrates hat selbst keine Schriften hinterlassen, seine Philosophie lässt sich daher nur aus den Dialogen seines Schülers Platon erschließen, in denen er meist als Gesprächspartner auftritt. Sokrates gilt als das Urbild des Philosophen schlechthin. *S. XIV, 30, 32–34, 50, 53, 69, 71, 95, 114, 132, 138, 140, 147, 161, 164*

Solon (um 640–560 v. Chr.), bedeutender athenischer Staatsmann und Gesetzgeber. Seine Reformen sollten die sozialen Konflikte in Athen lösen und sie ebneten den Weg zur Demokratie. Er zählt zu den ›Sieben Weisen‹ der Antike. *S. 72*

Spolarium, der Raum, in dem Gladiatoren ihre Waffen an- und ablegten, in dem aber auch unheilbar Verwundete getötet wurden. *S. 192*

Stilpon von Megara, leitete dort ab etwa 330 v. Chr. eine von Eukleides gegründete Philosophenschule. *S. XXIII, 118, 122–124*

Stoiker, siehe Einleitung *S. 4, 48, 95, 117f., 123, 129, 132, 154f.*

Sublicius-Brücke, die älteste, auf Holzpfählen errichtete Brücke Roms. Brücken gelten allgemein als Aufenthaltsort von Bettlern. *S. 29*

Sufet, höchstes Amt in punischen Städten. *S. 48*

Sulla, Lucius Cornelius Sulla (138–78 v. Chr.), nachdem er sich zunächst als Feldherr bewährt hatte, beseitigte er seine Widersacher in Rom und errichtete eine Schreckensherrschaft, der tausende Bürger zum Opfer fielen. Gleichzeitig unternahm er eine umfangreiche Verfassungsreform, die die Stabilität des Staates sichern und dem Senat wieder mehr Macht geben sollte. *S. 93f.*

Syrtenmeer, die Syrten sind zwei Buchten vor der Küste Nordafrikas, die wegen unberechenbarer Strömungen und wandernder Sandbänke gefürchtet waren. *S. 16*

Tamburin, die Handtrommel (*tympanum*) fand v.a. bei ekstatischen Kulten Verwendung. *S. 15*

Tanusius, Geschichtsschreiber des 1. Jh. v. Chr. Die Anspielung Senecas im *93. Brief* bezieht sich wahrscheinlich auf ein Diktum von Catull, der von »bekacktem Papier« spricht, den Verfasser allerdings »Volusius« nennt. *S. 192*

Tarent im Süden Italiens (im heutigen Apulien) war in der Antike eine bedeutende und für ihren Wohlstand berühmte Stadt. *S. 45*

Theodoros von Kyrene (um 335 – um 270 v. Chr.), genannt ›der Atheist‹, von dem etliche, zeitlich nicht immer stimmige Anekdoten in Umlauf waren. Der Tyrann, der ihn bedroht haben soll, ist Lysimachos. *S. 66*

Theophrast (um 370–286 v. Chr.) war der Nachfolger von Aristoteles in der Leitung der Schule. Neben der Fortführung der aristotelischen Philosophie beschäftigte er sich besonders auch mit Botanik. *S. 96, 108*

Toga mit Purpursaum, siehe Purpurtoga.

Tribus, Unterabteilungen der röm. Bürgerschaft (urspr. 3, später bis auf 35 erhöht), die auch Verwaltungsaufgaben wahrnahmen und bei politischen Wahlen eine Rolle spielten. *S. 183*

Turannius, offenbar ein Vorgänger von Paulinus im Amt der Getreideverwaltung. *S. 103*

Tusculum war in der Antike eine Stadt südöstlich von Rom, in deren Umgebung wohlhabende Römer wohnten. Cicero hatte hier ein Landgut. *S. 81*

Utica, von Phöniziern gegründete Stadt in Nordafrika, in der der besiegte Cato den Freitod wählte. *S. 162*

Valerius Corvinus, Manius Maximus Valerius Corvinus (Konsul 263 v. Chr.), hielt im 1. Punischen Krieg die Stadt Messana (Messina) gegen die Karthager und führte später den Beinamen Messalla. *S. 93*

Varus, Publius Quinctilius Varus (ca. 46 v. – 9 n. Chr.) wurde im Jahr 9 n. Chr. von Arminius im Teutoburger Wald vernichtend geschlagen. *S. 151*

Vergil, Publius Vergilius Maro (70–19 v. Chr.). Nach Erfolgen mit seinen Hirtengedichten (*Bucolica*) und einem Lehrgedicht zum Landbau (*Georgica*) wurde Vergil mit seiner *Aeneis*, die die Gründungssage

Roms von der Zerstörung Trojas bis zur Landung des Aeneas in Italien schildert, zum röm. ›Nationaldichter‹. *S. 9, 16, 21, 86, 128, 138f., 145, 182, 187*

Xenophon (ca. 430 – ca. 355 v. Chr.), Schüler des Sokrates und Autor von Werken zu unterschiedlichsten Themen, u.a. *Erinnerungen an Sokrates*. Die Schlichtheit seines literarischen Stils wurde in der Spätantike hoch geschätzt. *S. 53*

Xerxes, König der Perser (um 519–465 v. Chr.), führte 480 v. Chr. ein riesiges Heer gegen Griechenland, besiegte zunächst die Spartaner und nahm Athen ein, verlor aber dann gegen Themistokles in der Seeschlacht bei Salamis fast seine ganze Flotte. *S. 99, 102*

Zenon von Kition (um 336–264 v. Chr.) gilt als der Begründer der Stoa. *S. XIV, 20, 39, 65, 96*

Zenturie, eine ›Hundertschaft‹ des röm. Heers (die tatsächliche Zahl der Einheit lag unter 100). *S. 183*

Weitere Titel aus unserem Programm:

Marc Aurel

Selbstbetrachtungen

Übersetzt und erläutert von Wilhelm Capelle, überarbeitet und eingeleitet von Jörg Fündling

LIX, 219 Seiten. Leinen mit Schutzumschlag. 2008

Ursprünglich einzig für den Eigengebrauch bestimmt, rettete ein historischer Glücksfall die ›Selbstbetrachtungen‹ Marc Aurels (121–180 n.Chr.): ein zeitlos gültiges Werk der Humanität, der Lebensweisheit und der Selbstbestimmung. Als »Stärkungsmittel« (Nietzsche) über Jahrhunderte hinweg gelesen, weisen sie noch heute einen Weg zur Gelassenheit, zur Übereinstimmung mit sich selbst und der Welt.

Auch Helmut Schmidt war diese Ausgabe bis zuletzt ein treuer Begleiter.

Epikur

Ausgewählte Schriften

Übersetzt und herausgegeben von Christof Rapp

LIV, 90 Seiten. Leinen mit Schutzumschlag. 2010

Epikur: der Philosoph der Lust, häufig verunglimpft als ausschweifender Hedonist, sucht den Weg zum Glück über ein Leben im Hier und Jetzt – in Freiheit, Seelenruhe und umgeben von Freunden.

Seine zentralen Texte hat Christof Rapp neu übersetzt und mit einer ausführlichen Einleitung versehen.

MALTE HOSSENFELDER

Antike Glückslehren

Quellen zur hellenistischen Ethik in deutscher Übersetzung

XLIII, 401 Seiten. Leinen mit Schutzumschlag. 2013

Damit wir können, was wir wollen, müssen wir wollen, was wir können. Lange Zeit im Schatten der ›Großen‹ der antiken griechischen Philosophie, finden die hellenistischen Philosophen Antworten auf die Frage nach dem richtigen Weg zu einem glücklichen Leben, die unseren heutigen Vorstellungen überraschend nahe kommen. Die hier versammelten Lehren der Stoiker, Epikureer, Skeptiker, Kyniker und Kyrenaiker hat Malte Hossenfelder zum Teil erstmals übersetzt.

Mit einem Geleitwort und aktuellen Literaturhinweisen von Christof Rapp.

HERODOT

Historien

Deutsche Gesamtausgabe

Herausgegeben und übersetzt von Heinz-Günther Nesselrath

992 Seiten, 3 Karten. Leinen mit Schutzumschlag. 2017

Kein trockenes Geschichtswerk, sondern im Gegenteil: ein buntes, schillerndes Geflecht aus Geschichte und Geschichten, Anekdoten und Berichten ist es, was uns der begnadete Erzähler Herodot hier präsentiert. So werden wir zu Zeugen großer Schlachten, aber auch des Alltagslebens der Menschen, die vor mehr als 2500 Jahren im östlichen Mittelmeerraum gelebt haben – der Wiege der abendländischen Kultur.

Heinz-Günther Nesselrath hat den Text neu übersetzt; seine Einleitung, ausführliche Erläuterungen, Zeittafel und Namensregister sorgen für den notwendigen Hintergrund.

Michael Sommer

Römische Geschichte I

Rom und die antike Welt bis zum Ende der Republik

686 Seiten, 9 Abbildungen, 5 Karten, 9 Zeittafeln
Leinen mit Schutzumschlag. 2012

Was ermöglichte den beispiellosen Aufstieg Roms von einer kleinen Stadt in Mittelitalien zum Mittelpunkt einer Weltmacht? Der erste Band der *Römischen Geschichte* erzählt die aufregende Geschichte der Römischen Republik von ihren Anfängen bis zum Übergang ins Römische Kaiserreich – von Romulus bis Augustus. Mit zahlreichen Karten und Abbildungen, Fachglossar, Registern und Zeittafeln. Laut *FAZ* »ganz auf der Höhe der theoretischen Diskussion« und dabei »glänzend geschrieben«.

Römische Geschichte II

Rom und sein Imperium in der Kaiserzeit

638 Seiten, 44 Abbildungen, 16 Zeittafeln, 5 Karten
Leinen mit Schutzumschlag. 2014

Der zweite Band von Michael Sommers hochgelobter *Römischer Geschichte*: ein breites Panorama der römischen Kaiserzeit von ihrem Beginn bis zu ihrem Untergang. Mit zahlreichen Karten und Abb., Glossar, Registern und Zeittafeln – aktualisiert und ergänzt.

Römische Geschichte

Von den Anfängen bis zum Untergang

896 Seiten, 68 Abbildungen, 25 Zeittafeln. Festeinband. 2016

Die vielgelobte zweibändige Leinenausgabe (s.o.) liegt nun endlich, leicht modifiziert, auch als einbändige, preiswerte Sonderausgabe vor.

Philosophisches Wörterbuch

Herausgegeben von Martin Gessmann
Begründet von Heinrich Schmidt

800 Seiten. Leinen mit Schutzumschlag. Oktavformat. 2009

Altbewährt, doch gründlich aktualisiert und in großen Teilen völlig neu geschrieben, orientiert dieses Standardwerk in rund 2200 Stichwortartikeln kompakt und zuverlässig über Geschichte und Gegenwart der Philosophie – ein zuverlässiges Auskunftsmittel für alle, die an philosophischen Fragestellungen interessiert sind.

Kleines Werklexikon der Philosophie

Herausgegeben von Michael Quante

688 Seiten. Leinen mit Schutzumschlag. 2012

Bewusst orientiert an den aktuellen Erfordernissen des Philosophiestudiums, rekapituliert dieses Lexikon Inhalt, Hauptthesen und Bedeutung von rund 330 zentralen philosophischen Werken – ein Muss für Studenten, ein unverzichtbares Hilfsmittel für Dozenten und Lehrer, eine Fundgrube für den interessierten Laien.